Welcome to
지식인 마을

새싹마을

촘스키가

아크로폴리스
아고라

아인슈타인가

입구

지식인마을 35
패러데이 & 맥스웰
공간에 펼쳐진
힘의 무대

지식인마을 35 공간에 펼쳐진 힘의 무대
패러데이 & 맥스웰

저자_ 정동욱

1판 1쇄 발행_ 2010. 4. 30.
1판 5쇄 발행_ 2025. 1. 2.

발행처_ 김영사
발행인_ 박강휘

등록번호_ 제406-2003-036호
등록일자_ 1979. 5. 17.

경기도 파주시 문발로 197(문발동) 우편번호 10881
마케팅부 031)955-3100, 편집부 031)955-3200, 팩스 031)955-3111

저작권자 ⓒ 2010 정동욱
이 책의 저작권은 저자에게 있습니다. 서면에 의한 저자와 출판사의
허락 없이 내용의 일부를 인용하거나 발췌하는 것을 금합니다.

Copyright ⓒ 2010 by Jung Dong Wook
All rights reserved including the rights of reproduction in whole
or in part in any form. Printed in KOREA.

값은 표지에 있습니다.
ISBN 978-89-349-3855-2 04400
    978-89-349-2136-6 (세트)

홈페이지_ www.gimmyoung.com   블로그_ blog.naver.com/gybook
인스타그램_ instagram.com/gimmyoung   이메일_ bestbook@gimmyoung.com

좋은 독자가 좋은 책을 만듭니다.
김영사는 독자 여러분의 의견에 항상 귀 기울이고 있습니다.

지식인마을 35

패러데이 & 맥스웰
Michael Faraday & James Clerk Maxwell

공간에 펼쳐진 힘의 무대

정동욱 지음

김영사

Prologue 1 지식여행을 떠나며

자연에 대한 지식은 어떻게 생산될까?

우리는 자연에 대한 지식을 주로 교과서를 통해 배운다. 교과서에는 우리가 알아야 할 현상들이 잘 정돈되어 있으며, 그 현상들을 설명할 수 있는 개념과 법칙들도 깔끔하게 소개되어 있다. 교과서만 보면 우리가 사는 세계는 무척이나 조화롭고 정연한 질서를 따르는 것처럼 보인다.

그러나 실제 자연의 세계는 교과서에 나오는 것처럼 잘 정돈되어 있지 않다. 아침마다 해가 동쪽에서 뜨는 것과 같은 질서는 쉽게 확인할 수 있을지 모르지만, 자연에 존재하는 대개의 질서들은 베일에 가려져 있으며, 자연이라는 책의 맨 뒷장을 펼친다고 정답지가 나오는 것도 아니다. 머리를 빗을 때 빗에 내 머리카락이 딸려 올라가는 일과 비 올 때 치는 번개가 '전기'라는 동일한 현상과 관련되어 있다는 것을 자연은 '자연스럽게' 가르쳐주지 않는다. 그냥 넋 놓고 보고만 있으면 자연은 그저 어지럽기만 한 혼돈 상태로 보일지 모른다.

교과서에 소개되어 있는 깔끔한 현상과 법칙들은 이렇게 혼돈스러운 자연에서 오랜 시행착오 끝에 추출되어 갈고 닦여진 것들이다. 정답을 가르쳐주는 선생님도 없고 정답지도 따로 없기 때문에, 자연에서 질서를 찾는 일은 무척이나 어렵다. 찾은 후에도 그것이 옳은 것인지 확신이 안 서 애를 먹기도 하며, 서로 다른 답을 가지고 논쟁을 벌이기도 한다.

교과서에는 그러한 과정이 드러나 있지 않은 채 최종 완성품만이 소개된다. 그런 깔끔한 완성품들은 우리에게 자연에 대한 수많은 지식들을 쉽고 빠르게 가르쳐주긴 하지만, 그 지식을 찾아내는 방법은 잘 가르쳐주지 않는다. 그러나 자연에는 여전히 아직 교과서에 담기지 못한 새로운 사실들이 산적해 있으며, 현재의 교과서에는 잘못 알려진 사실도 적혀 있을 수 있다. 누군가는 그러한 새로운 사실들을 밝혀내고 오류를 수정하여 이후 만들어질 교과서의 개정판에 반영해야 할 것이다. 이를 위해서는 현재까지 알려진 지식을 잘 배우는 것도 중요하지만, 그 지식에 있는 오류를 찾아내고 새로운 지식을 찾는 방법을 배우는 것 또한 중요하다. 즉 남이 만든 지식을 '공부' 하는 법뿐 아니라 스스로 새로운 지식을 '생산' 하는 법을 배워야 한다는 것이다.

안타깝게도 지식을 생산하는 방법에 관한 매뉴얼은 존재하지 않는다. 어쩌면 이 책을 보는 것보다 지식 생산의 현장인 대학 연구실에서 교수와 선배들의 활동을 잘 보고 따라하는 것이 최선의 방법일 수도 있을 것이다. 하지만 이 책을 통해 독자들은 오늘날에는 접할 수 없는 19세기 영국의 지식 생산 현장과 함께 그 안에서 패러데이와 맥스웰이 새로운 전자기학 지식을 생산하던 상세한 과정을 간접적으로나마 경험할 수 있을 것이다. 당시의 경험을 오늘날의 과학에 그대로 적용할 수는 없겠지만, 이 책이 과학 지식 생산의 상세한 과정을 알고 싶은 사람들에게 좋은 읽을거리가 되었으면 하는 바람이다.

이 책이 나오기까지 정성욱 님, 서민우 님, 김준수 님, 허두임 님, 임인숙 님 그리고 특히 박민아 님으로부터 많은 도움을 받았다. 이 자리를 빌어 고마움의 뜻을 전한다.

2010년 4월
정동욱

Prologue 2 이 책을 읽기 전에

「지식인마을」시리즈는…

「지식인마을」은 인문·사회·과학 분야에서 뛰어난 업적을 남긴 동서양대표 지식인 100인의 사상을 독창적으로 엮은 통합적 지식교양서이다. 100명의 지식인이 한 마을에 살고 있다는 가정 하에 동서고금을 가로지르는 지식인들의 대립·계승·영향 관계를 일목요연하게 볼 수 있도록 구성했으며, 분야별·시대별로 4개의 거리를 구성하여 해당 분야에 대한 지식의 지평을 넓히는 데 도움이 되도록 했다.

「지식인마을」의 거리
플라톤가 플라톤, 공자, 뒤르켐, 프로이트같이 모든 지식의 뿌리가 되는 대사상가들의 거리이다.
다윈가 고대 자연철학자들과 근대 생물학자들의 거리로, 모든 과학사상이 시작된 곳이다.
촘스키가 촘스키, 벤야민, 하이데거, 푸코 등 현대사회를 살아가는 인간에 대한 새로운 시각을 제시한 지식인의 거리이다.
아인슈타인가 아인슈타인, 에디슨, 쿤, 포퍼 등 21세기를 과학의 세대로 만든 이들의 거리이다.

이 책의 구성은
「지식인마을」 시리즈의 각 권은 인류 지성사를 이끌었던 위대한 질문을 중심으로 서로 대립하거나 영향을 미친 두 명의 지식인이 주인공으로 등장한다. 그리고 다음과 같은 구성 아래 그들의 치열한 논쟁을 폭넓고 깊이 있게 다룸으로써 더 많은 지식의 네트워크를 보여주고 있다.

초대 각 권마다 등장하는 두 명이 주인공이 보내는 초대장. 두 지식인의 사상적 배경과 책의 핵심 논제가 제시된다.

만남 독자들을 더욱 깊은 지식의 세계로 이끌고 갈 만남의 장. 두 주인공의 사상과 업적이 어떻게 이루어졌으며, 그들이 진정 하고 싶었던 말은 무엇이었는지 알아본다.

대화 시공을 초월한 지식인들의 가상대화. 사마천과 노자, 장자가 직접 인터뷰를 하고 부르디외와 함께 시위 현장에 나가기도 하면서, 치열한 고민의 과정을 직접 들어본다.

이슈 과거 지식인의 문제의식은 곧 현재의 이슈. 과거의 지식이 현재의 문제를 해결하는 데 어떻게 적용될 수 있는지 살펴본다.

이 시리즈에서 저자들이 펼쳐놓은 지식의 지형도는 대략적일 뿐이다.「지식인마을」에서 위대한 지식인들을 만나, 그들과 대화하고, 오늘의 이슈에 대해 토론하며 새로운 지식의 지형도를 그려나가기를 바란다.

지식인마을 책임기획 장대익
동덕여자대학교 교양교직학부

Contents 이 책의 내용

Prologue 1 지식여행을 떠나며 · 4
Prologue 2 이 책을 읽기 전에 · 6

초대

힘은 어떻게 전달될까? · 12
힘은 '직접' 작용한다 : 뉴턴의 만유인력
힘은 '장'에 의해 매개된다 : 공간에 펼쳐진 '장' | 패러데이와 맥스웰

만남

1. 19세기 과학자가 되는 길 · 24
   패러데이, 제본공 도제가 되다 | 거리에서 과학을 배우다
   화학자의 도제로 훈련받다 | 과학의 문화적 상징이 되다
   맥스웰, 엘리트 코스를 밟다 | 케임브리지의 우등생이 되다
   맥스웰, 물리학자가 되다

2. '힘의 선'의 탄생 · 54
   전기와 자기 | 전류가 나침반의 바늘을 움직이다 | 도선 주위에 원을 그리다
   자석과 도선을 회전시키다 | 자기로 전류를 만들어내다
   자기곡선을 자르면 전류가 유도된다 | 공간에 '힘의 선'을 그리다

3. '힘의 선'으로 그린 새로운 세계 · 91
   전기 분해에서 전류의 본질을 읽다 |
   절연체의 분극 긴장에서 정전기 유도의 본질을 읽다
   전하는 언제나 쌍으로 존재한다 | 정전기 유도는 매질의 긴장 유지 능력에 의존한다
   휘어진 전기 유도선 | 학계의 냉담한 반응 | 반자성체의 발견
   자기 투과율의 차이로 자기 작용을 설명하다
   '힘의 선'에 물리적 실재성을 부여하다 | '힘의 선'으로 그린 새로운 세계

4 뉴턴의 품에 들어온 '힘의 선' · 134

유체 튜브로 힘의 선을 구현하다
유체 시스템을 전기와 자기 현상에 적용하다 | 장의 양과 강도를 구분짓다
소용돌이 분자로 자기력선을 그리다 | 유동 바퀴로 전자기 유도를 구현하다
매질의 탄성 변형으로 전기력선을 그리다
전자기 작용의 전달 속도는 빛의 속도와 같다
모형 없이 방정식을 유도하다 | 부호가 틀리다
방정식으로 전자기파를 만들어내다 | 맥스웰의 장 개념

5. 공간에 펼쳐진 '장'의 의미 · 192

공간에 존재하는 실체로서의 '힘의 선'
탄성 매질의 상태로서의 '장' | 에테르가 제거된 '장'

대화

과학에 수학이 정말 필요해? · 204

이슈

과학에서 모형은 어떻게 사용되는가? · 218

효과적인 교육 전달 매체로서의 모형 | 기억 보조 장치로서의 모형
이해와 설명의 원천으로서의 모형 | 이론적 탐색과 예측 도구로서의 모형
모형과 실재, 그리고 이론적 개념

Epilogue 1 지식인 지도 · 232   2 지식인 연보 · 234
3 키워드 찾기 · 237   4 깊이 읽기 · 239
5 찾아보기 · 242

Michael Faraday

Chapter 1

초대
INVITATION

James Clerk Maxwell

📧 초대

힘은 어떻게 전달될까?

자석은 그 주위에 있는 철을 끌어당긴다. 머리를 빗던 빗은 주변의 머리카락을 잡아당긴다. 과학책을 보면 엄청나게 멀리 떨어져 있는 태양이 지구를 잡아당긴다고도 한다. 그러나 가만히 생각하다 보면 이러한 현상들이 무척이나 이상한 일이라는 것을 느끼게 될 때가 있다. 어떻게 서로 떨어져 있는 물체들 사이에 힘이 전달될 수 있단 말인가?

솔직히 고백하자면, 몇 년 전까지만 해도 나는 이를 이상하게 여긴 적이 없었다. 모든 물체 사이에는 거리의 제곱에 반비례하는 힘이 작용한다는 만유인력의 법칙이 교과서에 적혀 있었기 때문이다. 고등학교 시절 나는 그 법칙을 이용해 수많은 문제를 풀었지만, 그 법칙이 어떻게 작동할 수 있는지 '왜'나 '어떻게'라는 질문을 던져본 적이 없었다. 설사 '힘의 전달'에 대해 의문이 들었다고 하더라도, 나는 아마 그것을 쓸데없는 공상으로 치부했을 것이다.

그러나 '힘의 전달'이라는 문제는 절대로 쓸데없는 고민이 아니다. 실제로 텔레비전이나 휴대폰과 같이 전파를 사용하는 모든 제품들은 힘이 전달되는 특정한 방식을 통해 작동하기 때문이다. "방송국에서 보낸 전파를 수신하여 텔레비전을 본다"는 표현을 생각해보자. 이것을 물리적인 용어로 바꾸어 말하면, "방송국의 전기 회로에 흐르는 전류의 변화에 따라 발생한 힘이 전파(전자기 파동)를 통해 전달되어 우리 집의 텔레비전 회로에 작용한다"는 것을 의미한다. 즉 텔레비전이 작동하는 원리속에는 방송국의 송신 장치와 우리 집의 텔레비전처럼 멀리 떨어진 물체들 사이에 힘이 어떻게 전달되는지에 관한 근본적인 고찰이 내장되어 있는 것이다.

이 책에서 살펴볼 두 주인공 마이클 패러데이^{Michael Faraday, 1791~1867}와 제임스 클러크 맥스웰^{James Clerk Maxwell, 1831~1879}은 바로 '힘의 전달'이라는 문제를 진지하게 고민하여, 물체 사이의 힘을 매개하는 '장^{field}'이라는 개념을 처음으로 고안하고 발전시킨 사람들이다. 이들은 그물처럼 얽힌 힘의 선이나 탄성 매질이 공간을 채우고 있어서 공간의 일부 지역에서 일어난 전기와 자기의 작용이 그러한 힘의 선이나 매질을 통해 점진적으로 전달된다고 제안했는데, 맥스웰은 이 공간을 '전자기장'이라 이름 붙였다. 앞에서 언급한 '전파'는 바로 이들이 고안한 '전자기장'이 물결처럼 진동하면서 전자기 작용을 전달하는 파동을 말한다. 패러데이와 맥스웰이 아니었다면, 우리 주변의 수많은 전자제품들은 세상에 태어나지조차 못했을지 모른다. 그러나 그들을 만나기

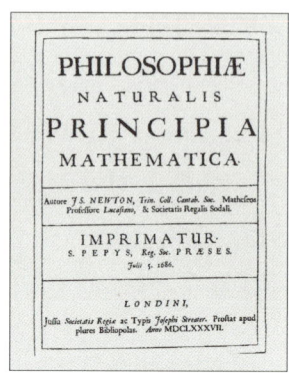

■■■ 만유인력의 법칙을 통해 '원거리 직접 작용'이라는 개념을 정착시킨 뉴턴과 그의 저작 《프린키피아》

전에 먼저 만나보아야 할 사람이 있다. 그는 바로 만유인력의 법칙을 통해, 서로 떨어져 있는 물체들이 힘을 '직접' 주고받을 수 있다는 생각을 정착시킨 아이작 뉴턴 Isaac Newton, 1642~1727 이다.

**힘은 '직접' 작용한다
뉴턴의 만유인력**

1687년 아이작 뉴턴은 《프린키피아 Principia》를 통해, 모든 물체 사이에는 거리의 제곱에 반비례하는 인력이 작용한다는 만유인력의 법칙을 제안했다. 그러나 멀리 떨어져 있는 물체들이 아무런 매개도 없이 서로 끌어당긴다는 그의 생각은 많은 이들로부터 비판을 받았다. 마술에서나 적용될 법한 신비한 관념을 과학에 끌어들이고 있다는 것이었다. 비판가들은 뉴턴의 만유인력 개념이 합리적이어야 할 과학

에 역행하는 것이라 생각했고, 그에게 그 힘이 작동하는 메커니즘을 해명하라고 주문했다.

사실 뉴턴도 이에 대해 생각해보지 않은 것은 아니었다. 누구보다 독실한 기독교인이었던 뉴턴은 이 문제를 해결하기 위해 전지전능한 신을 동원했다. 즉, 물체들 사이의 작용은 공간 구석구석까지 편재한 신에 의해 매개된다는 것이었다. 매순간 수많은 물체 사이의 작용을 동시에 연결해주느라 뉴턴의 신은 무척이나 바빴을 테지만, 우주의 모든 곳에 존재하는 진정한 멀티태스킹 능력의 소유자로서 신은 이를 무리 없이 해낼 수 있을 거라 생각했다. 그러나 이러한 생각은 경험적으로 알 수 있는 것도, 과학적으로 증명할 수 있는 것도 아니었기에 뉴턴은 되도록 이에 대한 질문을 피하려고 했다.

난처한 질문을 피하고자 했던 그는 "나는 가설을 세우지 않는다"라고 선언했다. 대신 만유인력의 원인이나 메커니즘은 모르더라도 만유인력에 대한 수학적 법칙으로부터 행성의 운동이나 조석현상 등의 수많은 자연의 현상을 수학적으로 설명할 수 있다고 강조했다. 이렇게 하나의 법칙으로 수많은 현상을 한꺼번에 설명할 수 있었던 뉴턴의 이론은 시간이 지날수록 비판가들을 압도했고, 얼마 지나지 않아 그의 만유인력 개념은 명백한 사실로서 수용되었다.

뉴턴의 만유인력 개념은 힘에 대한 두 가지 특징을 암묵적으로 담고 있었다. 하나는 떨어져 있는 물체들 사이에 아무런 매개 없이 힘이 '직접' 작용한다는 점이며, 다른 하나는 그 힘을 주고받는 데 시간이 걸리지 않는다는 점이다. 즉 뉴턴의 힘은 멀리까지 전달되기 위해 어떠한 매개물도 필요로 하지 않으면서, 물체가 놓이는 즉시 저 멀리에 있는 물체까지 곧바로 작용했다. 이러한 특징 때문에 뉴턴의 힘 개념은 '원거리 작용$^{\text{action at a distance}}$' 또는 '원거리 직접 작용$^{\text{direct action at a distance}}$'으로 불렸다. 그리고 뉴턴의 만유인력 개념이 수용되었다는 것은 그와 함께 '원거리 직접 작용'이라는 개념도 수용되었음을 의미했다.

뉴턴의 이론이 수많은 현상을 설명하는 데 성공적이라는 점에 깊은 인상을 받은 유럽의 학자들은 뉴턴의 성공을 다른 영역의 자연 현상에까지 확장하기 시작했다. 그중 프랑스의 학자 샤를 오귀스탱 드 쿨롱$^{\text{Charles Augustin de Coulomb, 1736~1806}}$은 정교한 측정을 통해 만유인력의 법칙과 똑같은 형태의 '역제곱 법칙'이 전기와 자기 현상에도 적용된다는 것을 밝혀냈다. 그의 정교한 실험에서, +전하를 띤 물체와 -전하를 띤 물체는 거리의 제곱에 반비례하는 힘으로 서로를 끌어당겼으며, +전하 혹은 -전하끼리는 거리의 제곱에 반비례하는 힘으로 서로를 밀어냈다. 자석의 N극과 S극 역시 '역제곱 법칙'에 따라 서로를 끌어당겼으며, 같은 극끼리는 밀어냈다. 당연한 귀결이겠지만, 학자들은 이 전기력과 자기력이 뉴턴의 만유인력처럼 '원거리 직접 작용'이라고 생각했다. 즉 전하와 전하끼리, 자극과 자극끼리는 아무런 매개 없이 '직접' 힘을 주고받으며, 그 힘을 주고받는 데에는 시간이 걸리지 않는다는 것이다.

**힘은 '장'에 의해 매개된다
공간에 펼쳐진 '장'**

오늘날 물리학자들은 뉴턴의 '원거리 직접 작용'과는 다소 다른 그림을 그리고 있다. 멀리 떨어진 물체들 사이의 모든 작용은 공간에 펼쳐진 '장'에 의해 매개된다는 것이 현대의 해석이다. 예컨대 자석이 놓이면 그 주위 공간에는 자기력선들로 채워진 자기장이 형성되어, 만약 이 자기장에 철이 놓이게 되면 그 철은 그 자리의 자기장과 상호 작용하여 이동하게 된다. 즉 자석이 철을 직접 끌어당기는 것이 아니라, 자석에 의해 형성된 자기장이 철에 영향을 준다는 것이다.

그러나 '장'을 매개로 힘을 주고받든, '원거리 직접 작용'에 의해 힘을 주고받든, 멀리 떨어진 물체들이 힘을 주고받는다는 것은 결과적으로 똑같은 것 아닌가? 자석이 철을 직접 잡아당긴다고 말하나, 자석이 만든 자기장에 의해 철이 영향을 받는다고

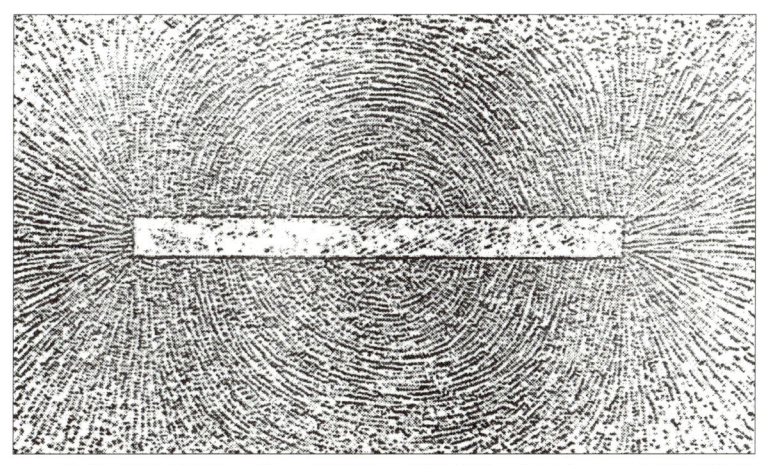

■■■ 철가루 패턴을 통해 볼 수 있는 자석 주위의 자기력선 (출처 : 패러데이, ≪전기에 관한 실험 연구≫ 3권, plate 3)

말하나 결국 철이 자석을 향해 움직이기는 마찬가지 아닌가? 그러나 '장'을 매개로 힘이 전달된다는 생각과 '원거리 직접 작용'이라는 생각 사이에는 커다란 차이가 있다. 그것은 바로 시간이다.

'장'을 통해 힘이 전달되는 데에는 시간이 걸린다. 예를 들어 지구로부터 1,000광년 정도 떨어져 있는 북극성에 의한 중력 작용은 지구에 전달되는 데 최소한 1,000년이 걸린다. 만약 지금 당장 북극성이 사라진다고 해도 현재의 우리에게는 어떤 영향도 미치지 않는다. 그에 따른 중력의 변화는 1,000년 후에나 지구에 영향을 줄 테니 말이다. 앞서 언급했던 텔레비전의 경우도 마찬가지다. 방송국 송신 장치에 의한 전자기 작용이 우리 집 텔레비전의 회로에 영향을 미치는 데에는 아주 약간이지만 시간이 걸린다. 즉 우리가 집에서 텔레비전으로 보는 화면은 언제나 영점 몇 초 전에 방송국에서 내보낸 화면이라는 것이다.

패러데이와 맥스웰

앞서 잠깐 언급했다시피, 이러한 '장' 개념은 19세기 영국의 과학자 패러데이와 맥스웰에 의해 고안되고 발전되었다. 패러데이는 전자기 현상을 연구하는 과정에서 '원거리 직접 작용'을 버리고 전기와 자기 작용이 '힘의 선$^{\text{lines of force}}$'을 따라 점진적으로 전달된다는 개념을 처음으로 제안했으며, '장^{field}'이라는 용어도 처음으로 사용했다. 맥스웰은 이를 발전시켜 모든 전자기 현상을 역학적 매질의 작용으로 설

■■■ '원거리 직접 작용'이라는 뉴턴의 공고한 개념을 버리고 '장'이라는 새로운 힘의 전달 개념을 만들어낸 패러데이와 맥스웰.

명하는 수학적인 '전자기장' 이론을 완성했으며, 힘이 전달되는 데 시간이 걸릴 것이라는 패러데이의 추측도 이론적인 계산을 통해 그 정확한 속도를 예측해냈다.

그렇다면 패러데이와 맥스웰은 어떠한 연유로 '원거리 직접 작용'이라는 뉴턴의 공고한 개념을 버리고 새로운 방식의 '힘의 전달'을 고민하게 되었을까? 또 그들은 어떻게 '장'이라는 새로운 개념을 만들어낼 수 있었으며, 그 개념은 어떤 변화 과정을 겪어 완성되었을까? 이 책에서는 패러데이와 맥스웰의 삶과 연구를 따라가며, '장' 개념이 처음 등장하고 발전해가면서 점점 원숙한 과학의 개념으로 자리 잡는 과정을 좇아가려 한다. 이를 통해 우리는 완성된 과학의 모습이 아닌 만들어지고 있는 과학의 모습을 생생하게 볼 수 있을 것이며, 그 과정에서 오늘날 과학의 '장' 개념을 구성하고 있는 여러 요소들도 더욱 선명하게 이해할 수 있을 것이다.

1장에서는 패러데이와 맥스웰의 성장 과정과 과학적 훈련 과정을 살펴볼 것이다. 그들이 받은 교육과 과학적 훈련 과정은 그들의 연구 주제와 연구 스타일에 상당한 영향을 주었다. 이를 통해 우리는 그들이 앞으로의 연구에서 사용하게 될 방법과 개념들을 미리 엿볼 수 있을 것이다.

  2장에서는 '힘의 선$^{\text{lines of force}}$'이라는 개념이 처음으로 고안되는 과정을 살펴볼 것이다. 패러데이는 공간에 펼쳐진 '힘의 선'이라는 개념을 전자기 회전과 전자기 유도를 발견하는 과정에서 처음으로 고안했다. 그 연구 과정을 세밀하게 따라가면서, 전자기 현상의 어떤 특징이 패러데이로 하여금 '원거리 직접 작용'을 의심하도록 만들었는지, 그리고 패러데이의 어떤 연구 스타일이 그로 하여금 힘의 선을 그리도록 이끌었는지 살펴볼 것이다.

  3장에서는 패러데이가 힘의 선 개념을 입증하기 위해 수행했던 실험들을 검토하면서, 그 과정에서 그의 힘의 선 개념이 어떻게 변화해가는지를 살펴볼 것이다. 그 과정에서 우리는 '힘이 전달되는 경로'에 가까웠던 힘의 선 개념이 '힘을 직접 전달하는 운반자'로 조금씩 변화해가는 것을 확인할 수 있을 것이며, 힘의 선의 실재성에 대한 패러데이의 믿음 또한 그와 함께 공고해져가는 것을 엿볼 수 있을 것이다.

  4장에서는 맥스웰이 패러데이의 힘의 선을 발전시켜 '전자기장' 이론으로 완성시키는 과정을 다룰 것이다. 맥스웰은 〈패러데이의 힘의 선에 관하여$^{\text{On Faraday's Lines of Force}}$〉, 〈물리적 힘의 선에 관하여$^{\text{On Physical Lines of Force}}$〉, 〈전자기장에 대한 동역학적 이론^{A}

Dynamical Theory of the Electromagnetic Field〉세 편의 논문을 통해 자신의 전자기장 이론을 발전시켰다. 세 편의 논문을 차례차례 검토함으로써, 맥스웰이 패러데이의 힘의 선 개념을 수학적으로 정교한 이론으로 탈바꿈시키기 위해 어떠한 도구를 사용했는지, 그리고 그 도구가 '전자기장' 개념에 다시 어떠한 영향을 미치게 되었는지 살펴볼 것이다.

5장에서는 지금까지의 논의를 종합하여 패러데이와 맥스웰의 '장' 개념이 변화하는 과정을 정리하면서, 맥스웰 이후의 변화도 간략하게 다룰 것이다. 사실 오늘날의 '장' 개념은 패러데이와 맥스웰이 차린 밥상에 아인슈타인이 숟가락을 얹어 완성되었다. 그 숟가락이 패러데이와 맥스웰의 '장' 개념에 어떤 변화를 주었는지 살펴볼 것이다.

패러데이와 맥스웰의 과학 연구는 '장'에 대한 연구에만 한정되지 않는다. 패러데이는 벤젠을 발견하거나, 압력에 따른 물질의 상태 변화를 발견하는 등 화학 분야에서도 여러 중요한 발견을 해냈고, 맥스웰은 열-통계 역학의 토대를 닦았으며, 빛의 삼원색을 밝혀내어 컬러 사진을 만들어내는가 하면, 자동 제어 이론에 관한 선구적인 논문을 발표하기도 했다. 그러나 이 책에서는 패러데이에서 맥스웰로 이어지는 '장' 개념의 발전 과정에만 초점을 맞추었다. 이 점 독자들의 양해를 바란다. 이제 패러데이와 맥스웰을 만나러 가보자.

Michael Faraday

Chapter 2

만남
MEETING

James Clerk Maxwell

만남 1

19세기 과학자가 되는 길

오늘날 과학자가 되려는 이들은 대부분 정해진 길을 밟는다. 학교의 교과 과정을 따라 수학과 과학을 중심으로 공부하여 자연계 대학과 대학원에 진학한다. 대학은 과학자를 양성하기 위한 전문적인 교육 및 훈련 과정을 갖추고 있어서, 예비 과학자들은 그 과정을 따라가면서 실제 연구에 필요한 이론적 지식과 실험적 지식을 습득하게 된다. 졸업을 하고 나면 그들은 대학이나 정부 또는 산업체에 소속되어 연구를 수행한다.

그러나 19세기 영국의 상황은 지금과 무척 달랐다. 당시 과학은 전문가들의 활동이 아니었으며, 따라서 전문적인 과학자를 양성하는 교육 과정도 존재하지 않았다. 대학에서는 '자연철학'이나 '수학'이라는 이름으로 과학을 가르쳤지만, 이는 과학자를 양성하기 위한 것이라기보다는 기본 소양을 갖춘 사회적 엘리트를 배출하기 위한 교양 교육의 일환이었다.

과학은 교양이자 문화로 향유되었지만, 직업으로는 여겨지지 않았다. 자연 현상을 탐구하는 사람과 그들의 토론 모임은 점점 많아지고 있었지만, 과학을 자기 계발이나 하나의 취미 활동 이상으로 생각하는 이들은 거의 없었다. 따라서 과학을 하고 싶은 사람은 스스로 과학 서적을 읽고 토론 모임에 참가하여 자비로 실험을 해야 했다. 이들은 '과학인$^{man\ of\ science}$'으로서 명예를 얻었지만, '과학자^{scientist}'로서 일을 하지는 않았다.

■■■ 그림1-1
'과학자(scientist)'라는 말을 처음으로 만들어낸 윌리엄 휴얼.

과학이 점차 문화로 소비됨에 따라 그 문화적 컨텐츠를 생산하는 전문적인 사람도 필요해졌는데, 대학의 자연철학 및 수학 교수, 각종 과학 강연 기관의 교수와 떠돌이 과학 강사들이 그 역할을 맡았다. 각각 과학을 팔았던 대상은 달랐지만, 이들은 과학이 문화로서 소비되던 19세기의 몇 안 되는 직업 과학자들이었다. 그중 몇몇 사람들은 대학과 강연 기관 소속의 교수가 되어 실험실과 연구비 등의 지원을 받기도 했는데, 이들의 수는 조금씩 증가하고 있었다. '과학자'라는 말이 1830년대 영국의 학자 윌리엄 휴얼$^{William\ Whewell,\ 1794~1866}$에 의해 처음 만들어져 통용되기 시작했다는 점은 이러한 시대적 변화를 반영한다. 흥미롭게도 이 말을 만든 휴얼은 패러데이의 절친한 친구였으며, 맥스웰이 졸업한 케임브리지 대학 트리니티 칼리지의 학장을 역임하기도 했다.$^{그림1-1}$

한편 내용 면에서 19세기 중반 영국 대학의 교양 교육은 믿기 힘들 정도로 수학을 강조하고 있었다. 수학적 추론 능력은 사회적 엘리트가 갖추어야 할 가장 중요한 기본 소양으로 여겨졌고, 그래서 케임브리지 대학 같은 명문대학에서는 우등 졸업을 원하는 학생들에게 무척이나 까다로운 수학 시험을 보게 하기도 했다. 이러한 대학 교육 방식은 당시 대학 출신 과학자들의 독특한 연구 스타일을 형성하는 데 큰 영향을 미쳤다.

패러데이와 맥스웰이 과학자로서 성장하며 경력을 쌓아가는 과정은 이러한 19세기 영국의 상황을 반영하고 있다. 그럼에도 그 둘은 또한 19세기 영국 과학의 상반된 모습을 보여준다. 패러데이가 19세기 초중반의 영국을 보여준다면 맥스웰은 19세기 중후반의 영국을 보여준다. 또한 패러데이가 영국 사회의 노동 계층을 대표하는 반면, 맥스웰은 영국 사회의 엘리트 계층을 대표한다. 패러데이는 대중 과학 강연을 통해 과학을 습득했으며, 결국 강연 기관의 교수가 되어 실험가 겸 대중 강연가로서 활동했지만, 맥스웰은 영국 최고의 대학에서 과학적 훈련을 쌓은 후, 역시 대학의 교수로 재직하며 고도로 수학적인 연구를 수행했다.

이제부터 우리는 패러데이와 맥스웰 두 사람이 과학자로 성장하는 과정과 과학자로서 활동하는 모습을 살펴보게 될 것이다. 이를 통해 우리는 두 사람의 독특한 연구 스타일이 어디에서 비롯되었는지를 알 수 있을 뿐만 아니라, 19세기 영국의 과학 교육과 연구의 양상이 어떻게 변화해갔는지도 엿볼 수 있을 것이다.

**패러데이,
제본공 도제가 되다**

패러데이는 1791년 9월 22일에 런던 근교 서리^{Surry}(현재는 런던에 포함됨)의 가난한 대장장이의 아들로 태어났다. 당시 비슷한 환경의 아이들이 그랬던 것처럼, 패러데이 역시 간신히 기본적인 교육만 받은 후 직업 전선에 뛰어들어 생계에 보탬이 되는 일을 해야만 했다. 나중에 그는 "일반 주간 학교에서 읽기, 쓰기, 산수로 이루어진 가장 평범한 교육을 받으며 학교 밖에서는 집과 거리에서 시간을 보냈다"라고 어린 시절을 회상했다.

열세 살이 되던 해, 패러데이는 조지 리보$^{George\ Riebau}$가 운영하는 서점에서 심부름꾼으로 일을 하기 시작했다.$^{그림1-2}$ 신문을 배달하고 다 읽은 신문을 수거하는 보잘것없는 일이었지만 리보는 어린 패러데이가 꽤 마음에 들었던 모양이다. 서점 심부름 일을 시작한 지 1년이 되었을 무렵, 리보는 패러데이에게 제본공이

■■■ 그림 1-2

조지 리보의 서점 | 패러데이는 이곳에서 제본공 도제로 7년간 일을 배웠으며, 이곳의 책들을 통해 처음으로 과학에 흥미를 가지기 시작했다.

되는 도제 과정을 허락했다. 게다가 그는 패러데이에게 수업료도 면제해주었다. 이런 좋은 직업의 도제 과정을 수업료도 내지 않고서 이수할 수 있는 기회는 아무에게나 주어지는 것이 아니었다. 1805년 10월 7일, 드디어 패러데이는 7년짜리 도제살이를 시작하게 되었다.

패러데이는 서점의 작업장 위에 있는 작은 방에서 생활하며 성실하게 일을 배웠다. 낱장 상태로 되어 있는 페이지들을 꿰매고 다듬어서 제본한 후 표지에 제목을 예쁘게 적어 넣어 책을 완성하는 것이 바로 패러데이의 일이었다. 오래되어 제본이 풀린 책도 패러데이의 손을 거치면 말끔한 책이 되어 주인에게 되돌아가곤 했다.

수많은 책들이 들락거리는 서점은 패러데이에게 더할 나위 없이 좋은 환경을 제공했다. 서점 주인 리보의 허락 하에 패러데이는 손에 잡히는 책을 닥치는 대로 읽어 나갔다. 그중 1809년에 읽은 《정신의 개선 Improvement of the Mind》이란 책은 그에게 큰 영향을 미친 것으로 알려져 있다. 아이작 와츠 Isaac Watts, 1674~1748가 쓴 이 책은 자기 발전을 위해 다음과 같은 사항을 권고했다. 근면한 독서, 메모 작성, 강의 참석, 편지 교환. 패러데이는 이 권고사항을 그대로 실천했다. 무엇보다도 책을 열심히 읽었고, 〈철학 문집〉이라는 거창한 제목의 메모장도 만들어 책에서 얻은 생각들을 꼼꼼하게 기록하기 시작했다. 1년 후에는 작은 과학 모임의 강연에 참석하기 시작했으며, 그 모임에서 만난 한 친구와 편지를 주고받았다.

패러데이가 과학을 처음 접한 것도 바로 서점의 책을 통해서였다. 직접 제본을 맡았던 《브리태니커 백과사전》은 그를 놀라운 자연 현상들의 세계로 이끌었다. 그중에서도 전기 항목에 재미를 느낀 패러데이는 실험 기구를 제작해서 책에 소개된 정전기 실험들을 직접 해보기도 했다. 무엇보다 패러데이를 흥분시켰던 것은 화학이었다. 대개의 책들은 패러데이에게 너무 어려웠지만, 일반 대중들을 위해 알기 쉬운 대화체로 쓰여진 제인 마셋$^{Jane\ Marcet,\ 1769~1858}$의 《화학에 관한 대화$^{Conversations\ on\ Chemistry}$》(1805)는 패러데이에게 화학의 기초부터 최신 이론까지 차근차근 가르쳐주었다. 사실 이 책은 왕립연구소 최고의 스타 강사 험프리 데이비$^{Humphrey\ Davy,\ 1778~1829}$의 강연을 마셋이 직접 듣고 요약 해설한 책으로, 이 책을 통해 패러데이는 미래의 스승이 될 데이비를 처음으로 접한 셈이었다.

거리에서 과학을 배우다

17~18세기를 거치면서 과학은 많은 사람들의 관심을 끄는 활동이 되어 있었다. 과학은 상류층에게는 유흥거리로, 중산층에게는 자기 계발용으로, 하층민에게는 어쩌다 볼 수 있는 서커스로 향유되었으며, 일부 지식인들 중에는 과학을 통해 대중을 계몽하여 사회를 개혁하겠다는 생각을 품은 이들도 있었다. 사실 수학적인 역학 분야를 제외하면 당시의 과학 분야는 오늘날처럼 전문화되지 않았기 때문에 일반인들이 배우고 즐기기에도 큰 어려움이 없었다. 이런 점에서 과학은 오늘날보다도 대중적인 활동이었는지 모른다.

당시 영국에는 수준별로 다양한 과학 모임과 강연 기관들이 있었다. 런던에는 왕립학회^{Royal Society of London}와 왕립연구소^{Royal Institution}를 비롯해 '런던 화학회', '런던 철학회' 등의 다양한 과학 모임이 존재했고, 산업혁명을 통해 경제·문화적 중심지로 부상하고 있던 맨체스터나 버밍엄과 같은 지역에도 런던에 버금 갈 만한 다양한 과학 모임들이 생겨났다. 그중에서 가장 유명한 곳은 왕립학회와 왕립연구소였다. 왕립학회는 영국에서 가장 유서 깊은 전국 단위의 과학 모임으로, 왕립학회의 회원이 되어 자기 이름 뒤에 FRS^{Fellow of Royal Society}를 붙이는 것은 무척이나 명예로운 일이었다. 한편 1799년 미국 출신의 럼퍼드 백작^{Count Rumford}(본명 벤저민 톰슨^{Benjamin Thompson, 1753~1814})의 후원으로 설립된 왕립연구소는 모든 계층에게 과학을 전파하는 것을 목표로, 최

■■■ 그림 1-3
웃음 가스를 주제로 한 왕립연구소의 강연 장면 | 데이비는 풀무를 들고 있고, 후원자 럼퍼드는 오른쪽 끝에서 강연을 지켜보고 있다. (출처: 제임스 길레이(James Gillray), 《기체학에서의 새로운 발견New Discoveries in Pneumatics》, 1802)

고 수준의 실험실과 함께 거대한 강연장을 설치하여 과학자로 하여금 과학 연구와 대중 강연을 함께 수행하도록 주문했다. 특히 과학계의 떠오르는 별로, 탁월한 대중 강연 솜씨를 자랑했던 험프리 데이비를 교수로 영입한 왕립연구소는 대중 강연 기관으로서 큰 성공을 거두었다 그림1-3. 하지만 값비싼 회원권은 과학을 모든 계층에게 전파하겠다는 설립 취지를 무색하게 했다.

왕립연구소의 강연보다 상대적으로 저렴한 대중 강연도 있었다. 이러한 강연을 제공했던 대중 과학 강사들은 여러 기관들을 돌면서 강연을 했는데, 런던에서 성공하면 지방 순회 강연을 하기도 했고, 지방에서 명성을 쌓아 런던으로 상경하는 경우도 있었다. 대중 강연의 주제는 주로 의학과 화학이었는데, 대중들이 원하는 유용한 지식을 제공할 수 있다는 표면상의 이유가 크게 작용했다. 그렇다고 해서 모든 강연이 유용성만을 앞세운 것은

■■■ 그림1-4

영국 오페라 하우스에서 열린 윌리엄 워커(William Walker)의 천문학 강연 | 패러데이도 보러 간 적이 있는 그의 강연은 현란한 볼거리로 유명했다. 그의 강연 입장료는 회당 1기니(21실링)였는데, 이는 나중에 패러데이가 왕립연구소에 화학 조수로 들어갔을 때 처음 받게 되는 주급과 같았다.

아니었다. 대중들은 강연에서 훌륭한 볼거리와 재미를 기대하기도 했기 때문에, 천문학이나 전기처럼 볼거리가 풍부한 주제들도 인기 있는 강연 주제가 될 수 있었다. 부담스러운 금액의 입장료에도 불구하고 패러데이는 이런 강연 중 적어도 하나는 참석하려 애썼다.^{그림1-4}.

그러던 중 과학에 목말라 있던 패러데이에게 행운이 찾아왔다. 1810년 패러데이는 서점의 단골 고객이었던 존 테이텀^{John Tatum, 1772~1858}이 개설한 강연 코스와 '시티 철학회^{City Philosophical Society}' 모임에 참석할 수 있게 되었다. 과학 강사이자 은 세공업자였던 테이텀의 강연 코스는 패러데이와 같이 배움에 목말라 있는 가난한 젊은이를 대상으로 한 것으로, 그의 강연료는 회당 1실링밖에 하지 않았다. 패러데이는 테이텀의 강연을 열심히 들으며 꼼꼼하게 기록했다. 뿐만 아니라 강연을 듣고 돌아온 즉시 처음의 필기를 고쳐 깔끔하게 정리한 후 설명을 덧붙여 완성본의 노트를 만들었다. 필기에 대한 패러데이의 집착은 도를 넘어선 것처럼 보이기도 하지만, 이 유난스러운 습관은 몇 년 뒤 과학자의 문턱에서 좌절할 뻔했던 패러데이를 과학자의 길로 들어서게 해 주는 데 결정적인 역할을 하게 된다.

1812년 도제살이가 끝날 무렵이 되자, 패러데이는 초조해졌다. 스물한 살의 그는 제본공으로서의 자신의 미래를 달가워하지 않았기 때문이다. 그는 제본이라는 손으로 하는 일을 배웠지만, 이미 그의 가슴엔 과학이라는 고상한 활동에 대한 동경이 가득 차 있었다. 그는 이기적이고 타락한 분야인 것만 같은 상업에서 탈출하여, 고매한 활동처럼 보이는 과학의 세계로 들어

가고 싶었다.

그러던 와중에 소중한 기회가 찾아왔다. 1812년 2월, 왕립연구소의 회원이었던 서점의 단골 고객 윌리엄 댄스$^{William\ Dance}$가 패러데이의 강연 노트를 보고서 패러데이가 선망하던 험프리 데이비의 값비싼 강연 입장권 네 장을 구해준 것이다. 네 번밖에 되지 않는 기회였지만, 패러데이는 데이비의 강연을 열심히 들으며 그의 습관대로 꼼꼼하게 노트를 작성했다.

데이비의 강연은 과학에 대한 패러데이의 동경심을 더욱 부추겼다. 어쩌면 허황된 꿈을 꾸고 있는 것처럼 보였을지 모르지만 그는 자신의 꿈을 실현시키기 위해 과감하게 혹은 무모하게 행동했다. 그는 당시 왕립학회의 회장이었던 조지프 뱅크스$^{Joseph\ Banks,\ 1734~1820}$에게 직접 편지를 보내기까지 했다. 작은 일이라도 좋으니 왕립학회에서 일을 시켜달라는 것이었다. 그러나 그는 '할 말 없음$^{No\ answer}$'이라고 휘갈겨 쓴 답장을 받았을 뿐이었다.

한 번의 실패를 겪은 패러데이는 데이비에게 눈을 돌렸다. 그리고 자신의 유난스러운 필기 습관과 제본공으로서의 손재주를 결합하여 철저하게 준비했다. 데이비에게 일자리를 부탁하는 편지를 쓰면서, 지난번에 데이비의 강연을 들으면서 손수 필기한 노트를 정성껏 제본하여 함께 보낸 것이다. 이런 정성에도 불구하고 데이비는 나중에 필요하면 부르겠으니 일단은 제본 일을 하고 있으라며 면접에서 만난 패러데이를 돌려보냈다.

하지만 오랜 노력에 대한 보답인지, 패러데이에게도 행운이 찾아왔다. 1812년 10월, 실험을 하다가 폭발 사고로 눈을 다친 데이비가 임시로 자신의 실험을 기록해 줄 사람을 구하게 된 것이다.

데이비는 자신에게 열정을 보여주었던 청년 패러데이를 임시 필기생으로 고용했다. 그러나 이 일은 단 며칠에 불과했고, 패러데이는 다시 원래의 자리, 제본공으로 돌아가야만 했다.

1813년 2월, 패러데이에게 두 번째 행운이 찾아왔다. 왕립연구소의 실험실 조수로 일하던 윌리엄 페인$^{William\ Payne}$이 강연장에서 싸움을 하는 바람에 해고를 당한 것이다. 새로운 조수가 필요해진 왕립연구소에서는 데이비에게 적절한 인물을 찾아달라고 요청했다. 패러데이를 잊지 않고 있었던 데이비는 그와 두 번째 면접 자리를 가졌다. 과학에 대해 패러데이가 가지고 있던 고상한 환상에 웃음이 나긴 했지만, 그의 열정과 성실성만은 확실해 보였다. 데이비는 패러데이를 왕립연구소의 실험실 조수로 추천하면서 다음과 같은 말을 덧붙였다.

"패러데이는 이 일에 매우 적합합니다. 그는 좋은 습관을 가졌고, 능동적이고 원기왕성한 성품을 가졌으며, 총명해 보입니다."

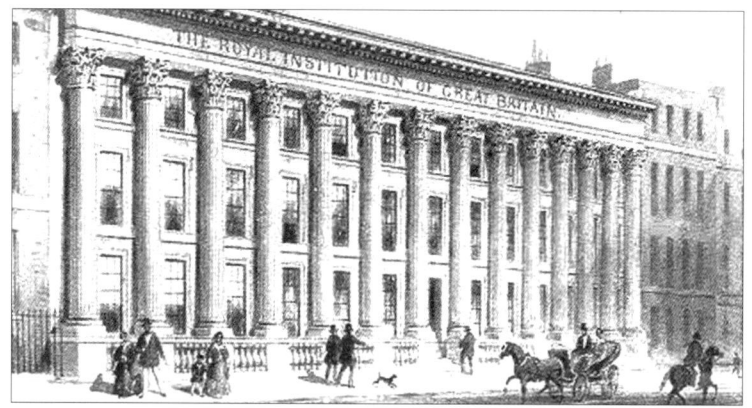

■■■ 그림 1-5
1840년 경의 왕립연구소 전경.

화학자의 도제로 훈련받다

1813년 3월, 마침내 패러데이는 그토록 원했던 왕립연구소의 화학 조수가 되었다^{그림1-5}. 그는 왕립연구소에서 일하면서 그곳에서 숙식까지 해결했다. 지하 실험실에서 데이비의 실험을 도우며 화학 지식과 실험 기술을 습득했고, 1층 강연장에서는 데이비의 강연을 보조했으며, 그 위층에서는 잠을 잤다. 즉 왕립연구소는 패러데이에게 직장이자 학교이자 집이 된 셈이다. 패러데이는 이때부터 데이비 밑에서 전문적인 화학자로 훈련을 받기 시작했다^{그림1-6}.

당시 화학은 새로운 발견과 논쟁적인 이론들로 넘쳐나고 있었다. 특히 1800년 볼타$^{Alessandro\ Volta,\ 1745~1827}$에 의해 전지가 발명되고 곧이어 물의 전기분해가 발견되자, 패러데이의 스승 데이비는 이 연구에 뛰어들어 '전기화학'이라는 새로운 분야를 개척했다. 데이비는 전지에 의해 전류가 흐를 때마다 전지의 전극에서 화학 분해가 일어난다는 점에 주목하여, 전지에서 흘러나오는 전류가 물질의 화학 분해에 의한 것이라는 주장을 펼쳤다. 1807년 수산화칼륨과 수산화나트륨에서 순수한 칼륨과 나트륨을 분해하여 물 이외의 물질을 전기 분해하는 데 처음으로 성공한 데이비는 화학 분해와 전류가 밀접하게 연결되어 있다는 믿음을 더욱 강하게 갖게 되었다. 그리고 이는 모든 화학 결합의 본질이 전기력에 있다는 대담한 주장으로 이어졌다. 이와 같은 데이비의 전기화학적 세계관은 후에 패러데이가 전기 분해 법칙을 발견하고 전기의 본질을 독특한 방식으로 파악하는 데 결정적인 역할을 하게 된다.

한편 데이비는 기체 화학에도 두각을 나타냈다. 1810년 그는

■ ■ ■ 그림 1-6
패러데이의 스승인 험프리 데이비.

당시 소독이나 표백에 사용되던 '산소-염산 기체$^{\text{oxy-muriatic acid gas}}$'라는 물질이 화학적으로도 물리적으로도 분해되지 않는다는 것을 실험을 통해 알아냈다. 이를 근거로, 그는 당시까지 산소 화합물로 여겨지던 이 물질이 실제로는 단일 원소로 이루어져 있다고 주장하며 이 원소에 '염소^{chlorine}'라는 새 이름을 붙였다. 이는 곧 '산소-염산$^{\text{oxy-muriatic acid}}$'이라는 물질(오늘날의 염산^{HCl})에 정작 산소가 들어있지 않음을 뜻했는데, 이는 모든 산^{acid}에 산소가 포함되어 있다는 기존의 주류 이론을 정면으로 반박하는 발견이었다. 1812년 2월, 패러데이가 들은 데이비의 강연에서는 바로 이 문제를 논하고 있었다.

여러 면에서 볼 때, 데이비의 조수가 된 것은 패러데이에게 큰 행운이었다. 그의 조수로 일하면서, 패러데이는 데이비로부터 체계적인 화학 분석 기법을 전수받는 동시에, 데이비의 전기화학적 세계관에 자연스럽게 발을 담글 수 있었다. 또한, 당시 화학이란 분야는 정규 교육을 제대로 받지 못한 패러데이에게 무척이나 잘 맞는 학문이었다. 화학에서는 고난도의 수학이 필요하지 않았으며, 대신 손으로 하는 실험과 주의 깊은 관찰력이 무엇보다 중요한 역할을 했다. 당시 프랑스 물리학자들은 라플라스$^{\text{Pierre-Simon Laplace,1749~1827}}$의 방식을 의심 없이 받아들여 모든 물질 사이에는 수학적인 법칙으로 표현될 수 있는 몇 가지 종류의 힘이 작용한다고 '이론적으로' 가정한 후, 그 이론에 맞춰 현상을 설명하려고 했다. 데이비는 이런 프랑스식 화학 연구 방식에 반대하며 이론이 실험보다 우선시되는 것을 경계했는데, 이러한 태도는 패러데이에게도 고스란히 이어졌다.

왕립연구소의 화학 조수로 일한 지 7개월 정도 지났을 무렵, 패러데이는 데이비의 필기생으로 18개월간의 대륙 여행을 따라가게 되었다. 데이비와 패러데이는 프랑스, 이탈리아, 스위스, 독일, 벨기에 곳곳을 돌아다니며, 그곳에서 활동하고 있는 과학자들의 실험실을 방문했다. 그들은 여행 중에 들른 실험실에서 직접 실험을 하기도 했는데, 파리에 머무는 동안 데이비는 해초에서 얻은 물질을 실험적으로 분석하여 그것이 염소와 비슷한 성질을 가진 단일 원소라는 것을 보였다. 결정으로 존재하면서 열을 가하면 보라색 기체로 변하는 이 물질에 데이비는 '요오드^{iodine}'라는 이름을 붙였다(요오드와 염소는 현대의 원소 주기율표 상에서 동일한 할로겐 족에 속한다). 스승의 탁월한 실험과 증명을 바로 옆에서 지켜본 패러데이는 프랑스의 과학자들을 이렇게 깎아내렸다. "그들은 실험적으로 증명하지 않은 채 이론적으로만 추론한다. 그래서 잘못되게 된다." 스승이 멋지게 보여주었듯이, 과학의 정수는 이론이 아니라 실험에 있었다.

1815년, 대륙 여행을 마치고 돌아온 패러데이는 직함이 바뀌어 '조수 겸 실험 장치와 광물 표본 관리인'이 되었다. 왕립연구소의 화학 교수였던 데이비는 이제 명예 교수가 되었고, 대신 윌리엄 토머스 브랜드$^{William\ Thomas\ Brand}$가 새로운 화학 교수로 들어왔지만, 이후에도 데이비는 패러데이의 지도 교수 역할을 꾸준히 해주었다. 패러데이는 브랜드의 강연을 보조했으며, 일상적으로는 연구소의 실험 재료들을 준비하고 실험 장비들을 관리했다. 가끔은 '탄광 안전등' 개발처럼 외부에서 위탁받은 실용적인 연구를 데이비와 함께 수행하기도 했다. 다양한 물질을 분석하는 일 또한 패러데이의 일상적인 활동 중 하나였다. 1816년에는 토스카나 지방에서 채집한 생석회를 분석하여 자신의 이름을 내건 첫 번째 논문을 발표하기도 했다. 이렇게 패러데이는 왕립연구소와 데이비의 도움으로 과학자로서의 경력을 차곡차곡 쌓아나갔다.

1820년대 들어 거의 완연한 독립 화학자로 성장한 패러데이는 두 가지 중요한 화학적 발견을 하게 된다. 1823년 데이비의 지시에 따라 염소 수화물 chlorine hydrate 을 분석하기 위해 물질을 튜브에 넣어 한참을 가열하던 중, 갑자기 튜브 속의 수화물이 분해되어 압력이 엄청나게 증가하면서 기체 상태의 염소가 액체로 변하는 일이 발생했다. 압력에 의한 기체의 액화를 발견한 것이다. 한편 설탕 공장에서 사용하던 오일 가스의 성분을 조사하던 패러데이는 그 분해 과정에서 새로운 물질을 얻게 되었는데, 그 물질의 화학적 조성을 밝혀낸 후 '수소의 이가탄화물 becarburet of hydrogen'이라고 명명했다. 이것이 바로 오늘날 '벤젠'이라 불리는 물질이다. 그의 연구는 언제나 화학 분석에서 시작했고, 복잡한 수학이 개입되지 않았다. 오직 정교한 실험 능력과 화학에 대한 이러저러한 암묵적 지식들, 그리고 실험을 통해 새롭게 나타나는 것을 놓치지 않는 명민한 관찰력만이 필요했다. 이 무렵 패러데이는 자유자재로 실험을 구사하면서 새로운 무언가를 발견하는 데 달인이 되어 있었다.

 1825년 '실험실 책임자'가 됨으로써 도제 화학자로서의 과정을 공식적으로 마친 패러데이는 2년 뒤 《화학적 조작$^{\text{Chemical Manipulation}}$》이라는 책을 출판했다. 이 책은 화학에 대한 사전 지식이 없는 학생들을 위해 쓰여진 화학 교과서로서, 패러데이가 과학을 하는 방식을 잘 보여주었다. 화학 원소 및 화합물의 성질을 묘사하는 일반적인 교과서와 달리, 이 책은 어떻게 실험을 하는지를 보여주었다. 물질에 대한 가설은 철저히 배제되었고, 어떠한 실험을 통해 어떠한 결과를 관찰할 수 있는지만이 차례차례 제시되었다. 모든 화학적 지식은 그가 제시한 실험 절차를 따라

■■■ 그림 1-7
왕립연구소의 지하 실험실에서 실험을 하고 있는 패러데이 | 실험실은 주로 화학 약품들로 가득 차 있지만, 오른쪽 구석 테이블 주변에는 정전기 발생 장치(책상 아래 손잡이가 있는 장치)와 라이덴 병(책상 위 금속구가 달린 병)을 비롯한 전기 실험 장치들도 보인다. (출처: 해리엇 무어(Harriet Moore)의 1850년경의 그림)

감으로써만 얻어졌다. 이는 바로 패러데이가 왕립연구소에서 훈련받는 동안 습득한 과학의 방법과 지식의 총체였다.

그는 데이비 밑에서 화학자로서 훈련받는 동안 많은 것을 배웠다. 화학에 대한 다양한 명시적, 암묵적 지식과 실험 능력, 데이비의 전기화학적 세계관, 그리고 무엇보다도 실험을 통해 세계를 배우는 법에 대해 배웠다. 이는 이후 패러데이가 수행하게 될 전자기 연구의 방법과 내용을 결정지었다.

전기와 자기의 상호 작용을 다루는 전자기 분야의 탄생은 패러데이의 경력에 매우 중요한 전환점이 되었다. 1821년 전자기 회전을 발견하면서 과학계의 떠오르는 스타가 된 것이다. 이 과정에서 데이비와의 관계가 급속하게 나빠지긴 했지만, 패러데이는 학계의 인정을 받아 1824년 왕립학회 회원으로 선출될 수 있었다. 그리고 1831년부터는 전기와 자기 연구에 매진하여 전자기 유도, 전기 유도 용량, 반자성체 등의 수많은 발견을 남겼으며, 그 과정에서 완전히 새로운 세계관을 구축해 나갔다. 이 부분에 대해서는 뒤에서 좀 더 자세히 살펴보기로 하자.

과학의 문화적 상징이 되다

패러데이의 실험적 발견과 새로운 세계관은 전문 학술지뿐만 아니라 왕립연구소의 대중 강연을 통해서도 전파되었다. 사실 패러데이는 대중 강연에 대해 일종의 사명감을 가지고 있었다. 그는 과학자들이 자신의 발견을 과학자들만의 작은 집단을 넘어서 더 넓은 대중들에게 쉽고 재미있게 알려야 한다고 굳게 믿었다. 이는 그가 생각하는 과학자의 사회적 책무였다. 어쩌면 이러한 강한 책임감은 지금의 자신을 있게 해준 대중 강연에 대한 특별한 경험에서 나온 것인지도 모른다.

1825년 왕립연구소의 실험실 책임자가 된 패러데이는 정기적인 '금요일 저녁 강연Friday Evening Discourse'을 개설하는 동시에, 오늘날까지도 그 전통이 이어져 왕립연구소의 상징이 되어 버린 '청소년을 위한 크리스마스 강연Christmas Lecture for Juvenile'을 개설했다. 패러데이는 이 강연을 위해 강사를 섭외하기도 했지만, 많은 경우 본인이 직접 강연에 나섰다. 만약 1836년 1월에 그의 강연을 보러 갔다면, 우리는 커다란 금속 케이지에 들어가서 이러저러한 실험을 하고 있던 패러데이를 볼 수 있었을 것이다. 그것은 지하 실험실에서 발견한 정전기 차폐 현상을 수많은 사람들에게 극명하게 보여주기 위한 장치였다. 만약 1846년 4월의 '금요일 저녁 강연'을 보러 갔다면, 우리는 공간에 펼쳐진 '힘의 선'에 대해 열정적으로 강연하는 패러데이의 모습을 볼 수 있었을 것이다. 세계의 모든 작용은 힘의 선을 통해 전파되며, 빛이란 그 힘의 선들이 진동할 때 나타나는 파동이라는 그의 얘기는 수많은 청중들을 매혹시켰을 것이다.

사실 그의 강연은 당시 문화로서 소비되던 과학의 최정점에 놓여 있었다. 1856년 1월, 64세의 백발이 된 패러데이의 강연을 한번 살펴보자 그림1-8. 그해 크리스마스 강연의 주제는 '일반 금속의 성질'이다. 패러데이가 가리키는 판 양쪽에는 'PLATINUM'과 'GOLD'라고 적혀 있고, 패러데이 앞의 테이블에는 금속의 성질을 보여줄 실험 기구가 놓여 있다. 아이들을 포함한 수많은 청중들이 패러데이의 강연을 지켜보고 있는데, 그중에는 유명한 사람도 꽤 보인다. 《지질학 원론 Principles of Geology》를 쓴 당대 최고의 지질학자 찰스 라이엘 Sir Charles Lyell, 1797~1875도 보이고, 바로 옆에는 물리학자 존 틴들 John Tyndall, 1820~1893도 앉아 있다. 실험 테이블 바로 앞의 귀빈석에는 빅토리아 여왕 Queen Victoria, 재위 1819~1901의 남편 앨버트 공 Prince Consort Albert과 후에 에드워드 7세 Edward VII, 재위 1901~1910가 되는 왕세자도 함께 앉아 있다. 과학을 좋아한 앨버트 공은 부인 빅토리아 여왕과 아이들을 데리고 패러데이의 강연을 자주 찾았다. 물론 아이들을 과학자로 키우기 위해서는 아니었다. 그들은 오늘날 우리가 뮤지컬이나 오페라 공연을 보듯이 패러데이

■■■ 그림 1-8

1856년 1월 크리스마스 강연 | 패러데이가 일반 금속의 성질에 대해 강의하고 있는 가운데 빅토리아 여왕의 부군인 알버트공(1), 후에 에드워드 7세가 되는 왕세자(2), 지질학자 찰스 라이엘(3), 물리학자 존 틴들(4) 등이 패러데이의 강연을 듣기 위해 앉아 있다. (출처: 알렉산더 블레이클리(Alexander Blaikley)의 1856년 그림)

의 강연을 즐겼다. 즉 패러데이의 강연은 그 시대에 향유되던 최고급의 문화 공연이었던 것이다.

맥스웰, 엘리트 코스를 밟다

제임스 클러크 맥스웰은 1831년 6월 13일 스코틀랜드의 에든버러에서 태어났다. 변호사이자 부유한 지주였던 존 클러크 맥스웰John Clerk Maxwell의 아들로 태어난 그는 어려서부터 좋은 교육 환경에서 자랄 수 있었다. 열 살이 되던 1841년, 그는 스코틀랜드 최고의 명문이었던 에든버러 아카데미에 다니기 시작했다. 이곳에서 맥스웰은 이후 평생 동안 학문과 우정을 나누게 될 두 명의 친구를 사귀게 된다. 한 명은 그의 전기를 쓴 루이스 캠벨Lewis Campbell, 1830~1908이었고, 다른 한 명은 그와 평생의 학문적 동반자이자 경쟁자가 되어 주었던 피터 테이트Peter Guthrie Tait, 1831~1901였다.

맥스웰은 그림을 좋아했지만 화려한 예술가의 것보다는 건축가나 엔지니어의 설계도에 가까운 그림을 좋아했다. 그는 수학에도 남다른 재능을 보였는데, 숫자나 기호만을 다루는 대수보다는 그림이나 기계적인 도구를 사용한 기하학을 더 좋아했다. 열네 살의 어린 나이에 맥스웰은 핀과 끈을 이용하여 계란형 타원(다초점 타원)을 작도하는 법에 대해 논문을 발표하기도 했는데, 이같은 사실은 그의 재능과 관심이 어디에 있었는지를 잘 보여준다.

맥스웰의 주변에는 유난히 '과학인men of science'들이 많았다. 한 때 발명가의 뜻을 품은 적이 있었던 맥스웰의 아버지는 실험광학자 윌리엄 니콜의 실험실에 맥스웰과 캠벨을 데려가기도 했으며, 에든버러 대학의 자연철학 교수 제임스 포브스James David Forbes, 1809~1868와는 친분이 두터웠다. 열네 살의 맥스웰이 쓴 논문을 에든버러 왕립학회에서 대신 읽어준 사람도 바로 포브스였다. 한편 영국 조폐국장을 역임했던 삼촌 조지 클러크George Clerk Maxwell는 아마추어 동물학자로 나중에 동물학회의 회장으로 선출되기도 했다. 사촌 누나의 남편 휴 블랙번Hugh Blackburn은 글래스고 대학의 수학 교수였다. 언젠가 사촌 누나를 만나러 갔던 맥스웰은 블랙번의 동료 교수 윌리엄 톰슨William Thomson, 1824~1907(후에 캘빈 경Lord Kelvin이 됨)과도 평생 지속될 친분을 쌓게 된다.

1847년, 16살이 된 맥스웰은 포브스가 재직하고 있던 에든버러 대학에 입학했다. 그는 스코틀랜드 상식철학 학파로 유명한 윌리엄 해밀턴William Hamilton, 1788~1856으로부터 철학적 사고를 배웠다. 또, 자연철학을 가르쳤던 포브스는 맥스웰에게 자신의 실험실에 있는 실험 장치를 자유롭게 만지고 조작할 수 있도록 허락했다. 에든버러에서의 대학 생활을 마칠 무렵 그는 기존의 실험 장치를 다루거나 새로운 실험 장치를 만들어내는 데 전문가가 되어 있었다.

강의와 실험 이외에도 맥스웰은 대학 도서관에 있는 책을 통해 공부할 수 있었다. 그가 빌린 책의 목록에는 뉴턴의 《광학Optics》, 푸리에Jean Baptiste Joseph Fourier, 1768~1830의 《열 분석론The Analytical Theory of Heat》, 몽주Gaspard Monge, 1746~1818의 《화법기하학Descriptive Geometry》 등이 있었는데, 그는 특히 푸리에의 이론에 매혹되어 직접 책을 구입해 보기도 했다. 푸리에의 《열 분석론》은 열전도를 미분방정식으로 표현하는 방법에 관한 책이었으며, 몽주의 《화법기하학》은 3차원 공간의 입체를 2차원 평면으로 표현하는 정사영 및 등고선 방법에 관한 책이었다. 맥스웰은 이 책들로부터 물리적 대상을 수학적으로 다루는 두 가지 중요한 방법, 즉 미분방정식과 기하학을 배울 수 있었다.

에든버러 대학을 다니는 동안 맥스웰은 두 편의 수학 논문을 썼는데, 그중 하나는 '탄성 고체의 평형'에 관한 논문이었다. 그는 탄성이 있는 고체, 예를 들어 유리가 압력^{stress}을 받을 때 나타나는 변형 패턴을 수학적으로 공식화하고자 했다. 이를 위해 유리에 압력이 가해질 때 나타나는 변형 패턴을 빛을 이용해 가시화한 후, 그것을 아래 그림과 같은 정교한 2차원 그림으로 남겼다$^{그림1-9}$. 그리고 그는 이 결과를 설명할 수 있는 압력과 변형 사이의 미분방정식을 만들어냈다. 즉 이 논문에는 그가 에든버러를 다니면서

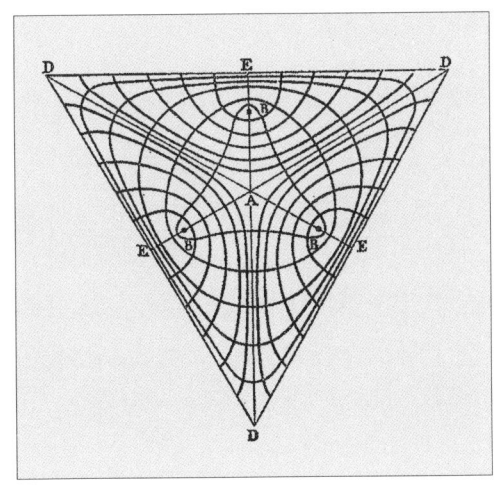

■■■ 그림1-9
압력을 받고 있는 삼각형 유리의 변형 패턴 | A에 압력이 가해질 때 나타나는 유리의 3차원 변형 패턴이 등고선 및 그에 수직인 선들에 의해 2차원 상에 표현되었다. 이러한 표현 기법은 나중에 힘의 선과 전기 포텐셜을 표현할 때에도 그대로 사용된다. (출처: 맥스웰, "탄성 고체의 평형에 관하여", 《에든버러 왕립학회 회보》 1850, 68쪽)

습득한 실험적 방법과 수학적 기법이 총집약되어 있었다. 그리고 여기서 사용된 수학적 기법들은 이후 그의 전자기 연구에서도 반복적으로 등장하게 된다.

케임브리지의 우등생이 되다

1850년, 19살의 맥스웰은 에든버러를 떠나 더 나은 수학 교육을 받기 위해 케임브리지 대학에 등록했다. 스코틀랜드 법조계에 진출했으면 하는 아버지의 바람대로 얌전히 법전이나 읽을 생각도 했지만, 친구 테이트가 먼저 가 있었던 케임브리지 생각이 머릿속에서 떠나지 않았다. 평소 맥스웰의 재능과 포부를 눈여겨봤던 포브스 교수와 사촌 매형 블랙번의 도움으로 아버지를 설득한 맥스웰은 결국 케임브리지로 학교를 옮길 수 있었다. 그는 처음에 케임브리지 대학의 피터하우스 칼리지에 입학했으나 고리타분한 분위기 때문이었는지 한 학기를 마치고는 윌리엄 휴얼이 학장으로 있던 트리니티 칼리지로 적을 옮겼다.

19세기 중반 케임브리지 대학은 고전 교육보다 수학 교육에 상당한 무게를 두고 있었다. 그렇다고 수학 교육을 통해 전문적인 수학자나 과학자를 길러내려는 것은 아니었다. 케임브리지 대학 교육의 주된 목적은 여전히 미래의 판사나 주교가 될 사회의 엘리트를 키워내는 것이었다. 다만 수학은 그 엘리트들이 갖추어야 할 필수적인 정신적 소양으로 여겨져 매우 강도 높은 교육이 이루어졌다.

이러한 수학 교육의 성과는 '수학 트라이포스Mathematical Tripos'라고 불리는 우등 졸업 시험Senate House Examination에 의해 평가받았다. 이 시험의 우등 합격생들은 '랭글러wrangler'라는 칭호를 얻었으며, 이 시험이 끝난 직후 우등 합격생들은 '스미스상' 수상자를 가리는 또 한 차례의 시험을 치렀다. 시험에 대한 시상식은 성대하게 치러졌으며, 우등 합격생의 순위는 매년 영국의 유력 신문 《타임스The Times》에까지 실렸다.그림1-10 사회에서 중요한 경력으로 인정받는 이 시험에서 우수한 성적을 올려 영광과 보상을 얻기 위한 학생들 사이의 경쟁은 치열했다.

이 시험의 난이도는 1820년대부터 급격히 어려워지기 시작했는데, 당시 이를 주도한 인물 중에는 후에 트리니티 칼리지의 학

■■■ 그림 1-10
1842년의 수석 랭글러 시상식 | 수학 트라이포스 우등 합격생, 즉 랭글러가 되는 것은 크나큰 명예로, 그 시상식은 화려하게 치러졌다. 1842년의 수석 랭글러는 아서 케일리(Arthur Cayley)로, 우리가 수학 시간에 배웠던 '케일리-해밀턴 정리'의 케일리이다. (출처: H. P. 스토크스(H. P. Stokes), 《케임브리지 대학의 의식들Ceremonies of the University of Cambridge》, 1927)

장이 되는 휴얼도 포함되어 있었다. 19세기 초 휴얼을 비롯한 일군의 젊은 학자들은 영국의 과학 수준이 프랑스를 비롯한 대륙에 비해 뒤쳐져가고 있다는 인식을 함께 했는데, 이들은 이러한 상황을 타개하기 위해 대륙의 고도로 발달한 대수적 미적분학 기법과 해석 역학을 영국에 수입해야 한다고 생각했다. 특히 휴얼은 대륙의 수학 기법이 다양한 물리적 문제를 푸는 데 유용하다고 주장했다. 이들은 대륙의 새로운 수학 기법을 통해서만 풀 수 있는 문제들을 케임브리지 대학 우등 졸업 시험에 반영하기 시작했고, 휴얼은 그러한 수학 기법을 역학적인 예제들을 통해 쉽게 익힐 수 있도록 학부생용 교과서 《동역학 논고 Treatise on Dynamics》(1823)를 출판하여 학생들의 시험 준비를 도왔다. 일단 변화의 수레바퀴가 굴러가기 시작하자 가속이 붙기 시작했다. 학생들이 교과서를 통해 대륙의 수학 기법들을 조금씩 익히기 시작하자, 졸업 시험 출제위원들은 우등생을 선별하기 위해 더욱 까다로운 문제를 출제하기 시작했고, 더 어려워진 시험을 준비하기 위해 이를 과외 지도해주는 '코치' 제도가 준공식적인 교육처럼 등장하여, 능력 있는 학생들은 대학의 강의를 듣기보다 코치와 함께 졸업 시험의 기출 문제들과 예상 문제들을 푸는 데 매달렸다. 특히 수많은 랭글러를 길러냈던 코치 윌리엄 홉킨스 William Hopkins, 1793-1866는 '랭글러 제조기'라는 명성을 얻기도 했다.

이러한 변화는 실제로 출제된 시험 문제의 변화를 통해 확연하게 관찰된다. 1819년 트라이포스 마지막 날 오후 시험에 출제된 문제는 총 24문제로, 대체로 로그의 미분이나 굴절률의 측정법과 같은 기초적인 내용만 알면 풀 수 있었던 반면, 1845년 마지막 날 오후 시험에는 대수, 역학, 미분 방정식, 빛의 파동 이론, 포텐셜 이론, 변분법, 미분 기하학을 자유자재로 다루지 못하고는 풀 수 없는 8개의 문제가 달랑 출제되었다. 우등생을 가리는 데 시험 문제 수가 너무 줄어들었다고 생각했는지, 1848년에는 졸업시험 기간을 6일에서 8일로 연장하기도 했다. 그래서 1854년 1월 맥스웰을 비롯한 케임브리지 대학의 학생들은 총 8일(3일~5일, 16일~20일) 동안 오전 시험과 오후 시험을 합쳐 총 220개에 달하는 어려운 문제를 풀어야 했다. 이 때문에 시험을 준비하는 과정에서 스트레스로 인해 신경쇠약에 걸리거나 며칠 동안 계속되는 시험을 치르는 와중에 탈진하는 학생들도 종종 나타났다. 오늘날 이 시험은 대학 역사상 최고로 끔찍했던 시험으로 평가받기도 하는데, 맥스웰 역시 이 시험을 준비하면서 받은 극도의 스트레스 때문에 밤마다 기숙사 복도를 뛰어다녔다고 한다.

 물리적 직관이 뛰어났던 맥스웰은 주어진 물리적 문제로부터 결론을 내는 데 어느 누구보다도 빨랐다. 그러나 그에 대한 수학적인 증명을 깔끔하게 이어가는 능력은 서툴렀으며 계산 실수도 잦았다. 에든버러 대학 시절 맥스웰을 지켜본 포브스 교수는 그의 "지나친 투박함"을 못마땅해 했다. 그는 트리니티 칼리지의 학장으로 재직 중이던 휴얼에게 맥스웰에 대한 얘기를 전하기도 했는데, 맥스웰의 버릇을 고치는 방법은 케임브리지의 "엄격한 훈련^{Drill}"밖에 없다는 것이었다. 케임브리지에서 맥스웰을 코치했던 '랭글러 제조기' 홉킨스도 맥스웰에 대해 비슷한 얘기를 했는데, 맥스웰이 물리적 주제에 대해 잘못 생각하는 것은 불가능해 보이는 반면, 그의 수학적 분석은 그에 비해 부족한 면이 너무 많다는 것이었다. 맥스웰은 홉킨스의 지도 아래 자신의 버릇을 어느 정도 교정하는 데 성공했고, 1854년 그는 차석 랭글러 및 스미스상 공동 수상자로서 케임브리지를 졸업할 수 있었다.

이러한 케임브리지의 수학 교육과 끔찍했던 트라이포스 시험은 케임브리지 출신 과학자들의 학문적 경향에 심대한 영향을 미쳤다. 시험을 준비하면서 정교한 수학적 기법을 다양한 분야의 문제에 적용하는 능력을 갖추게 된 케임브리지 출신의 과학자들은 그동안 수학화하는 데 어려움을 겪었던 열, 전기, 자기와 같은 현상들을 수학적으로 분석하는 데 상당한 기여를 했다. 게다가 당시 '수학'이라고 하는 것에는 순수 수학뿐 아니라 역학, 천문학, 광학, 유체역학과 같이 오늘날 '수리 물리학'에서나 취급할 만한 것들이 모두 포함되어 있었는데, 그중에서도 역학은 마치 순수 수학과 거의 구분되지 않는 것처럼 다루어졌다. 이는 이 분야의 문제들, 그중에서도 특히 역학의 문제들이 수학 훈련을 위한 예제 역할을 했기 때문이다. 이러한 분위기에서 맥스웰을 비롯한 케임브리지 출신의 학자들은 다양한 물리적인 문제를 풀기 위해 역학적인 유비를 자주 사용했다.

19세기 중반 복잡한 역학적인 상황을 다루는 수학적인 기법을 발전시키고 그러한 역학을 열과 전자기 분야와 통합시켜 오늘날과 같은 '물리학'을 형성하는 데 중요한 기여를 했던 조지 스토크스[1841 수석 랭글러, 스미스 상], 윌리엄 톰슨[1845 차석 랭글러, 스미스 상], 피터 테이트[1852 수석 랭글러, 스미스 상], 그리고 제임스 클러크 맥스웰[1854 차석 랭글러, 스미스 상]까지, 이들 모두는 이 끔찍한 시험 전통의 산물이었다. 흥미롭게도 이들은 모두 '랭글러 제조기' 홉킨스가 만들어낸 랭글러들이었다.

맥스웰, 물리학자가 되다

1854년 수학 트라이포스 시험을 마친 맥스웰은 본격적으로 자신의 연구를 수행하기 시작했다. 특이하게도 그는 그다지 연관성이 없어 보이는 여러 주제의 연구를 동시에 진행했다. 그가 발표한 논문을 보면 여러 주제의 논문 발표 시점이 겹쳐 있는 것을 확인할 수 있다. 그는 빛의 혼합에 관한 연구를 통해 삼원색을 밝혀내고 컬러 사진법을 개발하는가 하면(1855, 1860, 1861), 토성 고리 운동의 안정성 조건을 밝혀냈다가(1859), 열 현상을 기체 분자들의 통계적인 운동으로 다루는 방법을 제시했으며(1860, 1867), 패러데이의 전자기 연구를 발전시켜 전자기장 이론을 내놓았다(1855~1856, 1861, 1864).

맥스웰이 이렇게 다양한 주제를 동시에 다룰 수 있었던 까닭은 무엇일까? 그것은 바로 그가 케임브리지에서 받은 훈련에 있다. 맥스웰의 모든 연구는 대상을 기하학적으로 표상하는 것과 관련되어 있었으며, 색의 혼합에 대한 연구를 제외한 나머지 연구들은 모두 대상에 대한 역학적인 모형을 만들어 그것의 수학적인 귀결을 찾아내는 방법을 따르고 있었다. 즉 맥스웰이 다룬 이 모든 주제는 수학과 역학으로 통합되어 있었던 것이다. 오늘날 열, 빛, 전자기가 '물리학'이라는 분야로 통합되어 있는 것은 바로 이러한 맥스웰의 연구 방식 덕분이라고도 할 수 있다.

이러한 수학과 역학이라는 방법은 단지 문제 풀이의 도구를 넘어서, 그가 그리는 세계의 개념적인 부분을 구성하기도 했다. 맥스웰은 세계를 분자들 사이의 충돌에 의해서든, 아니면 모종의 '연결된 메커니즘'에 의해서든 각 구성 성분들이 운동과 에너지를 주고받는 역학적인 시스템으로 간주했는데, 이러한 세계관은 그의 열-통계역학 이론과 전자기장 이론에서 극명하게 표현된다. 역학적으로 혹은 기계적으로 연결된 시스템에 대한 관심은 기계 자동 제어 시스템을 다룬 그의 공학 논문〈속도 조절기에 관하여$^{On\ governors}$〉(1868)에서도 나타난다. 실제로 이 논문에는 1864년에 발표한〈전자기장에 대한 동역학적 이론〉에서 전기와 자기의 연결 방식을 동역학적인 방식으로 묘사하기 위해 사용했던 수식과 똑같은 형태의 수식이 담겨 있기까지 했다.

케임브리지 졸업 이후 맥스웰은 6년간 고향에서 저서 집필에 매진했을 때를 제외하면 계속 대학에서 연구에 전념했다. 1854년 케임브리지 졸업 직후 그는 케임브리지 트리니티 칼리지의 펠로우로 선출되어 학부생들을 개인 지도하며 자유롭게 연구를 수행했다. 1856년에는 에버딘의 매리셜 칼리지의 자연철학 교수로 부임하여 강의와 연구를 수행했다. 1860년에는 매리셜 칼리지가 에든버러 대학과 합병되면서 교수 자리를 잃게 되지만, 대신 그는 런던 킹스 칼리지의 자연철학 교수로 부임할 수 있었다. 그리고 1865년 교수직을 사임하고 고향에 돌아와서는 그때까지의 전자기 연구를 집대성하여《전기와 자기에 관한 논고$^{A\ Treatise\ on\ Electricity\ and\ Magnetism}$》(1873)을 집필하는 데 매진했다.

1871년 케임브리지 대학은 '캐번디시 실험물리학 교수'라는 새로운 자리를 만들어 맥스웰을 불러들였다. 그의 마지막 일터가 된 캐번디시 연구소는 그에게 지금까지의 일터와는 사뭇 다른 역할을 부여했다. 그동안 맥스웰의 주된 업적이 다양한 물리적 현상을 수학적인 역학 체계로 통합시키는 이론적인 작업에 집중되어 있었다면, 이곳에서 그는 케임브리지 대학의 초대 실험물리학 교수이자 캐번디시 연구소장으로서 대학 교육과 연구에 새로운 실험 전통을 정립시켜야 했다. 그는 이 역할을 담담하게 잘 수행하여, 정밀 측정이라는 전통을 캐번디시 연구소에 새겨 넣었다.

만남 2

'힘의 선'의 탄생

전기와 자기

18세기 당시 전기와 자기는 일반적으로 별개의 현상으로 취급되었다. 사실 전기와 자기는 비슷한 점이 별로 없었다. 전기의 전형적인 현상은 '찌릿' 하는 쇼크와 '파밧' 또는 '번쩍' 하는 스파크(번개)인데 반해, 자기의

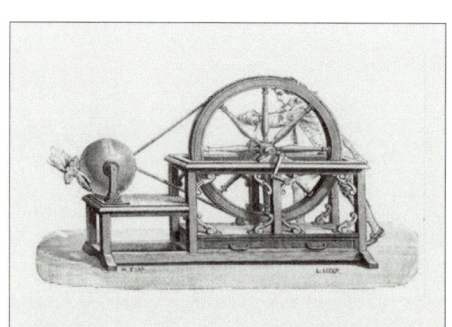

■■■ 그림 2-1
정전기 발생 장치 | 바퀴에 달린 손잡이를 돌리면 왼쪽의 유리구가 빠르게 회전하면서 접촉되어 있는 가죽 패드와 마찰하여 전기가 발생한다.

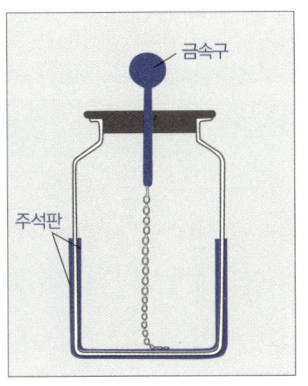

■■■ 그림 2-2
라이덴 병의 실제 모습과 그 원리 | 유리병의 안팎에 얇은 주석판을 붙여 만든 장치로, 정전기 발생 장치 등으로 만들어낸 마찰 전기를 모아둘 수 있다. 예를 들어, +전기로 대전된 물체를 병의 금속구에 접촉시키면, 금속 사슬을 통해 유리병 안쪽의 주석판에 +전기가 들어올 수 있는데, 이때 +전기는 유리병 바깥의 주석판에 −전기를 끌어 모으게 되고, 이렇게 유리병 양편에 각각 모인 +전기와 −전기는 서로를 도망치지 못하게 붙잡는 역할을 하게 되어 전기를 저장할 수 있다.

전형적인 현상은 '소리 없는' 끌어당김과 밀어내기였다. 번개에 의해 나침반이 교란되거나 철이 자화된다는 보고가 있긴 했지만, 그것을 진지하게 전기와 자기의 상호 작용으로 해석한 사람은 없었다.

그중에서 먼저 사람들의 눈길을 사로잡은 것은 전기였다. 손잡이를 돌려 마찰 전기를 일으키는 정전기 발생 장치^{그림2-1}와 생성된 마찰 전기를 모아둘 수 있는 라이덴 병(일종의 축전기)^{그림2-2}이 만들어지자 전기를 이용한 실험과 놀이는 일종의 유행이 되었다. 전기를 모아둔 라이덴 병에 바늘이나 손을 가까이 가져가 방전 스파크를 일으키거나, 사람을 직접 대전시킨 후 그와 '전기 키스'를 하는 등의 감전 놀이는 그중 일부에 불과했다. 그림 2-3 〈전기 소년〉은 당시 사람들이 전기를 가지고 어떻게 놀았으며 전기에 대해 무엇을 알고 있었는지를 잘 보여준다.

그림 〈전기 소년〉을 보면, 한 사람(B)이 정전기 발생 장치의 손잡이(A)를 돌려 장치의 유리구(C)와 접촉해 있는 소년(E)을 대전시키고 있다. 적당히 대전된 소년이 손을 뻗어 절연체 위에 서 있는 소녀(G)의 왼손에 가까이 가져가자 두 손 사이에서 스파크가 튀면서 소녀도 함께 대전된다. 스파크가 튄 직후, 대전된 소녀의 오른손 아래에 놓여 있던 종이조각들(H)이 손에 끌려 올라가게 된다.

이러한 실험들을 통해, 당시 많은 사람들은 전기가 물체 표면을 따라 흘러다니는 미세한 유체 입자들로 구성되어 있다고 생각했다. 이러한 관점에서 볼 때, 앞의 실험에서 소년과 소녀 사이에서 발생한 방전 스파크는 두 사람의 손과 손 사이를 빠르게

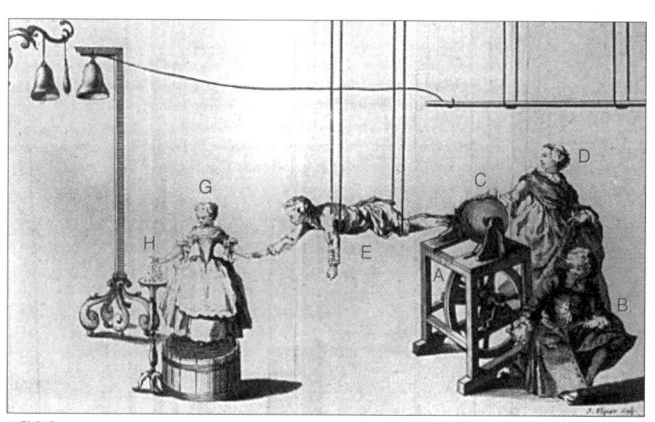

■■■ 그림 2-3
전기 소년 | 18세기 훌륭한 볼거리를 제공했던 전기 시연의 한 장면으로, 대전에 의한 전기 스파크와 정전기 인력의 존재를 마치 서커스처럼 보여주고 있다. (출처: 윌리엄 왓슨(William Watson)의 〈전기 소년 Electric boy〉, 1748)

통과하고 있는 전기 유체 입자들을 뜻했다. 다수의 학자들은 그 전기 유체가 플러스(+) 전기와 마이너스(-) 전기 두 가지로 이루어져 있다고 믿었으며, +전기와 -전기 사이에는 인력이 작용하고, 같은 종류의 전기 사이에는 척력이 발생한다고 생각했다. 이러한 해석에 의하면 그림 속 대전된 소녀의 오른손과 그 아래의 종이조각 사이에는 인력이 작용하고 있는 것이었다.

1785년 프랑스의 학자 쿨롱은 대전된 물체 사이에 작용하는 인력과 척력이 뉴턴의 만유인력 법칙과 똑같은 형태의 역제곱 법칙을 만족시킨다는 것을 정교한 실험을 통해 밝혀냈다. 즉 전하 사이에 작용하는 힘은 둘 사이의 거리의 제곱에 반비례했던 것이다. 쿨롱의 성공에 힘입어 프랑스의 학자들은 전기 유체 입자 가설과 쿨롱의 역제곱 법칙을 받아들여 전기에 관한 정교한 수학적 이론을 발전시키기 시작했다. 이들은 모든 전기 현상을 +전기 유체 입자와 -전기 유체 입자들의 다양한 배치에 따른 원거리 전기력의 결과로 환원하여 설명하고자 했다.

쿨롱 이후 전기에 관한 수학적 이론이 정립되자, 프랑스의 학자들은 자기 현상에 대해서도 유사한 종류의 이론을 세우기 시작했다. 전기 현상을 설명하기 위해 +전기 입자와 -전기 입자의 존재를 가정했듯이, 그들은 자석 내에 'N 자기', 'S 자기'와 같은 별도의 유체 입자를 가정하여 만유인력이나 전기력처럼 거리의 제곱에 반비례하는 크기의 원거리 인력·척력이 그 유체 입자들 사이에 작용한다고 생각했다. 이에 따르면, 전기와 자기는 별개의 유체 입자들에 의한 작용으로 간주되었고, 서로는 영향을 줄 이유가 없어 보였다.

전류가 나침반의 바늘을 움직이다

독일 자연철학주의자들naturphilosopher은 프랑스의 과학자들과는 다른 생각을 가지고 있었다. 이들은 자연의 모든 힘이 통일되어 있으며 상호 변환될 수 있다는 다소 낭만적인 믿음을 가지고 있었다. 때문에 이들은 전기적 힘, 화학적 힘, 열, 빛 사이의 상호 영향이나 상호 변환 문제에 많은 관심을 가지고 있었다.

그러던 중 1800년에 발명된 볼타 전지는 전기 연구를 새로운 방향으로 끌고 가기 시작했다. 전지는 지속적인 전기의 흐름, 즉 '전류'를 만들어낼 수 있었는데, 이 전류는 새로운 전기 실험들을 가능케 해주었다. 특히 전기 분해와 같이 전기와 화학 작용 사이의 상호 연관을 보여주는 최신 발견은 자연철학주의자들의 주목을 끌었으며, 이들 중 일부는 전기와 자기 사이의 관련성에 대해서도 추측하기 시작했다. 그리고 이 추측은 독일의 대표적인 자연철학주의자 셸링Friedrich von Schelling, 1777~1851과 편지를 주고받으며 긴밀한 관계를 유지하던 덴마크의 한 과학자에 의해 사실

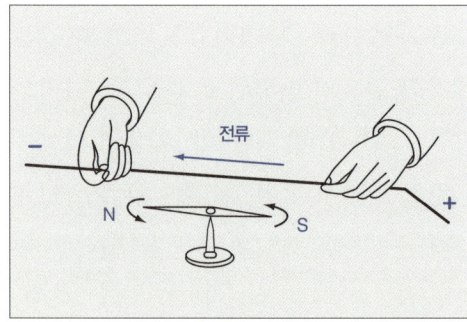

■■■ 그림 2-4
외르스테드의 실험 | 남북 방향을 가리키고 있던 자침 위에 그와 평행한 방향으로 전류가 흐르는 도선을 가져가면 자침의 N극이 (위에서 볼 때) 반시계 방향으로 돌아 서쪽으로 향하게 된다.

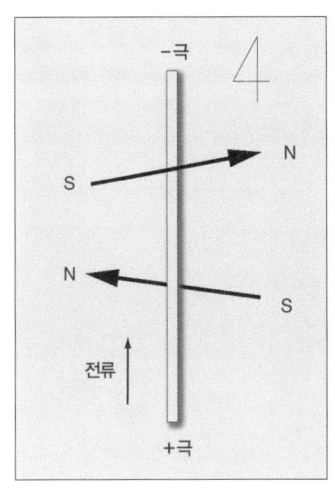

■ ■ ■ 그림 2-5
외르스테드의 실험 결과 | 남북 방향으로 흐르는 전류 아래의 자침은 서쪽을, 위의 자침은 동쪽을 가리키게 된다. 정확하게 동서를 가리키지 못하는 이유는 지구의 자기가 영향을 미치기 때문이다.

로 밝혀지게 되었다.

1820년 7월, 코펜하겐 대학의 물리학 교수 한스 크리스티안 외르스테드^{Hans Christian Ørsted, 1777~1851}는 〈전류가 자침에 미치는 영향에 관한 실험〉이라는 제목의 라틴어 원고를 유럽의 학자들에게 돌렸다. 그 원고에는 전기와 자기의 관련성을 보여주는 최초의 실험 결과가 담겨 있었다. 그의 기본적인 실험은 다음과 같았다. 나침반의 자침은 가만히 두면 북쪽을 가리킨다. 가만히 있는 자침 바로 위에 그와 나란히 남북 방향으로 전류가 흐르는 도선을 가져가면 자침의 N극이 (위에서 볼 때) 반시계 방향으로 돌아 서쪽을 향하게 된다. 반대로 도선을 자침 아래로 가져가면 자침의 N극은 시계 방향으로 돌아 동쪽을 향하게 된다.^{그림 2-4, 2-5}

이러한 실험 결과는 당시의 지식에 비추어볼 때 다소 당황스러운 일이었다. 중력, 전기력, 자기력 등 그동안 알려져 있던 원거리 작용은 모두 두 물체 사이의 직선 인력 또는 척력이었던 데 반해, 전류와 자침은 서로 잡아당기거나 밀어내는 것처럼 보이지 않았기 때문이다. 남북 방향으로 흐르는 전류가 어떻게 동쪽이나 서쪽 방향으로 자침을 돌게 할 수 있을까? 외르스테드는 도선의 위아래 위치에 따라 자침이 서로 다른 방향으로 회전하는 것을 보고서, '도선 주위의 소용돌이'를 떠올렸다. 그에 따르면, 도선 양쪽 끝에서 서로 다른 전기가 '전파'되어 오다가 만나면 '전기적 충돌'에 의해 직진하지 못하고 서로를 '오른쪽으로 감는 나선형$^{\text{dextrorsum spiral}}$'의 '소용돌이^{vortex}'가 만들어지게 되는데, 이 소용돌이가 도선의 위나 아래에 있는 자침의 N극과 S극에 따로따로 영향을 미친다는 것이었다.

　그러나 외르스테드의 원고는 몇 가지 치명적인 약점을 가지고 있었다. 우선 그의 원고에는 불친절하게도 그림이 하나도 없었다. 3차원 상에서 이루어지는 전류와 자기의 상호 작용 방식을 그림도 없이 온전히 전달하는 것은 무척 힘든 일이었다. 게다가 모호하고 사변적이었던 그의 해석은 오히려 사람들의 이해를 어렵게 했다. 특히, 도선 내 두 종류의 전기가 '분해'와 '재합성'을 반복하면서 서로 반대 방향으로 전파되는 도중에 일어난다고 하는 그의 전기적 충돌 개념은 오늘날의 우리뿐만 아니라 당시의 학자들에게도 무척 이해하기 힘든 개념이었다. 또한 그가 실험에 사용했던 약한 전지는 지구 자기에 의한 교란을 없앨 수 없었다. 따라서 그는 언제나 동서남북을 고려하면서 실험을 해야 했으며, 도선 주변의 '소용돌이'도 직접 눈으로 목격할 수 있는 형태로 만들어내지 못했다.

　외르스테드의 발견 소식을 들은 유럽의 학자들은 외르스테드의 '소용돌이' 해석을 버린 채 전자기 현상을 각자의 방식으로 재분석하기 시작했다. 그중 프랑스의 앙드레 마리 앙페르$^{Andre\ Marie\ Ampére,\ 1775~1836}$는 두 가지 실험적 발견을 추가했다. 그는 나선형 전류가 막대자석을 흉내 낼 수 있다는 점과 전류가 흐르는 평행한 도선이 서로 끌어당기거나(같은 방향으로 전류가 흐를 경우) 밀어낸다는(반대 방향으로 전류가 흐를 경우) 점을 발견했다$^{그림\ 2-6}$. 이로부터 그는 자석 내부에 원형 전류가 흐른다고 가정한 후, 전류와 전류, 전류와 자석, 자석과 자석 사이의 모든 상호 작용을 도선과 자석 내부에 존재하는 미소 전류 요소들 사이에 작용하는 직선 인력들의 합력의 결과로 환원시키고자 했으며, 그 힘을 뉴턴의 만유인력의 법칙처럼 정확한 수학적 법칙으로 표현하려고 노력했다. 반면 영국의 데이비와 패러데이는 그와는 전혀 다른 방식으로 전자기 현상을 탐구하기 시작했다.

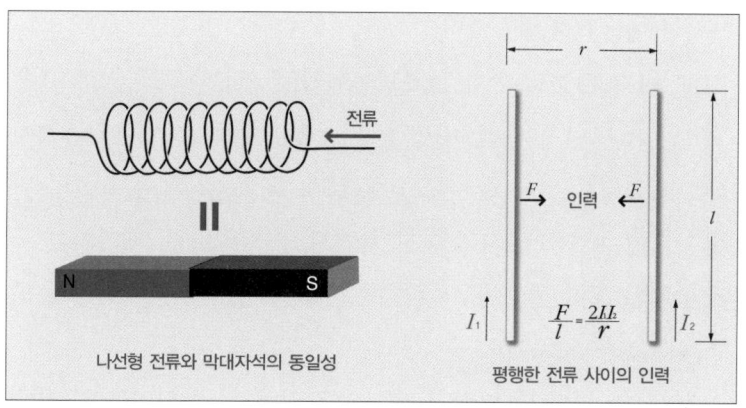

■■■ 그림 2-6
앙페르의 두 가지 발견

도선 주위에 원을 그리다

1820년 10월 1일, 데이비와 패러데이는 뒤늦게 외르스테드의 발견 소식을 전해 들었다. 외르스테드의 소식을 들은 다른 과학자들과 마찬가지로, 그들은 외르스테드와 앙페르의 실험을 반복하면서 현상에 대해 배워가기 시작했다. 그러나 두 사람은 앙페르처럼 수학적인 이론을 만들어내는 데에는 관심이 없었다. 대신 외르스테드가 발견한 현상을 보다 선명하게 보여주는 실험과 표상 기법을 마련하는 데 공을 들였다.

데이비는 외르스테드의 실험이 분명하지 않다고 생각했다. 외르스테드는 도선 내의 전기적 충돌에 의해 도선 주위에 소용돌이가 나타난다고 설명했지만, 그의 실험은 도선 내의 전기적 충돌은 고사하고 도선 주위의 소용돌이도 만족스럽게 보여주지 못했다. 즉, 외르스테드가 실험으로 보여준 것만으로는 효과의 원인은 물론이고 효과 자체도 정확하게 묘사하기 힘들었다. 좀 더 확실한 무언가가 필요했다.

데이비가 처음으로 한 일은 누워 있던 도선을 수직으로 세운 것이었다. 이렇게 하면, 도선을 수평으로 눕혀놓았을 때보다 자침을 훨씬 자유롭게 활용할 수 있었다. 외르스테드가 도선의 위와 아래에 놓은 자침의 방향만 확인할 수 있었다면, 데이비는 도선 주위의 모든 위치에 자침을 놓고 그것이 가리키는 방향을 모두 확인할 수 있었던 것이다. 그림 2-7.

데이비는 여러 번에 걸친 자신의 관찰을 한 장의 종이에 압축하여 기록했다. 그는 자침의 운동 방식은 빼고, 자침이 결과적으로 정렬한 상태들만 모아 하나의 그림에 담았다.^{그림 2-8} 자침의 위치에 따른 자침의 정렬 상태가 하나의 종이에 담기고 나니, 전류와 자침 사이의 관계는 한층 더 가시화됐다. 그림 속의 자침들은 함께 모여 원을 그렸다.

데이비의 실험과 표상 방식이 현상의 원인에 대해서까지 말해주는 것은 아니었지만, 이를 통해 그는 미묘하고 불안정했던 현상에 적어도 '원'이라는 확실한 질서를 부여함으로써 누구나 그 현상을 관찰하고 받아들일 수 있도록 해주었다. 외르스테드에게 '도선 주위의 소용돌이'는 하나의 해석에 불과했지만, 데이비에게 '도선 주위의 원형 작용'은 부정할 수 없는 실험적 사실이 된 것이다.

데이비는 철가루를 이용해 '도선 주위의 원형 작용'을 훨씬 더 쉽게 보여줄 수 있었다. 도선이 철가루를 끌어당긴다는 앙페르의 실험을 알고 있던 그는 이 실험을 자기 방식대로 살짝 변경했

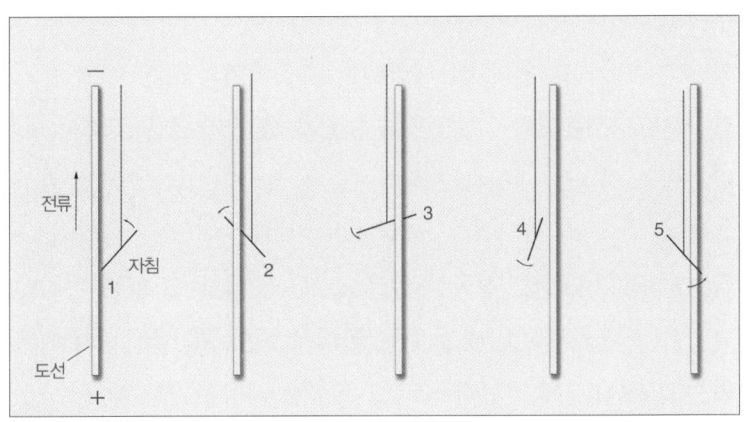

■■■ 그림 2-7
데이비의 전자기 현상 관찰 | 그는 도선을 수직으로 세운 후, 그 주위에 놓인 자침이 어떤 운동을 하는지 관찰했다.

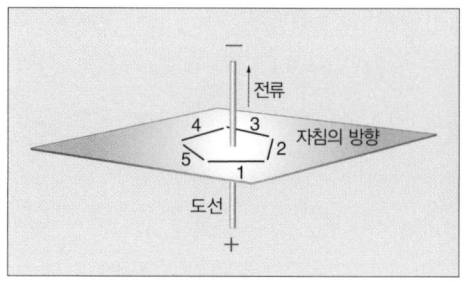 

■■■ 그림 2-8
데이비의 전자기 현상 기록 | 데이비는 여러 번에 걸친 자신의 관찰을 한 장의 종이에 기록함으로써 자침들이 원형으로 정렬한다는 것을 분명하게 표상할 수 있었다.

■■■ 그림 2-9
도선 주위의 철가루 배치 | 데이비는 도선 주위의 원형 자기 작용을 가시화하기 위해 철가루를 이용했다.

다. 그는 수직으로 세운 도선에 두꺼운 종이를 꽂고서 그 위에 철가루를 뿌려두었다. 도선을 전지와 연결한 후 종이를 살짝 쳤더니, 도선을 중심으로 여러 개의 동심원이 종이 위에 아름답게 펼쳐졌다.^{그림 2-9}.

1821년 한 지인으로부터 전자기 연구 현황을 개괄하는 글을 부탁받고서 〈전자기에 관한 개략적 역사^{Historical Sketch of Electromagnetism}〉라는 논문을 준비하게 된 패러데이는 데이비의 표상 기법을 거의 그대로 차용했다. 그는 축에 두꺼운 종이 원판을 꽂고서, 그 원판에는 자침을 대신하는 화살표들을 그려 넣었다.^{그림 2-10}. 화살표는 아주 좋은 도구였다. 화살표의 머리는 N극으로, 꼬리는 S극으로 정함으로써, 평범한 선분으로는 표현할 수 없는 자침의 극성을 정확하게 전달해줄 수 있었다. 그는 이를 발전시켜 데이비의 원판 대신에 간단한 코르크 원통을 사용하기도 했다. 도선을 대신하는 코르크 원통의 바닥과 윗면에는 그와 연결시킬 전지의 양쪽 극을 의미하는 P(+극)와 N(-극)을 적은 후, 측면에는 자기 작용의 방향을 의미하는 화살표 하나를 그려 넣었다^{그림 2–11}. 이 코르크 원통은 도선의 양끝을 전지의 +극(P)과 −극(N)에 연결하면, 그 주위에 코르크 원통 측면에 그려진 화살표 방향으로 자침이 정렬한다는 전류의 자기 작용 규칙을 담고 있었다.

데이비의 원판과 패러데이의 코르크는 3차원 상에서 일어나는 전자기 작용의 방향 규칙을 쉽게 기억하고 전달할 수 있도록 도와주는 일종의 '기억 보조 장치^{mnemonic device}'라 할 수 있다. 즉 데이비와 패러데이는 말로 전달하기 어려운, 그래서 본인들도 기억하기 어려운 현상의 규칙을 그림이나 물체에 새겨 넣었던 것이다. 그들은 조금씩 실험을 변경할 때마다 이 장난감 같은 장치를 옆에 두고서 자신이 예측할 수 있는 것이 무엇인지 파악하는 데 사용했다.

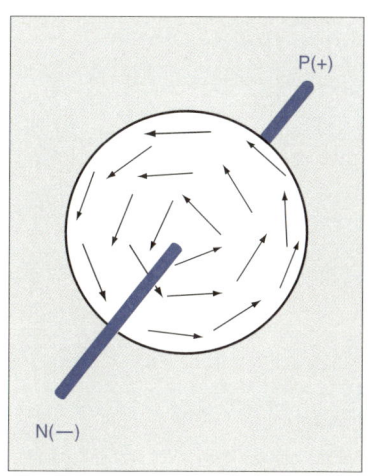

■■■ 그림 2–10
데이비의 원판.

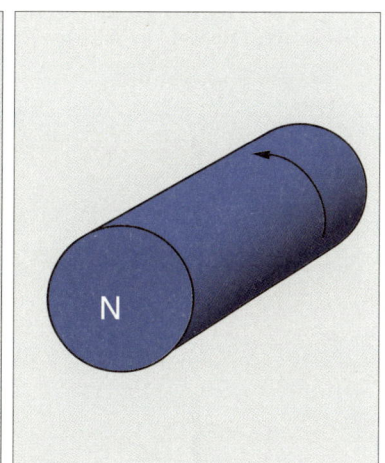

■■■ 그림 2–11
패러데이의 코르크.

앙페르와 같은 당대의 학자들도 비슷한 장치를 개발했으며, 오늘날의 학생들도 비슷한 장치를 사용하고 있다. 사실 오늘날의 학생들은 패러데이의 코르크보다 더 쓰기 좋고 휴대하기 편한 '기억 보조 장치'를 사용하고 있다. 바로 오른손이다. 전류의 방향으로 오른손의 엄지를 댄 후, 나머지 손가락으로 도선을 감싸기만 하면 도선 주변의 자침이 어느 방향으로 정렬할지 바로 알아낼 수 있다.^{그림 2-12}.

이러한 데이비와 패러데이의 실험 방식과 '기억 보조 장치'는 그들이 현상을 이해하는 방식에도 영향을 미쳤다. 그들은 실에 매단 자침을 마치 도선 주위에 펼쳐진 힘의 배치를 탐색하는 관측 도구처럼 활용했다. 그들이 종이 원판과 코르크 원통에 결과적으로 그려낸 화살표는 도선 주위에 배치된 자침의 정렬 상태뿐만 아니라 그 공간에 원형으로 정렬된 힘의 배치까지도 보여주는 것처럼 보였으며, 따라서 전류 주위의 원형 자기 작용은 데이비와 패러데이에게 부정할 수 없는 사실처럼 보였다.

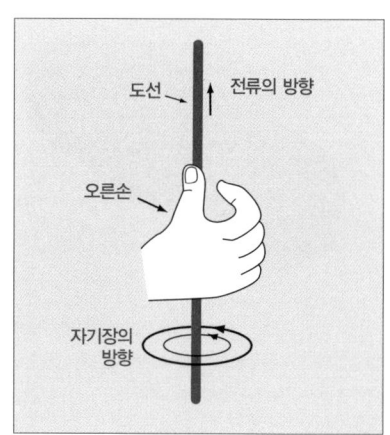

■■■ 그림 2-12
오늘날 사용되는 전류의 자기 작용 규칙 | 오른손 엄지 방향으로 전류가 흐르면, 도선을 감싼 나머지 손가락이 가리키는 방향으로 자기장이 형성된다.

자석과 도선을 회전시키다

자침과 철가루에 의해 만들어지는 원형 이미지는 강한 호소력을 지녔지만, 전류와 자기 사이의 상호 작용 중에는 간단히 '전류 주위의 원형 자기 작용'으로 규정되기 어려운 현상들이 있었다. 일찍이 외르스테드는 전류가 흐르는 도선이 주위에 있는 자침을 끌어당기거나 밀어내는 현상을 보고한 바 있으며, 앙페르는 전류가 철가루를 끌어당긴다는 사실을 발견했다. 데이비도 이러한 사실들을 잘 알고 있었다. 그는 수직으로 세운 도선의 한편에 자침을 가까이 가져가면 자침이 밀려나지만, 다른 편에 가져가면 잡아당기는 것을 관찰했다. 즉, 경우에 따라 전류와 자침 사이에는 원형 작용 외에도 인력과 척력이 작용하는 것처럼 보였다.

데이비는 전류와 자침 사이의 이러한 인력과 척력 현상을 자신의 '원형 작용' 구도 내에 포섭하고 싶었다. 그에 따르면, 전류가 흐르는 동안 도선은 일시적으로 자석이 되었다. 다만 그 도선은 일반적인 막대자석과 달리 '도선을 둘러싼 일종의 자기 회전'을 발휘했다. 이러한 데이비의 가설은 전류와 자침이 서로를 잡아당기거나 밀어내는 현상을 그럴듯하게 설명할 수 있었다. 그림 2-13을 보자. 세로로 세워진 도선의 단면을 위에서 내려다본다고 가정했을 때, 그림에서 전류는 종이를 뚫고 아래에서 위로 흐르고 있으며, 데이비의 가설에 따르면 도선 주위에는 반시계 방향의 자기 회전이 존재하게 된다. 만약 자침을 A에서와 같이 도선에 의한 자기 회전 방향과 같은 방향으로 가져가면 자침은 도선으로부터 척력을 받게 된다. 반대로 자침을 B에서처럼 도선에 의한 자기 회전 방향과 반대 방향으로 가져가면 자침은 도선으로부터 인력을 받게 된다. 즉 그는 도선과 자침 사이의 인력과 척력을 자석 두 개를 가로로 가까이 가져갈 때 벌어지는 상황에 빗대어 이해한 것이다.^{그림 2-14}.

데이비의 동료 학자 윌리엄 하이드 울러스턴^{William Hyde Wollaston, 1766~1828}도 '자기 회전' 가설을 선호했다. 그는 '자기 회전' 가설을 앙페르가 발견했던 도선과 도선 사이의 인력과 척력을 설명하는 데 사용하기도 했다^{그림 2-15}. 왼쪽 그림처럼 같은 방향으로 전류가 흐르는 경우, 두 도선의 측면에는 반대 방향으로 회전하는 자기력이 작용하여 서로 잡아당기며, 이와 반대로 오른쪽 그림처럼 반대 방향으로 전류가 흐르는 경우, 두 도선 사이에는 같은 방향으로 회전하는 자기력이 작용하여 서로를 밀어낸다.

울러스턴은 자기 회전 가설을 발전시켜 전류가 흐르는 도선이 강한 자석에 의해 제자리에서 회전할 것이라는 예측을 내기도

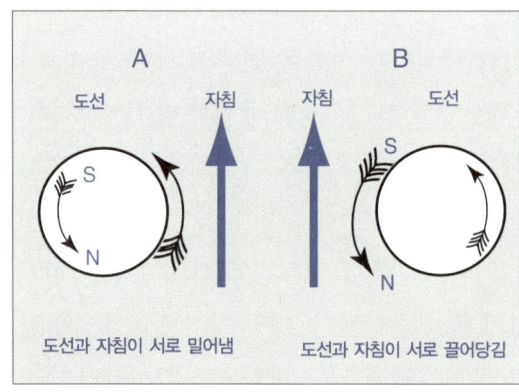

■■■ 그림 2-13
도선과 자침 사이의 인력·척력 현상에 대한 데이비의 설명.

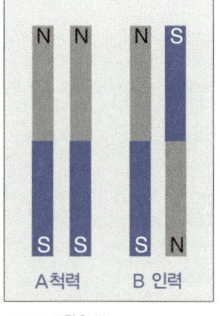

■■■ 그림 2-14
막대자석의 인력과 척력은 도선과 자침의 인력과 척력의 현상과 유사하다.

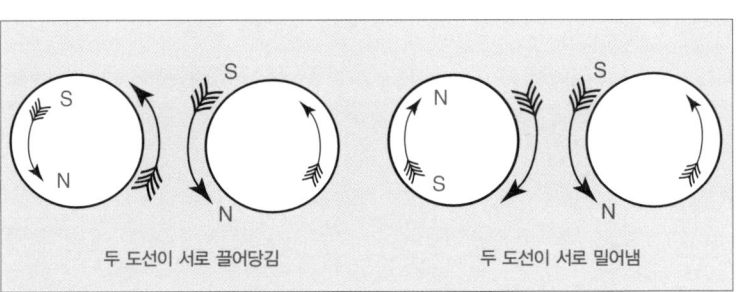

■■■ 그림 2-15
전류가 흐르는 평행한 도선 사이에 작용하는 인력·척력에 대한 울러스턴의 설명.

했다. 그의 예측을 확인하기 위해 데이비와 울러스턴은 실험을 해보았지만 실패했다. 가장 큰 문제는 그들의 부주의한 관찰에 있었다.

1821년 9월 3일, 논문 〈전자기에 관한 개략적 역사〉를 준비하고 있던 패러데이는 이를 위해 외르스테드, 앙페르, 데이비가 했던 실험들을 하나씩 자기 손으로 직접 해보던 중, 도선과 자침 사이의 상호작용에 관한 데이비의 관찰에 문제가 있었다는 것을 깨달았다. 그림 2-16을 보자. 그림 2-13의 A처럼 도선과 자침이 서로 밀어내는지를 확인하는 실험에서$^{그림\ 2-16의\ (가)}$, 자침의 양쪽 끝은 데이비의 말대로 도선 근처에서 척력을 받았지만$^{그림\ 2-16의\ ①과}$ ^{④}, 자침의 가운데 부분은 오히려 인력을 받았다$^{그림\ 2-16의\ ②와\ ③}$. 또 그림 2-13의 B처럼 도선과 자침이 서로 끌어당기는지 확인하는 실험에서$^{그림\ 2-16의\ (나)}$, 자침의 양쪽 끝은 도선 근처에서 인력을 받았지만$^{그림\ 2-16의\ ⑤와\ ⑧}$, 자침의 가운데 부분은 반대로 척력을 받았다$^{그림\ 2-16의\ ⑥와\ ⑦}$.

이러한 패러데이의 실험은 전류 주위의 원형 작용을 드러내기

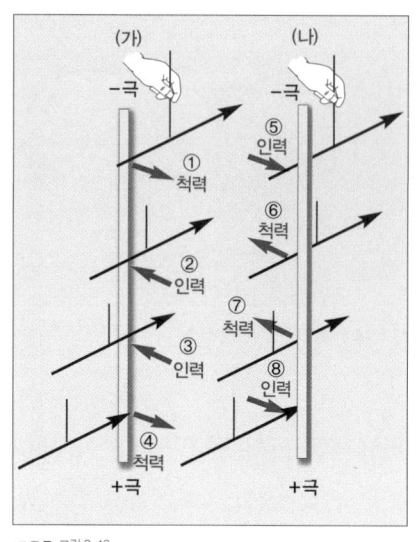

■■■ 그림 2-16
고정된 도선 주위에 놓인 자침의 운동.

위해 수행했던 데이비의 실험 방법을 거의 그대로 따라한 것이었지만, 그 목적은 조금 달랐다. 데이비가 도선 주위의 여러 위치에 따른 자침의 '최종 정렬 상태'를 기록하고자 했다면, 패러데이는 도선 주위의 여러 위치에 따른 자침의 '움직임'을 기록하고자 했다. 그는 도선의 왼편 오른편에 자침의 여러 부위를 가져가면서 자침의 움직임을 살폈고, 그 실험 결과를 인력을 받는 위치 네 군데그림 2-16의 ②③⑤⑧와 척력을 받는 위치 네 군데그림 2-16의 ①④⑥⑦로 정리할 수 있었다.

 패러데이는 이 어지러운 실험 결과를 하나의 그림에 담을 수 있는 기막힌 방법을 고안했다. 하나의 자침을 중심으로 그 주위에 인력을 받는 네 곳(A)과 척력을 받는 네 곳(R)을 그려 넣은 것이다그림 2-17. 원래의 실험에서 패러데이는 도선을 고정시킨 채 그 주위에 자침의 위치를 변경해가면서 자침의 운동을 살폈지만, 그 실험 결과는 정반대로 정리한 것이다. 그의 새로운 그림에서 자침은 고정된 채 그 주위 여덟 군데 위치에 놓인 도선이 인력이나 척력을 받아 움직이게 되었다.

 패러데이는 이 그림에 재밌는 덧칠을 했다. 그는 자침 주변의 R

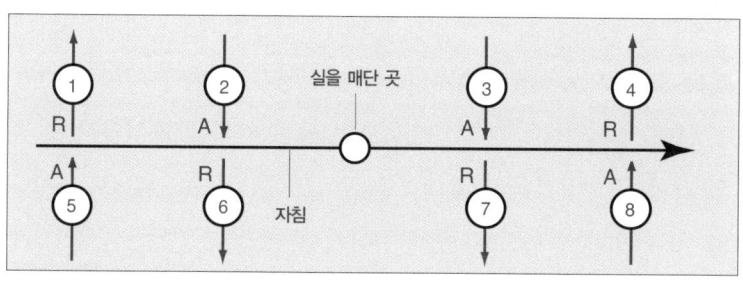

■■■ 그림 2-17

패러데이의 실험 결과를 고정된 자침 주위의 도선의 운동으로 재해석한 그림 | A는 인력(Attraction)을, R은 척력(Repulsion)을 뜻한다.

과 A들을 화살표로 이어 두 개의 원을 만들어낸 후, 두 원의 중심에 점을 찍고는 그 곳을 '진짜 극$^{true\ pole}$'이라고 표시했다$^{그림\ 2-18}$. 그는 '진짜 극'을 중심으로 한 원형의 화살표를 통해 도선의 회전 운동을 그려낸 것이다. 이제 그는 도선과 자침 사이에 작용하는 복잡한 인력과 척력 관계를 단순한 회전 운동의 일부로서 깔끔하게 설명할 수 있게 되었다$^{그림\ 2-19}$. 만약 이러한 회전 운동이 실제로 일어나는 것이라면, 전류와 자기 사이의 인력·척력이란 개념은 불필요하게 될 것이었다.

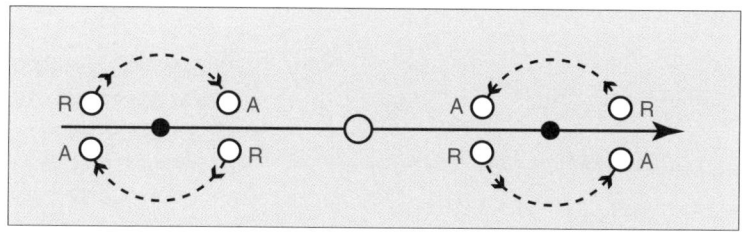

■■■ 그림 2-18

자침 주위의 도선의 운동을 회전 운동으로 재해석한 그림 | 패러데이는 회전 운동의 중심을 '진짜 극(true pole)'이라고 지정했다. (출처: 패러데이, 《전기에 관한 실험 연구》 2권, plate 2)

만남 • 71

정말로 이러한 회전이 나타날까? 이를 확인하기 위해 패러데이는 도선을 둥글게 구부려 만든 회전 크랭크에 전지를 연결한 후(아래는 +극, 위는 −극), 크랭크 중심에 자석을 가져갔다. N극을 가까이 가져갔더니 크랭크는 N극을 중심으로 (위에서 내려다 볼 때) 반시계 방향으로 돌아 자석에 부딪혔고, S극을 가까이 가져갔을 때에는 S극을 중심으로 시계 방향으로 돌아 자석에 부딪혔다.^{그림 2-20}. 그림을 통해 예측했던 것과 정확히 맞아떨어진 것이다. 자석에 부딪히지만 않는다면, 도선은 자석의 극을 중심으로 회전할 것이 분명했다.

자석에 부딪히지 않고도 도선이 계속 회전하게 만들 수는 없을까? 며칠 뒤 그는 이를 실제 장치로 구현하는 데 성공했다^{그림 2-21}. 해법은 간단했다. 자석과 도선을 평행하게 설치하는 것이었다. 그림 2-21의 오른쪽 장치를 보자. 우선 도선의 윗단은 공중에 매달고 도선의 아랫단은 자유롭게 움직일 수 있으면서도 전류가 통할 수 있도록 수은에 담갔다. 도선이 수은에 너무 잠겨 운동이 방해받지 않도록 도선 아랫단에는 코르크도 끼워두었다. 수은이

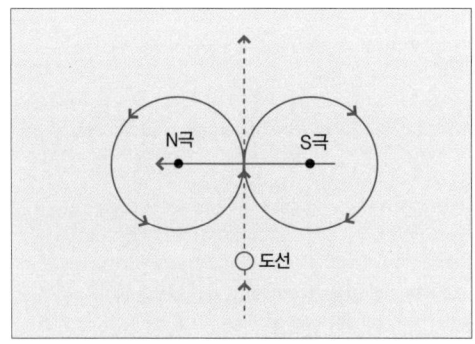

■■■ 그림 2-19

도선과 자침 사이의 인력·척력을 회전 운동으로 해석하는 방법 | 자침의 가운데 아래쪽에서 끌려오는 도선은 둘 사이의 인력 때문이 아니라 자침의 '진짜 극'을 중심으로 회전하는 운동의 일부로서 끌려오는 것으로 해석될 수 있다. (출처: 패러데이, 《전기에 관한 실험 연구》 2권, plate 2)

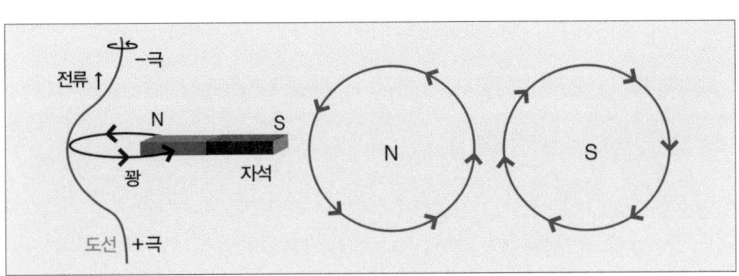

■■■ 그림 2-20
패러데이의 회전 크랭크 실험 | 크랭크는 자석의 극을 중심으로 회전하여 자석에 부딪히지만, 패러데이는 오른쪽 그림과 같이 이를 N극과 S극을 중심으로 한 완전한 회전운동으로 기록했다. 위의 그림은 패러데이의 1821년 9월 3일자 일기에 실린 그림을 이해하기 쉽게 조금 변경한 것이다.

담긴 그릇 한 가운데에는 자석을 세워놓았다. 이제 수은을 전지의 +극에 연결하고 공중에 매단 도선의 위쪽 끝을 전지의 −극에 연결하기만 하면 도선은 자석의 극을 중심으로 회전하게 된다. 실제로 그가 만든 장치에서는 고정된 자석 주위를 도는 도선(그림의 오른쪽)뿐 아니라, 고정된 도선 주위를 도는 자석(그림의 왼쪽)도 세트로 만들었다. 만약 왼쪽 장치에 전지의 −극을 연결하고, 오른쪽 장치에 전지의 +극을 연결한다면, 그리고 양쪽 장치의 자석 모두 N극이 위쪽을 향하고 있다면, 왼쪽 장치의 자석은 (위에서 내려다 볼 때) 시계 방향으로, 오른쪽 장치의 도선은 (위에서 내려다 볼 때) 반시계 방향으로 회전할 것이다.

데이비의 철가루와 자침의 이미지를 통해서만 간접적으로 관찰되었던 '전류 주위의 자기 회전'은 드디어 패러데이의 전자기 회전 장치를 통해 자신을 온전히 드러내게 되었다. 회전이 실제로 구현됨에 따라, 그는 전류와 자기 사이의 인력·척력을 모두 회전 운동의 일부로 설명할 수 있다는 것을 확실한 어조로 밝힐 수 있게 되었다. 그는 이탈리아의 과학자 드라리브[Gaspard de La Rive, 1770~1834]에게 보낸 편지에 자신의 생각을 다음과 같이 표현했다.

> 저는 도선에 의한 자침의 끌림과 반발이 모두 기만이라는 것을 알게 되었습니다. 그 운동은 끌림이나 반발도 아니며, 어떤 인력이나 척력의 결과도 아닙니다. 그것은 도선이 가진 어떤 힘의 결과로, 이 힘은 자침의 극을 도선 가까이 잡아당기거나 멀리 밀어내기보다 원형으로 끝없이 회전하도록 하며, 이 회전 운동은 전지가 작동하는 동안 계속됩니다.

패러데이는 이러한 결론을 서둘러 논문으로 출판했다. 논문 출판 이후 데이비와의 관계가 급속히 나빠지긴 했지만, 대부분의 학자들은 패러데이의 발견에 칭찬을 아끼지 않았다. 그러나 많은 학자들은 전자기 회전을 액면 그대로 보는 것을 불편해했다. 뉴턴의 가르침을 배운 학자들이 보기에 전기 유체 입자는 전

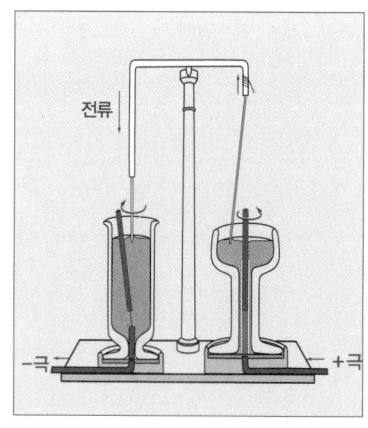

■■■ 그림 2-21
패러데이의 전자기 회전 장치. (출처: 패러데이, 《전기에 관한 실험 연구》 2권, plate 4)

기 유체 입자끼리, 자기 입자는 자기 입자끼리 상호 작용하는 것이 마땅했다. 게다가 직선 인력·척력이 아닌 회전이라는 상호 작용은 자연에 존재하는 기본적인 작용으로 간주하기 어려웠다. 그래서 프랑스의 앙페르는 패러데이가 발견한 전자기 회전을 분석하기 위해, 자석 내부에 원형 전류가 흐른다고 가정한 후 도선과 자석 내부의 전류 요소들 사이에 작용하는 인력과 척력들의

패러데이와 데이비의 불화

1821년 패러데이의 전자기 회전 논문 출판 직후, 데이비는 패러데이의 정직성을 의심했다. 논문에서 패러데이가 자신의 공헌에 대해 제대로 된 감사를 표하지 않았으며, 울러스턴의 아이디어를 그에 대한 언급 없이 도용했다는 것이었다. 1823년 왕립학회 회장이 된 데이비는 전자기 회전 발견의 공을 울러스턴에게 돌리는가 하면, 패러데이가 왕립학회 회원으로 선출되는 것을 반대하고 나섰다. 그럼에도 패러데이는 회원 다수의 지지를 받아 1824년 1월 왕립학회의 회원으로 선출되었다. 사실, 도선과 자석의 상호 회전이라는 패러데이의 발견은 도선의 제자리 회전을 생각했던 울러스턴의 가설과는 다른 것이었다. 게다가 그 연구는 자석과 도선 사이의 상호작용에 대한 데이비의 부주의한 관찰을 바로잡는 데서 시작된 것이었기 때문에, 데이비의 비난은 정당한 것으로 보기 어렵다. 물론 '자기 회전' 가설처럼 패러데이가 데이비와 울러스턴에 빚진 아이디어가 하나도 없는 것은 아니었기 때문에, 만약 패러데이가 조금만 여유를 가지고 데이비와 울러스턴의 공헌을 적절하게 언급했더라면 사태는 달라졌을 수도 있을 것이다. 그러나 빨리 조수의 위치에서 벗어나 독립된 연구자로서 학계에서 인정을 받고 싶었던 패러데이에겐 그런 여유가 없었다. 자신이 엄청난 발견을 했다고 직감한 패러데이는 전자기 회전의 발견을 공표하기 위해 무척이나 서둘렀다. 패러데이는 자신의 실험 결과와 해석을 〈몇 가지 새로운 전자기 운동 및 자기 이론에 관하여〉라는 제목의 논문으로 발표했는데, 논문의 발표일은 최초의 발견으로부터 열흘도 채 지나지 않은 시점인 9월 11일이었다.

합력을 계산해야만 했다.

반면 패러데이는 전자기 회전이라는 현상을 액면 그대로 취급하길 바랐다. 그는 자신의 전자기 회전 장치가 보여주는 그대로, 전류와 자기가 서로 원형의 상호 작용을 주고받는다고 생각했다. 전기 유체나 자기 유체에 대한 뉴턴주의적인 관념을 증명되지 않은 것으로 생각했을 뿐 아니라 현상을 정해진 수학적 형식에 맞추어 설명하는 것 자체를 좋아하지 않았기 때문이다. 이는 패러데이가 뉴턴주의적인 선입관을 배울 기회가 없었던 데다 "불행하게도 수학적 지식과 추상적 추론을 손쉽게 이해하는 능력을 갖추지 못했던 탓"이기도 했지만, 데이비 밑에서 화학자로서의 도제 훈련을 받는 과정에서 수학보다 실험과 관찰을 중시하라는 가르침을 배운 탓이기도 했다.

물론 패러데이에게도 이론적인 선입관이 있었다. 그는 독일에서 유학 생활을 했던 스승 데이비로부터 자연의 힘들이 통일되어 있고 상호 전환될 수 있다는 독일 자연철학주의의 믿음을 배웠으며, 화학 작용과 전기의 상호 연관을 보여주는 데이비의 전기화학 연구에 익숙했다. 따라서 전류와 자기가 서로 영향을 주고받는다는 것은 패러데이에게 그리 이상한 일이 아니었으며, 앙페르처럼 자석을 전류 현상으로 환원할 필요를 느끼지 못했다. 데이비의 가르침에 따르면, 서로 다른 물질 사이의 상호 작용은 각 물질이 발휘하는 '힘'의 통일성과 상호 전환에 의해 설명될 수 있었다.

전자기 회전을 발견하고 해석하는 과정에서 패러데이에게 가장 중요했던 이론적인 선입관은 바로 '힘'과 그 '힘의 배치'라는 관념이었다. 패러데이는 나선형으로 감은 도선으로 자석을 흉내 낼 수 있다는 앙페르의 발견을 알고 있었다. 그러나 앙페르는 이 사실로부터 자석이 전류로 만들어졌다고 추론한 반면, 패러데이는 도선과 자석 모두 그 주위에 같은 종류의 힘, 즉 자기력을 발휘한다고 추론했다. 즉 패러데이에게 중요한 것은 물질이 아니라 물질들이 만들어낸 힘의 배치였다. 물질의 내부 구성은 그것이 만들어낸 힘에 비해 부차적이었다. 패러데이의 실험은 바로 그 힘의 배치를 탐색하는 역할을 수행했다. 이러한 의미에서, 역사상 최초의 전동기로 간주되는 패러데이의 전자기 회전 장치는 전류 주위에 원형으로 정렬된 자기력의 배치를 드러내주는 장치라 할 수 있다. 힘의 배치라는 패러데이의 관념은 그로부터 10년 뒤 전자기 유도 연구 과정에서 '자기곡선'이란 이름의 보다 선명한 개념으로 다시 등장하게 된다.

자기로 전류를 만들어내다

1820년 외르스테드에 의해 전류의 자기 작용이 발견된 후, 많은 학자들은 그 반대의 작용도 존재할 것이라 추측했다. 전류가 자석처럼 자기력을 만들어낸다면, 반대로 자석이 전류를 만들어 내는 것도 가능하지 않겠는가? 그러나 이러한 기대는 쉽게 이루어지지 않았다. 많은 사람이 자기의 전류 효과를 찾아내기 위해 노력했지만, 이들의 노력은 10년이 지나도록 별다른 성과를 내지 못했다. 모두가 지쳐 포기할 무렵, 패러데이가 그 효과를 찾아내는 데 성공했다. 그리고 이 효과는 패러데이로 하여금 공간에 '힘의 선'을 그리도록 인도했다.

1831년 8월 29일, 패러데이는 철로 만들어진 고리에 절연피복으로 감싼 코일 A와 B를 여러 겹으로 촘촘하게 감은 후^{그림 2-22}, 코일 A를 검류계에 연결하고 남은 코일 B를 전지에 연결했다.^{그림 2-23}

> 바로 검류계 바늘에 상당한 효과가 나타남. 바늘이 흔들리다 결국 원래 위치에서 멈춤. …… 전지와의 연결을 끊을 때, 또 다시 바늘이 요동침.

검류계 바늘이 움직였다가 다시 제자리로 돌아온다는 점이 패러데이의 기대를 벗어나긴 했지만, 어쨌든 검류계 바늘이 움직인 것은 확실했다. 잠깐 동안이지만 분명 코일 A에 전류가 유도된 것이었다.

패러데이는 이 현상을 1차 회로(코일 B)의 전류에 의한 '자기

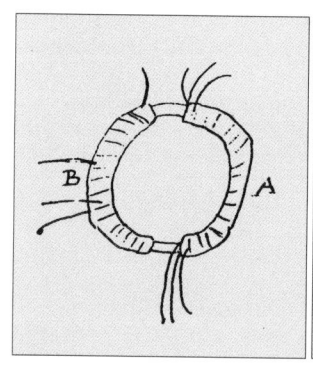

■■■ 그림 2-22
전자기 유도 코일 | 철심에 두 개의 절연 코일을 감았다. (출처: 《패러데이의 일기장》, 1권, 1831년 8월 29일, 367쪽)

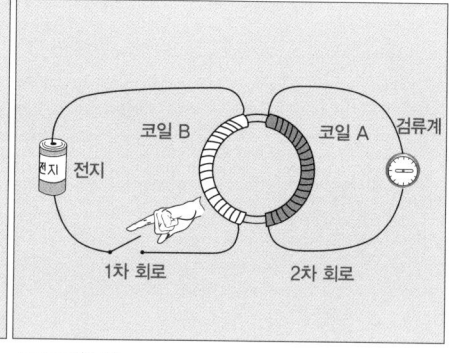

■■■ 그림 2-23
전자기 유도 | 1차 코일 B를 전지와 연결하거나 끊는 순간 2차 코일 A에 연결된 검류계의 바늘이 움직인다.

력'이 2차 회로(코일 A)에 전류를 유도한 것으로 해석했다. 만약 그의 추측이 맞다면, 자석만으로도 전류가 유도될 수 있어야 했다. 1831년 9월 24일, 패러데이는 움직이는 자석을 가지고 코일에 전류를 유도시키는 실험을 했지만 실패했다. 같은 날 그는 철심에 코일을 감아 검류계에 연결한 후, 철심의 양쪽 끝을 각각 막대자석과 맞붙였다^{그림 2-24}. 그가 자석을 철심에서 떼거나 댈 때마다 코일에 연결된 검류계의 바늘이 움직였다. 그리고 10월 17일, 패러데이는 속이 빈 원통형 철심에 코일을 두텁게 감은 후 그 안에 막대자석을 찔러 넣음으로써 유도 전류를 얻어내는 데 성공했다^{그림 2-25}. 그는 '자기로부터 전기로의 분명한 전환'을 확인한 동시에 최초의 발전기를 발명한 셈이다.

10년 동안이나 찾아 헤매던 이 효과를 패러데이가 발견한 비결은 무엇일까? 사실 패러데이도 실패를 겪었다. 1825년 11월 패러데이는 두 개의 도선을 가지고 1831년 8월에 했던 실험과 비슷한 실험을 했다. 그는 도선에 전지를 연결하면 그 전류에 의

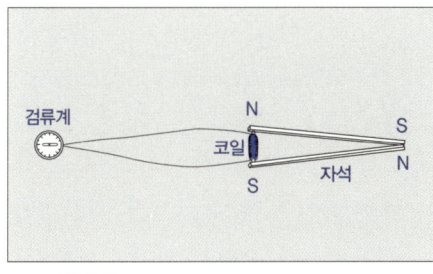

■■■ 그림 2-24

자석으로부터 전류를 얻어낸 첫 번째 실험 | 자석을 철심에서 떼거나 댈 때마다 코일에 연결된 검류계의 바늘이 움직였다. (출처: 패러데이, 《전기에 관한 실험 연구》 1권, plate 1)

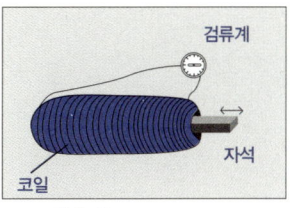

■■■ 그림 2-25

최초의 발전기 | 속이 빈 코일에 자석을 밀어 넣거나 뺄 때마다 코일에 연결된 검류계의 바늘이 움직였다. (출처: 패러데이의 1831년 10월 17일자 스케치. 이해를 돕기 위해 그림 수정)

한 자기력이 옆의 도선에 전류를 유도할 것이라 기대했다. 그러나 두 도선을 평행하게 놓아도 보고 나선형으로 감아 시도해 보아도 검류계의 바늘은 꿈쩍도 하지 않았다. 그렇다면 1825년에는 보이지 않던 효과가 어떻게 6년 뒤에는 보이게 되었을까?

우선 패러데이는 1차 코일 B를 전지에 연결하기 전에 2차 코일 A를 검류계에 연결함으로써, 전지를 연결하는 '순간'의 검류계 반응을 볼 수 있었다. 이는 예상치 못했던 행운처럼 보이기도 하지만, 모든 경우의 수를 확인하고자 했던 그의 치밀한 탐색의 결과이기도 했다.

또한 1831년 패러데이는 자신의 실험에 피복으로 절연된 코일과 철심을 도입함으로써, 전자기 효과를 눈에 띄게 증폭시킬 수 있었다. 조지프 헨리$^{\text{Joseph Henry, 1797~1878}}$ 등이 고안한 전자석 개량법으로부터 힌트를 얻은 것이다. 그는 8월 29일의 실험에서 피복으로 절연시킨 두 개의 코일을 같은 철심에 감음으로써, 전지와 연결한 1차 코일 B의 자기 효과를 증폭시킴과 동시에 검류계와 연결한 2차 코일 A의 민감성을 증폭시킬 수 있었다. 이후 9월과 10월의 자석을 이용한 전류 유도 실험에 성공할 수 있었던 것도 철심과 절연 피복의 공이 컸다.

하지만 패러데이가 발견한 전자기 유도는 애초의 예상과는 차이가 있었다. 그는 자기력의 영향을 받는 도선에 지속적인 전류가 유도될 거라 기대했지만, 그가 발견한 유도 전류는 일시적이었다. 일정한 전류가 흐르고 있는 회로나 가만히 정지해 있는 자석은 전류를 유도하지 못했다. 유도 전류는 오직 1차 회로를 전지와 연결하거나 끊는 순간 또는 자석을 움직이는 동안에만 잠시 발생했다가 사라졌다. 패러데이는 이러한 유도 전류의 '순간성'에 어리둥절했다. 게다가 회로와 전지의 연결을 끊을 때 전류가 유도되는 건 정말 이해하기 힘들었다. 죽어가는 전류가 무슨 힘이 있다고 옆의 도선에까지 전류를 유도하는 것일까?

이를 설명하기 위해 패러데이는 '전기적-긴장 상태electro-tonic state'라는 개념을 고안했다. 그는 1차 회로가 전지와 연결되어 있는 동안 1차 회로가 만들어내는 자기력에 의해 2차 회로가 '전기적-긴장 상태'라는 독특한 상태에 놓이게 된다고 가정했다. 그러면 1차 회로가 끊어질 때 그 긴장 상태가 풀어지면서 반대 방향으로 일시적인 전류가 만들어지는 것이 설명될 수 있었다. 고무줄을 생각해보면 패러데이의 생각을 이해하는 데 도움이 될 것 같다. 손으로 고무줄을 잡아당기면 잠깐 동안 줄이 늘어나지만, 이내 외력과 탄성력이 평형을 이루면서 더 이상 늘어나지 않게 된다. 그러나 이 고무줄이 처음의 고무줄과 같은 상태에 있다고 말할 수는 없는데, 왜냐하면 이 고무줄은 팽팽한 '긴장' 상태에 놓여 있기 때문이다. 그러다 고무줄을 당기던 손의 힘을 풀면, 고무줄은 금세 원래의 길이로 줄어든다. 이처럼 외력의 존재가 고무줄 내부에 팽팽한 긴장 상태를 만들어내듯이, 자기력의 존재는 도선 안에 일종의 긴장 상태, 즉 '전기적-긴장 상태'를 만들어낸다. 힘의 도입 또는 제거는 그 긴장을 더하거나 풀어주게 되고, 이때 고무줄이 늘어나거나 줄어들듯이 전류가 흐르게 된다는 것이다.

그러나 이 '전기적-긴장 상태'라는 개념은 패러데이의 전자기 유도 연구에서 큰 역할을 하지 못하게 된다. 그 존재를 입증할 수 있는 실험적 증거를 찾아내지 못했기 때문이기도 하지만, 전자기 유도를 일으키는 보이지 않는 메커니즘을 가정하지 않고서도 모든 전자기 유도 현상을 완벽하게 묘사할 수 있는 대안적인 방법을 찾아냈기 때문이다. '자기곡선 자르기' 규칙이 바로 그것이다.

**자기곡선을 자르면
전류가 유도된다**

전자기 유도에 관한 일련의 연구를 마무리한 11월 그는 왕립 학회 모임에서 자신의 발견을 담은 논문을 발표했는데, 이는 이후 25년간 30편이 넘도록 이어지게 될 그의 시리즈 논문 《전기에 관한 실험 연구 Experimental Researches in Electricity》의 첫 작품이 되었다. 이 논문에서 패러데이는 처음으로 '자기곡선 magnetic curve'이라는 개념을 도입하여 전자기 유도를 설명하는 데 실질적으로 사용한다. 여기서 '자기곡선'이란 자석이나 전류 주위에 철가루나 자침에 의해 그려지는 선을 의미한다 그림 2-26. 사실 철가루에 의해 그려지는 이러한 선은 영국의 학자들 사이에서 이미 익숙한 그림이었다. 그들은 자석과 전류 주위의 자기력을 표상하기 위해 그 그림을 광범위하게 사용해 왔다. 10년 전 패러데이도 전류 주위에 만들어지는 철가루의 원형 배치에 이끌려 전자기 회전을 발견한 바 있었다. 그러나 그 그림에 '자기곡선'이라는 이름을 붙여 현상을 설명하는 데 실질적으로 이용한 것은 패러데이의 1831년 전자기 유도 논문이 처음이었다. 왜냐하면, 전자기 유도의 조건과 그에 의한 유도 전류의 방향을 묘사하는 데 있어 '자기곡선 자르기'라는 규칙만큼 경제

적이면서 효과적인 규칙이 없었기 때문이다.

패러데이가 이 '자기곡선 자르기'라는 전자기 유도 규칙을 고안한 데에는 '아라고의 원판'이라 불리는 현상에 대한 실험이 결정적인 역할을 했다. 이는 프랑스의 학자 프랑수아 아라고$^{François\ Arago,\ 1786~1853}$에 의해 발견된 현상으로, 회전하는 구리 원판이 자석 근처에서 그 회전 속도가 느려지는 현상을 말한다. 구리 원판이 일시적으로 자화되어 일어난 현상이라는 것이 일반적인 의견이었지만, 자석의 영향을 받지 않는 구리 원판이 어떻게 자화될 수 있는지에 대해서 제대로 설명한 사람은 없었다.

1831년 전자기 유도를 발견한 패러데이는 '아라고의 원판'의 일시적인 자화가 자석에 의해 원판에 유도된 전류 때문일 것이라고 추측했다. 이 추측을 확인하기 위해, 그는 거대한 자석 양극 사이에 구리 원판을 놓고 원판의 두 지점을 검류계와 연결시

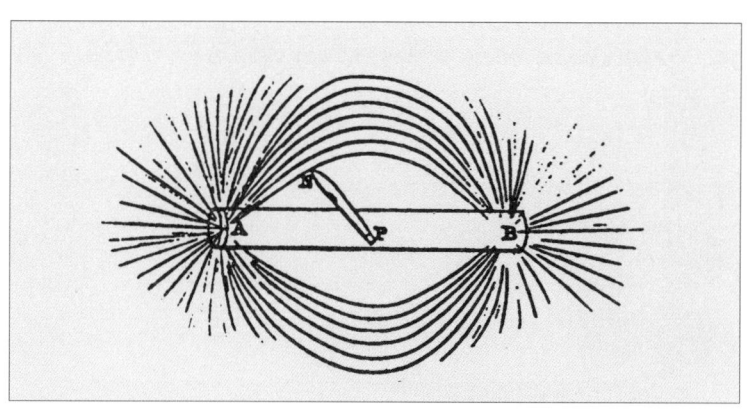

■■■ 그림 2-26

패러데이의 1831년 전자기 유도 논문에 실린 자기곡선 그림 | 자기력을 표상하는 선의 그림이 패러데이의 논문에 수록된 것은 이것이 처음이다. (출처: 패러데이, 《전기에 관한 실험 연구》 1권, plate 1)

켰다. 원판을 회전시켰더니 검류계의 바늘이 움직였다. 즉 '아라고의 원판'이 유도 전류에 의한 현상이라는 점이 확인된 것이다.

패러데이의 탐색은 여기서 멈추지 않았다. 패러데이는 검류계와 연결시키는 지점을 다양하게 바꿔가면서 확인한 결과, 원판에 생성된 유도 전류의 방향이 원판의 직경 방향이라는 것, 즉 원판의 운동 방향과 '수직'이라는 것을 알아낼 수 있었다^{그림 2-27}. 이로부터 그는 자기 작용의 방향, 원판의 운동 방향, 원판에 생성된 유도 전류의 방향 사이의 기하학적인 관계를 일반적인 규칙으로 만들어낼 수 있었는데, 그것이 바로 '자기곡선 자르기' 규칙이었다. 그 규칙의 기본적인 아이디어는 다음과 같았다. 도선이 자기곡선을 가로지르면, 도선이 자기곡선을 가르는 방향과 수직이 되는 방향으로 전류가 유도된다^{그림 2-28}. 이는 오늘날 '플레밍의 오른손 법칙'이라 불리는 규칙과 사실상 동일하다^{그림 2-29}.

이 기본적인 아이디어는 여러 가지 방식으로 응용될 수 있었다. 자석의 운동에 의해 도선에 전류가 유도되는 경우, 이는 자

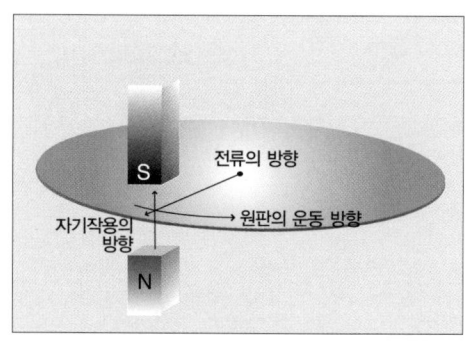

■■■ 그림 2-27
자석 사이에서 회전하는 원판의 유도 전류.

석과 함께 움직이던 자기 작용선이 도선에 잘리면서 그 수직 방향으로 유도 전류가 생성되는 것으로 해석될 수 있다.^{그림 2-30} 또한 '자기곡선 자르기' 규칙은 1차 회로를 전지에 연결하거나 끊을 때 발생하는 유도 전류를 설명하는 데에도 적용되었다. 패러데이의 묘사에 따르면, 1차 회로를 전지와 연결하면 자기곡선이 스스로 "도선에서 나와 팽창"하고, 전지와의 연결을 끊으면 자기곡선이 "수축"하여 도선에 "되돌아간다"(이러한 패러데이의 묘사는 오늘날의 설명과는 맞지 않는다).이렇게 1차 회로에서 나오던 자기곡선은 2차 회로에 의해 잘리면서 전류를 유도하고, 1차 회로로 되돌아가던 자기곡선은 반대로 잘리면서 반대 방향의 전류를 유도하게 된다.^{그림 2-31}

이러한 방식의 묘사를 통해, 패러데이는 모든 종류의 전자기 유도 현상을 '자기곡선 자르기' 규칙으로 통합적으로 설명할 수 있게 되었다. 즉 유도 전류는 가만히 있는 자석 주위에 펼쳐진 자기곡선을 움직이는 도선이 자르거나, 자석에 의해 움직이게

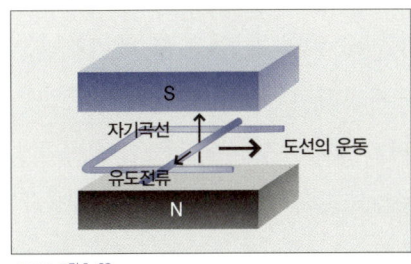

■■■ 그림 2-28

'**자기곡선 자르기' 규칙** | 움직이는 도선이 '자기곡선'을 가로지르면, 도선이 자기곡선을 가로지르는 방향과 수직이 되는 방향으로 전류가 유도된다.

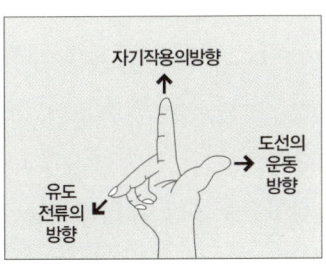

■■■ 그림 2-29

플레밍의 오른손 법칙.

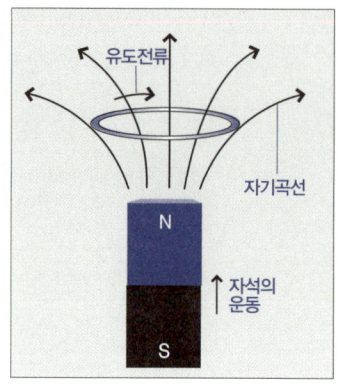

■■■ 그림 2-30

자석의 운동에 의한 전자기 유도.

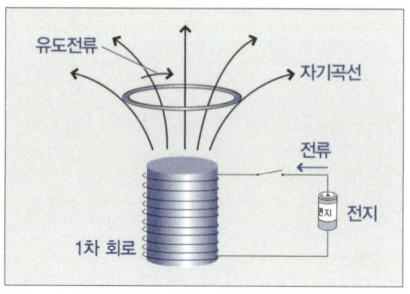

■■■ 그림 2-31

도선과 도선 사이의 전자기 유도 | 패러데이의 설명에 따르면, 1차 회로를 전지와 연결하는 순간 "도선에서 나와 팽창"하는 자기력선이 2차 회로에 의해 잘리면서 전류가 유도된다.

된 자기곡선이 가만히 있는 도선에 의해 잘리거나, 혹은 1차 회로를 전지에 연결하거나 끊을 때 "팽창"하거나 "수축"하는 자기곡선이 도선에 잘리면서 발생했다.

요컨대, 패러데이는 전자기 유도라는 실험적 발견을 확장하여 그동안 설명되지 못했던 '아라고의 원판'을 설명하는 데 성공했을 뿐만 아니라, 거꾸로 '아라고의 원판'에 대한 실험적 탐색을 통해 모든 종류의 전자기 유도를 묘사할 수 있는 '자기곡선 자르기'라는 일반적인 규칙까지 얻을 수 있었다. 얼마 후 패러데이는 이 '자기곡선 자르기' 규칙을 확장하여 '단극 유도$^{unipolar\ induction}$'라는 현상을 예측하고 발견하는 데에도 성공했다$^{그림\ 2-32}$. 이러한 성공으로부터 패러데이는 자신의 실험에 큰 자신감을 얻을 수 있었다.

실험은 수학 앞에서 기죽을 필요가 없습니다. 오히려 실험은

정말 수학과 대적할 만합니다. …… 나는 수학이 많은 것을 예측하는 것을 본 기억이 없습니다 …… 전자기 회전과 전자기 유도에서처럼 계산이 준비되어 있었음에도 그 사실들은 예측되지 않은 상태로 있었습니다. 그리고 때로 아라고 현상에서처럼 사실이 알려져 있을 때에도 계산은 그것의 진정한 본성을 드러내는 데 불충분했습니다. 다른 사실이 도움을 주기 전까지는 말입니다.

여기서 '다른 사실'이란 바로 '전자기 유도'를 뜻했다.

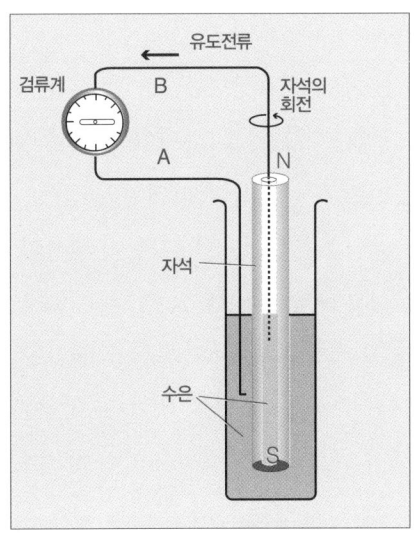

■■■ 그림 2-32

단극 유도 | 가운데 구멍이 뚫린 원통형 자석을 수은에 반만 담근 후, 검류계와 연결된 도선의 한쪽(A)은 자석 바깥의 수은에, 다른 한쪽(B)은 자석 가운데의 구멍을 통해 수은에 담겨 있다. 자석을 제자리에서 돌리는 동안 도선에 지속적인 전류가 유도되어 검류계의 바늘이 한쪽으로 기울게 된다. 만약 그림과 같은 배치에서 자석이 반시계 방향으로 회전하면 B에서 A로 유도전류가 만들어진다. 왜 그런 방향으로 전류가 유도되는지 궁금하다면 자기곡선 자르기 규칙을 잘 적용해보자.

공간에 '힘의 선'을 그리다

1820년 외르스테드가 발견한 전자기 현상은 뉴턴의 '원거리 직접 작용' 개념에 균열을 내기 시작했다. 전류가 자침을 움직이는 방식이 지금까지 알려진 원거리 작용과 사뭇 달랐기 때문이다. 전류와 자침 사이의 상호 작용은 둘 사이의 직선 인력이나 척력으로는 설명되기 힘들어 보였다. 외르스테드는 이를 설명하기 위해 전류 주위에 '오른쪽으로 감는 나선형의 소용돌이'가 형성되어 자침을 움직인다고 제안했고, 영국의 학자 데이비와 울러스턴은 전류 주위에 자침과 철가루가 원형으로 정렬한다는 관찰을 근거로 전류 주위의 '자기 회전'을 제안했다. 그리고 패러데이는 전자기 회전 장치를 실제로 만들어냄으로써 전류 주위에 원형으로 배치된 자기력을 드러내는 데 성공했다. 자기력의 배치라는 개념은 전자기 회전 발견에서 매우 중요한 역할을 했지만, 그때까지 '힘의 선'에 해당하는 개념은 등장하지 않았다.

패러데이가 '자기곡선'이라는 개념을 처음 도입한 것은 전자기 유도 연구 과정에서였다. 그러나 이는 어디까지나 전자기 유도의 규칙을 정확하게 묘사하기 위해서였다. 패러데이의 정의에 따르면, 공간에 그려진 '자기곡선'은 그 공간에 자침이 놓이면 그 자침이 가리키게 될 방향을 보여주는 가상의 선을 의미할 뿐이었다. 전자기 유도는 도선이 그 가상의 선을 가로지를 때 일어났으며, 그에 의한 유도 전류는 도선이 그 선을 가르는 방향과 수직으로 생성됐다. 이는 전자기 유도에 대한 아주 멋진 규칙으로서, 패러데이는 이 규칙을 통해 전자기 유도의 조건과 그에 의한 유도 전류의 방향을 완벽하게 표현할 수 있었다. 그러나 이러한 목적에 의하면 자기곡선은 공간에 존재하는 실체일 필요가 없었다. 가끔 패러데이는 자기곡선이 '팽창'하거나 '수축'한다는 식의 표현을 사용하기도 했지만, 그는 공간에 그러한 선이 정말로 존재해서 그런 식으로 행동한다고 주장하지는 않았다. 그는 '자기곡선'이 단지 자기력의 배치를 보여주기 위한 표현일 뿐이라고 말했다. 실험가로서 패러데이는 자신의 연구를 실험의 테두리 안에 묶어두고자 했고, 공식적으로 그의 자기곡선은 전자기 유도의 규칙을 효과적으로 공식화하기 위한 간단한 표상 도구일 뿐이었다.

그러나 '자기곡선'을 이용한 전자기 유도 규칙은 대단히 성공적이었다. 자기곡선 덕분에 모든 종류의 전자기 유도 현상은 완벽한 질서를 얻었다. 패러데이는 그 질서를 1821년에 발견한 전자기 회전에까지 확장시켰다. 1832년 3월 그의 일기장에는 그에 대한 고민이 담겨 있었다.그림 2-33. 그는 전기, 자기, 운동이라는 세 가지 작용을 3차원상에 직교하는 세 직선과 대응시킨 후, 셋 중

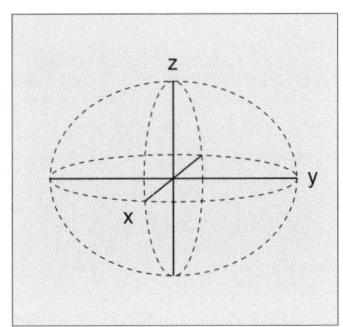

■■■ 그림 2-33

전기, 자기, 운동이 맺는 상호작용의 기하학적 질서 | 패러데이는 전기, 자기, 운동이라는 세 가지 작용을 3차원상에 직교하는 세 직선과 대응시켰다. z축 방향의 자기작용이 존재하는 상황에서, y축 상의 도선의 운동은 x축 방향의 유도 전류를 만들어 내고 y축 상의 전류는 x축 방향의 운동을 만들어 낸다. (출처: 《패러데이의 일기장》 1권, 1832년 3월 26일, 425쪽)

어느 두 가지의 작용은 나머지 하나의 작용을 그림에 대응된 직선의 방향으로 일으킬 것이라고 적었다. 구체적으로 말해, z축 방향의 자기곡선이 존재하는 상황에서, y축 상의 도선의 운동은 x축 방향의 유도 전류를 만들어내고, y축 상의 전류는 x축 방향의 운동을 만들어낸다[그림 2-33]. 전자는 전자기 유도의 원리이고, 후자는 전자기 회전의 원리이다. 이로써 전자기 회전과 전자기 유도는 동일한 기하학적 질서를 부여받은 셈이었다.

'자기곡선'이 전자기 현상에 부여한 너무나 조화로운 질서 때문에, 패러데이는 자기곡선이 실제 물리적 과정에서 인과적인 역할을 하는 것이 아닐까 하는 의심을 하게 되었다. 즉 자기곡선이 전자기 유도와 전자기 회전을 실제로 일으키는 매개자일 것이라고 의심하게 된 것이다. 그러나 실험가로서 그는 자신의 사변을 공개적으로 발표하는 것을 좋아하지 않았다. 대신 그는 1832년 3월 왕립학회 서기에게 밀봉된 노트를 맡겼다. 이 노트 안에는 소리나 빛이 매질을 통해 점진적으로 전파되듯이, 자기력과 전기력도 '힘의 선'을 통해 점진적으로 전파되어 멀리까지 전달되는데 시간이 걸릴 것이라는 생각이 담겨 있었다. 이 조심스러운 착상은 세계에 대한 새로운 관념의 출발점이 되었는데, 그는 빈 공간에 '힘의 선들'을 채우기 시작한 것이다.

만남 3

'힘의 선'으로 그린 새로운 세계

**전기분해에서
전류의 본질을 읽다**

전자기 유도를 발견하고서 약 1년이 지난 1832년 9월, 패러데이는 마찰 전기를 가지고 가시적인 전기-화학 분해 효과를 일으키기 위해 고군분투 중이었다. 당시 전기는 그 발생원^{source}에 따라 이름이 붙여졌다. 마찰에 의해 만들어진 정전기는 '마찰 전기' 또는 '일반 전기', 볼타의 전지에 의해 만들어진 전류는 '볼타 전기$^{voltaic\ electricity}$' 또는 '갈바니즘^{galvanism}', 전기뱀장어 등에서 관찰되는 전류는 '동물 전기$^{animal\ electricity}$', 또 금속을 가열할 때 발생하는 전류는 '열-전기$^{thermo\text{-}electricity}$'라 불렸다. 그리고 패러데이는 자신이 전자기 유도를 통해 얻은 유도 전류를 '자기-전기$^{magneto\text{-}electricity}$'라 이름 붙였다. 이 전기들은 모두 같은 '전기'로 간주되긴 했지만, 그렇다고 그것들을 아주 분명하게 한 테두리에 넣을 수 있는 것은 아니었다. 왜냐하면 볼타 전기에서는 쉽게 확인되는 자기 효과나 전기-화학 분해와 같은 특징이 마찰 전기에서는 잘 확인되지 않거나, 마찰 전기에서는 쉽게 나타나는 스파크가 자기-전기나 열-전기에서는 일어나지 않곤 했기 때문이다. 따라서 마찰 전기로 전기-화학 분해를 명확하게 일으킬 수 있다면, 그것은 마찰 전기와 볼타 전기의 동일성을 입증하는 일이 될 것이었다.

그러나 이를 입증하기 위한 실험은 생각처럼 쉬운 일이 아니었다. 마찰 전기의 방전은 격렬한 스파크를 일으키긴 했지만, 사실 마찰 전기가 방전되면서 흐르는 전류의 총량은 생각보다 많지 않았다. 방전이 너무 순식간에 끝났기 때문이다. 그래서 마찰 전기를 가지고 황산구리 수용액을 분해하여 구리의 침전을 확인하려고 했던 패러데이의 초기 실험은 만족스러운 결과를 보여주지 못했다. 정전기 발생 장치를 100번 이상 돌려봐야 그 효과가 겨우 보일락 말락 했기 때문이다.

패러데이는 전략을 바꾸어, 만약에 나타날 소량의 화학 변화라도 쉽게 확인할 수 있도록 색깔 지시약을 사용하기로 했다. 그 중 가장 성공적인 실험은 다음과 같았다. 파란색 리트머스 시험지를 황산나트륨(Na_2SO_4) 수용액에 적신 후, 스위치와 금속 전극으로 이루어진 방전 회로 중간에 두었다.^{그림 3-1} 장치를 몇 번 돌리자, 왼쪽의 +전극과 접촉해 있는 종이의 p지점이 빨갛게 변했다. 산이 생성된 것이다. 다음에는 노란색 강황 시험지를 황산나트륨 수용액에 적신 후 방전 회로 중간에 두었다. 장치를 몇 바퀴 돌리자, 오른쪽의 -전극과 접촉해 있는 종이의 n지점이 붉게 변했다. 염기가 생성된 것이다. 마찰 전기는 분명 전기-화학 분해를 일으켰다.

 이 실험은 마찰 전기와 볼타 전기의 동일성을 알아보기 위한 여러 실험 중 하나에 불과했지만, 이 전기-화학 분해 실험은 패러데이의 특별한 관심을 끌었다. 가장 큰 이유는 전기-화학 분해의 양이 전기의 양과 직결되는 것 같았기 때문이다. 전기 분해의 양은 정전기 발생 장치를 돌린 횟수에 정확히 의존했으며, 이는 표준 볼타 전지를 통해 일정한 시간 동안 얻을 수 있는 전기 분해의 양으로도 다시 환산될 수 있었다.

 여러 전해질을 이용한 추가적인 실험 결과, 패러데이는 동일한 양의 전기를 흘려주었을 때, 생성되는 화학 물질의 양 사이에 일정한 비례 관계가 있다는 것을 깨달았다. 예컨대 물을 전기 분해시키면, －전극에서 수소가 1그램이 생성될 때마다 ＋전

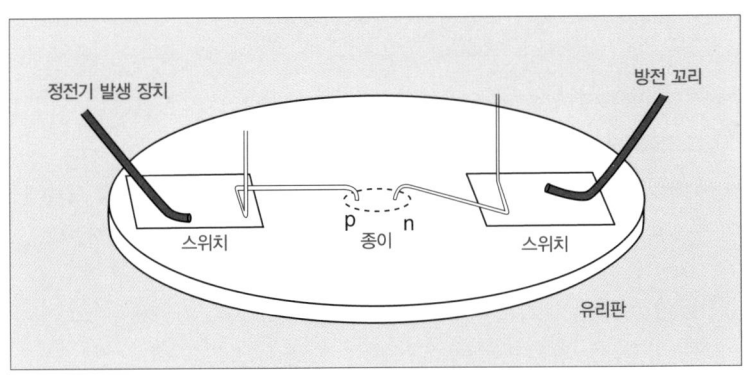

■■■ 그림 3-1

마찰 전기를 이용한 전기-화학 분해 실험 | 황산나트륨 수용액에 적신 종이에서는 물이 산소와 수소로 분해된다. 오늘날 사용되는 화학 반응식에 따르면, 각 전극과 접촉해 있는 두 지점에서는 각각 아래와 같은 반응이 일어난다. (출처: 패러데이, 《전기에 관한 실험 연구》 1권, plate 3)

p 지점 : $2H_2O \rightarrow 4e^- + O_2 + 4H^+$ (산성 증가)

n 지점 : $4e^- + 4H_2O \rightarrow 2H_2 + 4OH^-$ (염기성 증가)

극에서는 산소가 8그램씩 생성되었다. 또한 수소 1그램을 얻을 때 사용되었던 동일한 양의 전기를 염소화합물에 통과시키면 염소 35.5그램을 얻을 수 있었으며, 그 두 배의 전기를 통과시키면 염소 71그램을 얻을 수 있었다. 일정량의 전기를 통해 얻을 수 있는 화학 물질들의 이러한 질량비, 즉 전기-화학적 등가량 electro-chemical equivalent number 은 당시 알려져 있던 화학 물질 사이의 등가량 equivalent number ● 과 완전히 일치했다. 이를 통해 패러데이는 오늘날 '패러데이의 전기 분해 법칙'이라 불리는 다음의 결론에 도달하게 되었다.

> 전기의 양(전류의 총량, 즉 전하량)이 일정하면, 전해질의 종류가 물이든, 소금물이든, 산이든, 합성물이든 전기-화학 작용의 양도 일정하다. 즉 그 양은 일반적인 화학적 친화성에 기초한 표준적인 화학 작용과 항상 동등하다.

:: 화학적 등가량 (chemical equivalent number)

기준이 되는 원소의 일정 질량과 화합하는 다른 원소들의 그램수. '화학 당량'이라고도 한다. 예컨대 산소 8g을 기준으로 했을 때, 이는 수소 1g과 반응하여 물이 되고, 다시 수소 1g은 염소 35.5g과 반응하여 염산이 되며, 염소 35.5g은 나트륨 약 23g과 반응하여 염화나트륨, 즉 소금이 된다. 그리고 다른 비율로는 좀처럼 결합하지 않는다. 원소들 사이의 이러한 일정한 결합 비율들을 종합하면, 〈수소 1 / 산소 8 / 나트륨 23 / 염소 35.5〉라는 간단한 화학적 등가량표가 만들어진다. 만약 모든 종류의 원소에 대해 이를 조사하면 완전한 화학적 등가량표가 만들어질 것이다. 패러데이는 일정량의 전기를 통해 얻어지는 수많은 원소들의 질량비를 조사하여 전기-화학적 등가량표를 작성했는데, 그 값들은 기존의 화학적 등가량과 완전히 일치했다.

전기-화학적 등가량과 기존의 화학적 등가량 사이의 완벽한 일치에 깊은 인상을 받은 패러데이는 자신의 결과가 화학적 친화성의 본질이 전기에 있다는 데이비의 관점을 실험적으로 입증해주는 것이라 믿었다. 패러데이에 따르면, 물질 사이의 결합이나 분해와 같은 화학 작용은 본질적으로 전기 작용에 의존해 있으며, 거꾸로 전류와 같이 눈에 보이는 전기 작용은 전기를 띤 미시적인 화학 입자들 사이의 작용에 의존했다. 이러한 그의 생각은 전기 분해에서 전극이 담당하는 역할에 관한 연구를 통해 더욱 구체화될 수 있었다.

당시 전기-화학 분해는 금속 전극의 원거리 인력과 척력으로 설명되곤 했다. 두 개의 금속 전극이 마치 '전기적 자석 electric magnet'처럼 작용해, 전해질을 구성하는 +물질과 −물질을 양쪽에서 잡아당겨 분해시킨다는 것이었다. 그래서 상당수의 학자들은 전극 사이가 멀어질수록, 전극에서 멀리 떨어진 위치일수록, 전기-화학 분해를 일으키는 힘이 떨어진다고 생각했다. 그러나 패러데이는 이러한 주장을 실험적으로 검토할 필요가 있다고 생각했다.

패러데이는 황산나트륨에 적신 리트머스 시험지와 강황 시험지를 각각 정전기 발생 장치와 방전 꼬리에 연결한 후, 두 종이 사이는 4피트(약 120센티미터) 길이의 젖은 끈으로 연결하여 하나의 방전 회로를 구성했다^{그림 3-2}. 장치를 몇 바퀴 돌리자, 리트머스 시험지와 강황 시험지가 붉게 변했다. 젖은 끈의 길이를 70피트(약 21미터)로 늘리고서 장치를 돌려보았지만, 전기-화학 분해의 양에는 아무런 변화가 없었다. 즉 "극 pole 사이의 거리"는

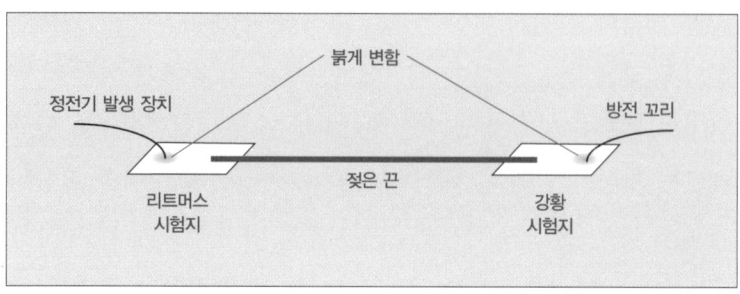

■■■ 그림 3-2

전극 사이의 거리와 전기-화학 분해의 양 사이의 관계 | 두 종이 사이에 놓인 젖은 끈의 길이를 70피트 (약 21미터)까지 늘려보았지만 전기 분해의 양에는 아무런 변화가 없었다.

전기 분해의 양에 전혀 영향을 끼치지 않았다.

얼마 후, 패러데이는 더 흥미로운 실험을 고안해냈다. 황산나트륨에 적신 후 살짝 겹쳐 놓은 리트머스 시험지와 강황 시험지들을 조금씩 떨어뜨려 일렬로 배치한 후, 종이와 살짝 떨어진 양쪽에 가는 금속 핀을 설치했다.^{그림 3-3}. 정전기 발생 장치를 몇 번 돌리자 겹쳐진 종이마다 강황 시험지 끝(a)에는 염기가, 리트머스 시험지 끝(b)에는 산이 생성되는 것이 색깔을 통해 확인됐다. 게다가 각 리트머스-강황 시험지 위에 생성된 산과 염기의 양은 모두 동일했다. 즉 금속 대신 공기도 전극이 될 수 있는 듯 보였으며, 전기 분해의 양은 금속 핀으로부터의 거리와 무관해 보였다. 이러한 실험들을 통해 패러데이는 이렇게 결론지었다.

> **화학 분해의 양은 전해질의 어느 부분에서나 일정하다.** … 두 전극이 서로 얼마나 떨어져 있든, 그 부분이 전극과 얼마나 떨어져 있든 말이다.

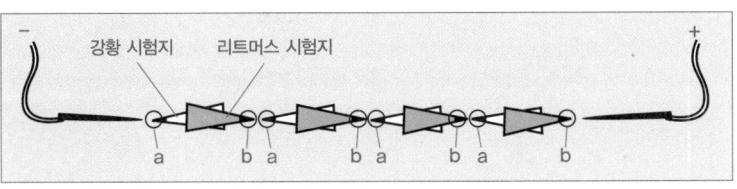

■■■ 그림 3-3
금속 전극을 접촉시키지 않은 채 조금씩 떨어뜨려 배치한 각 리트머스–강황 시험지 끝에서는 모두 동일한 양의 전기 분해가 일어났다. (출처: 패러데이, ≪전기에 관한 실험 연구≫ 1권, plate 4)

    금속 전극 사이의 거리를 엄청나게 늘려도 화학 작용의 양은 줄지 않았으며, 금속 핀으로부터 멀리 떨어진 곳에 위치한 시험지에서도 다른 시험지와 정확히 동일한 양의 전기 분해가 일어났기 때문이다. 그의 실험은 "원소를 분리시키는 힘이 **거기서** 발휘되는 것이지 전극에서 발휘되는 것이 아니라는 것을 보여주는 것 같(았)다." 전극은 "단지 분해 가능한 물질이 도착하는 종착점"으로 보였다.

    "원소를 분리시키는 힘이 **거기서** 발휘"된다면 그 힘은 어디서 어떻게 전달된 것일까? 패러데이는 인접한 입자들을 통해 전달되는 작용을 떠올렸다. 그는 한쪽 전극을 통해 들어온 전류가 인접한 물질을 전기 분해시키는 한편 연쇄적인 전기 분해 작용에 의해 전해질 전체를 통과하여 반대 전극에까지 도달한다고 주장했다. 물을 예로 들어보자. 패러데이의 생각에 따르면, +전기를 띤 수소와 −전기를 띤 산소는 서로를 전기적으로 잡아당김으로써 물 분자로 결합되어 있다. 수소는 자기와 짝을 이룬 산소뿐 아니라 인접한 물 분자의 산소도 잡아당기는데 평소에 그 힘은 인접한 물 분자의 결합을 끊을 만큼 세지 않다. 그러나 전지의 힘에 의해 산소를 뺏긴 수소는 인접한 물 분자의 산소를 평소보다 강하게 잡아당기게 된다. 그에 따라 그 물 분자는 팽팽하게 분극된 긴장 상태를 거쳐 아예 끊어져 버리면서 힘 센 수소에게 산소를 뺏기게 된다. 산소를 뺏겨 홀로 남게 된 수소는 전기의 힘을 이어받아 또다시 인접한 분자의 산소를 끊어내면서 전기의 힘을 전달해준다. 즉, 전해질 내 입자들은 앞선 입자로부터 전기의 힘을 이어받아 인접한 다음의 분자를 긴장시키고 분해시키는 동시에 서로의 힘을 전달해주었다. 패러데이가 보기에, 전류란 전해질 내 인접한 입자들 사이의 긴장과 분해를 연쇄적으로 일으키며 전파되는 '힘의 축$^{\text{axis of power}}$'이었다.

그렇다면 전기 분해의 생성물은 왜 전극 부근에서만 관찰될까? 패러데이는 전극 이외의 지역에서는 분해와 재결합이 동시에 이루어지는 반면, 전극에서는 분해만 일어나고 재결합이 이루어지지 않기 때문이라고 설명했다. 그림 3-4에서처럼 첫 번째로 +전극에서 전해진 전기의 힘이 그와 인접한 물 분자의 산소

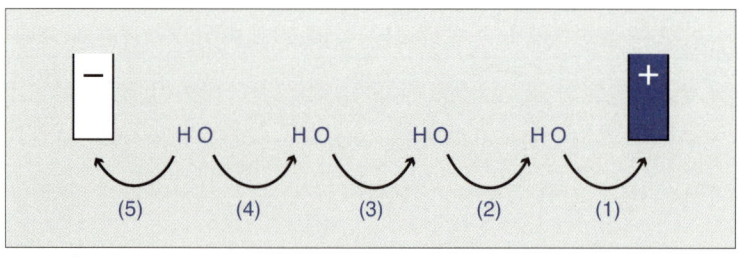

■■■ 그림 3-4

패러데이의 물 분해 도식 | +전극 부근에서 1의 물 분해가 일어나 산소(O)가 생성됨에 따라, 수소(H)는 인접한 물 분자로부터 산소(O)를 끊어내 재결합하게 된다. 2, 3, 4의 연쇄적인 분해와 재합성이 일어나게 되면, -전극 부근에서는 5의 수소(H)가 생성된다.

(O)를 끊어내면(1), 그로 인해 끊어진 수소(H)는 그 전기의 힘을 이어받아 인접한 물 분자에서 산소(O)를 끊어내 재결합한다(2). 이로 인해 끊어진 수소(H)는 다시 인접한 물 분자에서 산소(O)를 끊어내 재결합한다(3). 이런 식으로 연쇄적인 분해와 재합성이 계속 일어나다보면, ＋전극과 －전극에서는 재결합하지 못한 산소와 수소가 쌓이게 된다. 즉 양쪽의 전극은 단지 연쇄적인 분해와 재합성이 일어나는 말단으로서, 전기 분해의 산물이 축적되는 지점인 것이다.

이와 같은 패러데이의 생각은 그동안 쓰이던 전기 화학 용어들과 잘 맞아떨어지지 않았다. 예컨대 당시 화학자들은 '전극electrode'이란 용어 대신 '극pole'이라는 용어를 쓰고 있었다. 그러나 '극'과 같은 용어는 전기 유체 이론과 원거리 작용 이론에 너무 많이 물들어 있었다. 전기 분해에서 쓰이는 금속 전극을 '극'으로 부른 이유는 전극이 정전기 작용의 ＋/－극이나 자석의 N/S극처럼 물질을 잡아당기거나 밀어냄으로써 전해질 내 물질을 분해시킨다고 믿었기 때문이다. 그러나 패러데이는 전해질에서의 전기 분해가 전해질 내 인접한 입자들의 연쇄적인 작용에 의해서 일어나는 것으로 생각했으며, 그러한 연쇄적인 분해와 재합성에 의해 전류가 전파된다고 생각했다. 그가 보기에 전극은 물질을 끌어당기는 힘의 원천이라기보다는, 단지 연쇄적인 분해가 일어나는 말단이자 도선과 전해질 사이에 전류가 드나드는 '통로'에 가까웠다.

패러데이는 '극pole'이란 용어를 대체할 새로운 말을 만들기 위해, 케임브리지 대학 트리니티 칼리지의 교수 윌리엄 휴얼에게 도움을 청했다. 그는 '과학자scientist'라는 말을 만들어낸 바 있는 언어의 장인이었다. 패러데이가 새로운 말로 묘사해야 할 존재자나 상황을 얘기하면 휴얼은 그리스 어원을 가지고 새로운 단어를 만들어주었는데, '극pole'을 대신할 말로 전기의 통로라는 뜻의 '전극electrode'이란 말을, 그리고 '+극positive pole'과 '-극negative pole'을 대신해, 각각 '애노드anode, 뜻: (태양이) 뜨는'와 '캐소드cathode, 뜻: (태양이) 지는'라는 말을 만들어주었다(휴얼은 이 두 용어를, 지구의 자전축을 중심으로 태양이 뜨는 동쪽에서 태양이 지는 서쪽으로 전류가 흐를 경우 지구의 자기 현상―나침반의 N극이 항상 지구의 북극을 가리키는 현상―이 구현될 수 있다는 앙페르의 이야기에 착안하여 만들었다).

패러데이는 이러한 새로운 용어가 왜 필요했을까? 새로운 이름을 붙일 새로운 현상이 있었던 것은 아니었다. 볼타 전기와 전기 분해라는 현상은 일찍이 알려져 있던 익숙한 현상이었고, 어쩌면 '+극', '-극' 등의 익숙한 표현을 쓰는 것이 독자들의 이해에 더 도움이 되었을지 모른다. 그러나 그는 그 익숙한 현상에 대해 무언가 새로운 얘기를 하고 싶었고, 그럴 때마다 자신의 생각이 기존의 언어에 의해 오염된다고 여겼다. 그는 '전기의 본성에 관한 어떤 이론에도 구애받지 않고 (대상을) 지칭할 수 있는 이름'이 필요했고 그것을 만들었다. 그리고 이제 원거리 작용을 연상시키는 +극, -극을 쓰지 않고도 전기 분해와 전류 현상을 묘사할 수 있게 되었다. 그의 묘사는 여전히 불완전한 상태였지만, 이는 상당한 진전이었다.

절연체의 분극 긴장에서 정전기 유도의 본질을 읽다

1835년 일련의 전기 화학 연구를 마무리한 패러데이는 그로부터 얻은 새로운 통찰을 잘 알려져 있던 정전기 유도 현상에 적용하여 전통적인 정전기 이론과 비교하기로 결심했다. 정전기 유도란 대전된 물체를 금속에 가까이 할 때 대전체와 가까운 쪽에는 대전체와 반대의 전하가 유도되고, 먼 쪽에는 같은 전하가 유도되는 현상을 말한다.[그림 3-5] 물체의 대전 여부를 측정하는 데 사용되는 금속박 검전기는 바로 이 정전기 유도의 원리를 이용한 장치다.[그림 3-6]

전통적인 이론에서는 이 정전기 유도 현상을 물체 표면이나 내부에 존재한다고 가정된 미세한 전기 유체 입자들이 원거리 인력과 척력에 의해 움직이는 것으로 설명해왔으나, 패러데이는 이러한 전기 유체 가정이나 원거리 작용 개념을 의심했다. 그는

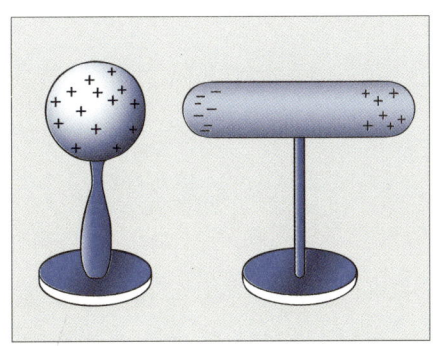

■■■ 그림 3-5

정전기 유도 | +전하로 대전된 금속구를 금속막대 가까이에 가져가면 금속구와 가까운 쪽에는 -전하가 먼 쪽에는 +전하가 대전된다.

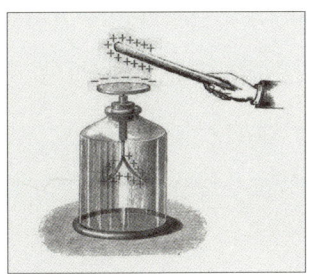

■■■ 그림 3-6

정전기 유도와 검전기의 작동 | +전하로 대전된 물체를 검전기에 가까이 가져가면, 검전기의 금속판에는 -전하가 유도되고 검전기 안의 두 장의 금박잎에는 +전하가 유도되면서 금박잎이 벌어진다.

전기 현상의 본질을 별도의 전기 유체 입자들 사이의 원거리 인력·척력에서 찾기보다 일반적인 화학 입자들 사이의 작용에서 찾았다. 이에 대해 패러데이는 다음과 같이 밝혔다.

> 전해질 내 전체 효과(전기-화학 분해와 전류)를 독특한, 혹은 분극된 상태에 놓인 입자들의 작용으로 보게 됨으로써, 일반적인 〔정전기〕 유도가 모두 인접한 입자들에 의한 작용이며 원거리 전기 작용이란 중간의 매질의 영향을 통하지 않고서는 일어나지 않을 것이라고 추측하게 되었다.

그러나 그림 3-5의 정전기 유도 작용에서 대전된 물체와 금속 사이를 채우고 있는 것은 보통 절연체로 간주되는 공기밖에 없다. 그렇다면 공기와 같은 절연체가 정전기 유도 작용을 전달한다는 말인가?

패러데이가 보기에, 정전기 유도의 핵심은 바로 절연체에 있었다. 그는 전기적 긴장을 유지시키는 능력을 가지고 절연체와 도체를 구분했다. 그의 정의에 따르면 공기나 나무와 같은 절연체는 마치 튼튼한 고무줄처럼 긴장을 유지시키는 능력이 강한 반면, 전해질이나 금속과 같은 도체는 긴장을 유지시키는 능력이 좋지 않았다. 그래서 절연체는 그 양편에 전기 소스가 존재하는 동안 지속적으로 긴장을 유지시켜주는 반면, 도체는 내부 입자들 사이의 긴장이 손쉽게 끊어짐으로써 전기 소스에 의한 전기적 긴장을 방전으로 소진시켜버렸다. 전기적 긴장이 끊어지면서 일어나는 방전이 바로 전류이다. 거꾸로 말하면, 전기(정전기)

의 본질은 절연체에 의해 유지되는 연쇄적인 긴장 상태에 있으며, 전류의 본질은 그러한 긴장을 유지하지 못하여 벌어지는 도체에서의 긴장 해소 및 분해에 있었다. 이러한 구분에 따르면, 정전기 작용에서 절연체는 전기적 긴장이 방전(전류)에 의해 소진되어버리지 않고 계속 유지되기 위해 필수적이었다.

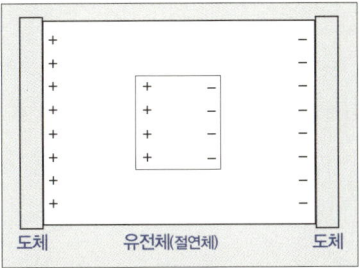

■■■ 그림 3-7

패러데이가 생각한 유전 분극 | 전체로 보나 부분으로 보나 유전체의 양쪽 면은 +와 -로 분극되어 있다. 반면 도체는 분극 긴장을 유지하는 능력이 없어 극성이 나타나지 않는다.

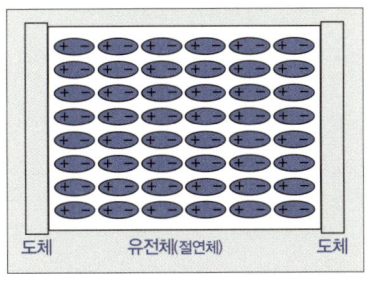

■■■ 그림 3-8

패러데이가 생각한 유전 분극 | 유전체 절연체 내부는 +와 -의 연쇄적인 배열로 인해 결과적으로는 중성화되는 반면, 도체와 만나면 중성화되지 못한 잉여 극성에 의해 전하를 띠게 된다.

■■■ 그림 3-9

전기적 긴장의 선과 전하 | 분극 긴장 상태에 놓인 입자들의 연쇄적인 배열을 간편하게 화살표로 표현할 수 있다. +/-전하란 이 화살표의 시작점과 끝점에 나타나는 잉여 극성을 뜻한다.

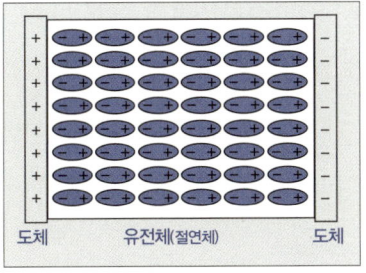

■■■ 그림 3-10

오늘날 교과서에 등장하는 유전 분극 | 유전체 내 입자들의 분극 방향이 패러데이의 생각과 반대라는 점에 유의해야 한다. 또한 도체에는 전기가 없다고 생각했던 패러데이와 달리, 도체에는 자유 전자의 배치에 의해 전기가 존재한다.

그는 정전기 유도를 전달하고 유지해주는 절연체의 이러한 긴장 상태를 '분극 긴장$^{polar\ tension}$' 상태라 이름 붙였다. 자석을 아무리 잘게 잘라도 언제나 그 양쪽 끝은 N극과 S극으로 분극되듯이, 이 상태에 있는 절연체는 전체로 보나 부분으로 보나 그 양쪽 면이 +와 -로 분극되는 것으로 생각되었다.$^{그림\ 3-7}$ 이러한 분극 긴장 상태에 놓인 절연체 내부는 +/-로 분극된 입자들의 연쇄적인 배열로 인해 결과적으로는 중성화되는 반면, 분극 긴장을 유지할 수 없는 도체와 만나는 지점에서는 중성화되지 못한 잉여 극성에 의해 전하를 띠게 된다.$^{그림\ 3-8}$. 즉 전하는 도체의 표면에 전기 유체 입자들이 축적되어 존재하는 물질적인 존재가 아니라, 절연체의 분극 긴장 상태의 연쇄적인 배열 양쪽 말단에 나타나는 잉여 극성을 뜻했다.$^{그림\ 3-9}$ 따라서 전하는 도체와 절연체의 접촉면에 존재하며, 엄밀하게 말하자면 절연체에 존재했다(이러한 패러데이의 생각은 오늘날의 이론과 차이가 있다. 앞의 그림들과 그림 3-10을 비교할 것). 패러데이는 절연체가 전기의 진정한 장소임을 강조하기 위해 이를 '전기체$^{the\ electric}$'라 표현했는데, 이는 나중에 휴얼의 조언으로 '유전체$^{dielectric,\ 誘電體}$'가 되었다(한자로 '유전체'는 전기를 유도하는 물체라는 뜻이다).

전하는 언제나 쌍으로 존재한다

이러한 생각에 따르면, +전하와 -전하는 항상 쌍으로 존재하게 된다. 그림 3-9에서 잘 나타나듯이, +전하와 -전하는 각각 독립적으로 존재하는 물질적인 존재가 아니라, 하나의 화살표로 표현될 수 있는 연쇄적인 분극 긴장 상태의 양쪽 말단에 나타나는 한 쌍의 잉여 극성을 의미할 뿐이기 때문이었다. 따라서 어떤 도체 표면에서 한 종류의 전하가 관찰된다면 정전기 유도에 의해 그와 쌍이 되는 반대 전하가 반드시 다른 도체 표면에서 관찰될 수 있어야 했다.

그렇다면 같은 도체의 표면에서는 +전하와 −전하의 쌍이 존재할 수 없다는 말인가? 패러데이의 생각에 따르면, 그러한 상황은 원리적으로 불가능했다. 한 쌍의 전하는 그 사이의 유전체(절연체)에 의해 유지되는 긴장 상태 말단에 남아도는 극성으로서, 만약 그 한 쌍의 전하를 도체로 이어준다면 그 긴장은 한 순간의 방전(전류)을 통해 풀려버리고 결국 전하도 사라지고 말 것이기 때문이다. 즉 하나의 도체로 이어진 두 지점은 도체의 정의상 긴장을 유지할 수 없기에, 두 지점을 잇는 어떠한 긴장의 배열도 존재할 수 없다. 다시 말해 도체의 한 표면에서 출발한 전기적 긴장의 선이 같은 도체의 다른 표면에서 끝나는 일은 불가능하며, 따라서 하나의 전기적 긴장의 선 양쪽에 달린 한 쌍의 전하도 같은 도체의 표면에는 존재할 수 없다.

이러한 고민은 '패러데이의 케이지 Faraday's Cage'라는 유명한 실험으로 이어졌다. 1836년 1월, 패러데이는 나무로 뼈대를 만들고 그 위에 은박을 새장 모양으로 덮어 사람 크기의 케이지를 만든 후, 이를 왕립연구소 1층 강연장 무대에 설치했다. 그는 정전기 발생 장치로 케이지를 대전시킨 후 검전기를 가지고 대전된 은박 케이지 구석구석을 조사해 관객들에게 보여주었다. 케이지 바깥 면은 엄청나게 대전되어 있었지만, 케이지 안쪽에서는 아

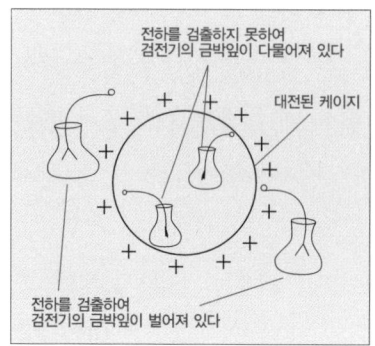

■■■ 그림 3-11

패러데이의 케이지 실험 | 금속 케이지를 아무리 대전시켜도 케이지 안쪽 면에서는 전하가 검출되지 않는다. 오늘날 이 현상은 '정전기 차폐'라는 이름으로 알려져 있다.

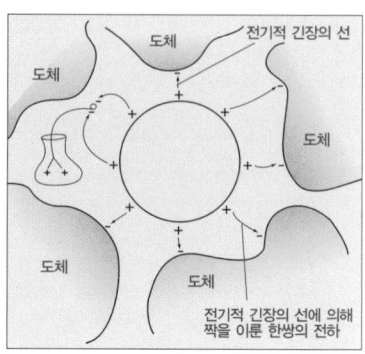

■■■ 그림 3-12

정전기 차폐 현상에 대한 패러데이의 해석 | 금속 케이지의 전하는 전기적 긴장의 선을 통해 다른 도체 표면에 그와 짝이 되는 반대 전하를 유도시킬 수 있는 금속 케이지의 바깥 면에만 존재할 수 있다.

무런 전하도 검출되지 않았다 그림 3-11.

그는 오늘날 '정전기 차폐'라 불리는 현상을 발견한 것이었지만, 이 실험에는 보다 이론적인 함의가 내재되어 있었다. 이 실험은 전하의 존재가 도체 주위 매질의 긴장 유지 능력에 의존한다는 점을 보여주기 위해 고안된 것이기 때문이다. 그의 추론은 다음과 같았다. 전하는 언제나 매질에 의해 유지되는 전기적 긴장의 선을 통해 짝을 이루는 반대 전하를 필요로 한다. 그러나 케이지는 도체이기 때문에 내부적으로는 전기적 긴장 상태를 유지하지 못한다. 즉 케이지의 두 지점을 잇는 전기적 긴장의 선은 불가능하다. 따라서 케이지 표면에서 전하가 관찰된다면, 그 전하와 전기적 긴장의 선을 통해 짝을 이루는 반대 전하는 케이지 외부 어딘가에 있어야 한다. 이 때문에 케이지의 전하는 전기적

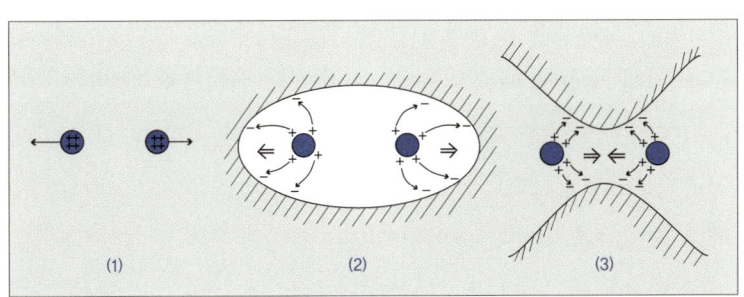

■■■ 그림 3-13

같은 종류 전하 사이의 상호 작용 | (1)전기 유체 이론에 따른 설명: +전하로 대전된 물체는 원거리 척력에 의해 서로 반발한다. (2)정전기 유도에 의한 설명: +전하끼리는 직접 상호 작용하지 않기 때문에, +전하 사이의 상호 반발 현상은 전하 주위에 형성된 분극 긴장의 배열에 의해 반대 방향으로 끌려가는 것으로 재설명되어야 한다(분극 긴장의 배열은 간단하게 화살표로 표현되었으며, 화살표의 양쪽 말단에는 잉여 극성에 의한 +/-전하가 나타난다). (3) 정전기 유도에 의한 설명에 따르면 +전하로 대전된 물체라 하더라도 그림과 같은 조건에서는 서로 끌릴 수 있다.

긴장의 선을 통해 그러한 짝을 이룰 수 있는 바깥쪽 표면에만 존재할수 있다^{그림 3-12}. 실험은 그의 추론에 정확히 부합하는 결과를 보여주었다.

유전체 매질을 통한 유도 작용이 모든 전기 현상의 기본 원리로 채택되자, 바뀌는 것이 한둘이 아니었다. 전하는 별도의 전기 유체 입자들의 축적이 아니라 유전체 매질 입자들의 분극 긴장 상태의 말단에 나타나는 한 쌍의 잉여극성에 불과한 것이 되었으며, 전기력은 전기 유체 사이의 원거리 인력·척력이 아니라 팽팽해진 고무줄처럼 분극 긴장 상태에 놓인 유전체 매질의 장력(인력)의 결과가 되었다. 이러한 패러데이의 관점에 따르면 그동안 당연하게 받아들여지던 '같은 종류의 전하 사이의 반발'은 더이상 일차적 현상이 아니게 되었다. 전하는 언제나 쌍으로 존재하기 때문에 한 종류의 전하만 존재하는 정전기 시스템은 불완전했다. 정전기 유도의 관점에서 볼때, 정전기 작용에 대한 완전한 묘사는 전하 주위의 매질의 분극 긴장이 어떤 식으로 배열되어 있는지에 대한 정보를 필요로 했으며 반발이라는 현상은 결국 반대 전하가 그 끝에 나타나는 분극 긴장의 배열(선)을 따라 대전된 물체가 끌려가는 것으로 재설명되어야 했다.^{그림 3-13} 즉 패러데이는 전기현상을 보는 방식을 근본부터 뒤엎고 있었던 것이다.

정전기 유도는 매질의 긴장 유지 능력에 의존한다

정전기 유도 개념은 패러데이에게 또 다른 실험을 가능케 해주었다. 패러데이가 보기에, 정전기 유도의 본질은 분극 긴장을 유지하는 매질의 능력에 있었다. 그렇다면 물질마다 분극 긴장을 유지하는 능력이 다를 경우, 그에 따라 전하를 유도하는 능력도 달라지지 않겠는가? 패러데이는 이러한 매질의 능력을 전기 유도 용량^{inductive capacity}이라 이름 붙인 후, 그 유도 용량이 끓는점, 녹는점처럼 물질을 특징짓는 성질이 될 것이라고 추측했다. 만약 이러한 전기 유도 용량이 물질마다 다르다는 것을 실험적으로 보일 수 있다면, 이는 전기(정전기)가 유전체의 긴장 유지 능력에 의존한다는 좋은 증거가 될 것이었다.

  1836년 말, 패러데이는 각 물질의 전하를 유도하는 능력, 즉 전기 유도 용량을 측정하기 위해 특별한 실험 장치를 제작했다.^{그림 3-14} 이 장치는 두 개의 축전판 사이에 유전체를 교체할 수 있도록 만들어진 일종의 축전기(라이덴 병)로서, 축전판은 바깥의 놋쇠

구 a와 안쪽의 놋쇠구 n으로 이루어져 있다. 안쪽의 놋쇠구는 놋쇠막대 i를 통해 대전공 B와 연결되어 있고, 바깥의 놋쇠구는 접지되어 있다. 놋쇠막대 i는 아주 좋은 절연 물질인 셸락$^{shell-lac}$ l로 두껍게 싸여 있다. 마지막으로, 두 개의 축전판 사이의 공간 o에는 고체, 액체, 심지어는 기체 형태까지 여러 종류의 유전체를 교체해 넣을 수 있다.

패러데이는 이 실험 장치를 가지고 유전체의 전기 유도 용량을 측정하기 시작했다. '전하량(Q)=유도 용량(C)×전압(V)'이라는 오늘날의 물리 공식을 아는 독자라면, 패러데이가 실험 장치에 걸린 전압(V)과 전하량(Q)을 측정한 후 두 값의 비율($\frac{Q}{V}$)을 계산하여 유전체의 유도 용량(C)을 구했을 거라고 생각할 수 있다. 그러나 당시에 그러한 공식은 존재하지도 않았을 뿐더러, 전압과 전하량이란 개념도 정확히 구분되지 않았다. 패러데이에겐 전하량을 측정할 수 있는 도구도 없었는데, 그가 사용할 수 있는 측정 도구는 검전기(electrometer, 오늘날 '전위계'로 번역되기도 하지만, 당

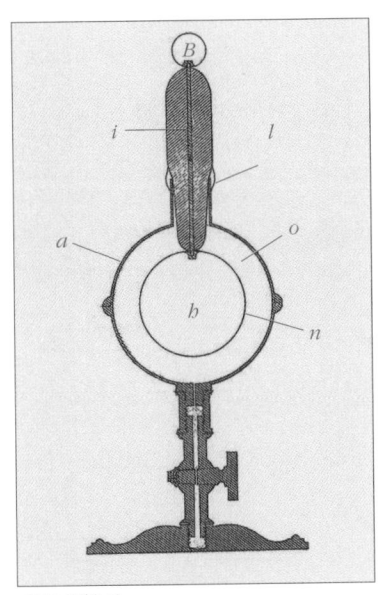

■■■ 그림 3-14
패러데이의 유도 용량 측정 장치 | 두 개의 축전판 사이에 유전체를 교체할 수 있는 일종의 축전기(라이덴 병)이다. 유전체마다의 유도 용량을 비교 측정하기 위해서는 두 대의 장치가 필요하다. (출처: 패러데이, 《전기에 관한 실험 연구》 1권, plate 7)

시 의미를 살려 검전기라고 번역했다)뿐이었다. 그는 그것으로 '전하의 정도'나 '전기적 긴장'을 측정한다고 했지만, 사실 그가 측정한 값은 오늘날의 개념으로 보면 '전압'이었다. 그렇다면 '긴장(전압)' 하나만 측정해서 어떻게 유전체의 유도 용량을 잴 수 있을까?

유전체의 유도 용량을 측정하기 위해서는 서로 다른 유전체를 집어넣은 두 대의 장치가 필요했다. 편의상, 두 대의 장치를 1번 장치와 2번 장치로 구분하기로 하자. 먼저 패러데이는 대전공을 통해 1번 장치를 대전시킨 후, 정밀한 쿨롱 검전기로 '긴장(V_0)'을 측정했다^{그림 3-15의 위의 그림}. 그런 다음 그는 1번 장치와 2번 장치의 대전공을 연결한 후, 각 장치에 걸린 '긴장(V_1과 V_2)'을 재측정했다^{그림 3-15의 아래 그림}. 마지막으로 그는 1번 장치의 '긴장' 감소분 V_0-V_1과 2번 장치의 '긴장' 증가분 V_2-0의 비율 $\frac{V_0-V_1}{V_2}$을 계산했다. 여러 물질을 가지고 반복 실험을 수행하는 동안, 패러데이는 이 비율이 물질마다 일관성을 유지할 뿐만 아니라, 비율들 사이에 특정한 수치 규칙이 성립한다는 것도 깨닫게 되었다. 즉 유전체 A와 B 사이에 측

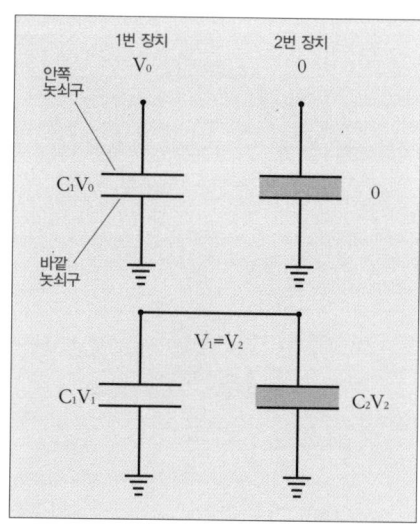

■■■ 그림 3-15
패러데이의 전기 유도 용량 측정 실험에 대한 현대적 다이어그램.

정된 비율과 유전체 B와 C 사이에 측정된 비율의 곱은 유전체 A와 C 사이에 측정된 비율과 같았다. 이러한 수치 규칙 덕분에, 그는 그 비율 $\frac{V_0-V_1}{V_2}$ 을 두 장치에 삽입된 서로 다른 두 가지 유전체가 지닌 긴장 유지 능력, 즉 전기 유도 용량(C_1과 C_2)의 비율 $\frac{C_2}{C_1}$ 로 해석할 수 있음을 깨닫게 되었다.

그는 여러 물체의 전기 유도 용량을 측정하여 표로 정리하기 시작했는데, 이 작업에는 꼬박 1년이 소비됐다. 그의 실험 결과

:: **패러데이의 전기 유도 용량 측정에 대한 현대적 해석**

패러데이의 전기 유도 용량 측정 실험을 현대적인 물리 용어로 설명하면 다음과 같다. 서로 다른 유도 용량(C_1과 C_2)의 유전체를 넣은 두 개의 접지된 축전기가 있다. 1번 축전기를 충전시킨 후 전압(V_0)을 측정한다(그림 3-15의 위의 그림). '전하량(Q)=유도 용량(C)×전압(V)'이라는 공식에 의해, 우리는 축전기에 C_1V_0의 전하량이 충전되었다는 것을 알 수 있다. 이제 1번 축전기와 2번 축전기를 연결하면, 원래 충전되어 있던 전하량 C_1V_0가 두 개의 축전기에 C_1V_1과 C_2V_2씩 배분된다. 이를 수식으로 정리하면 패러데이가 수많은 실험 수치를 통해 얻은 것과 똑같은 결과가 도출된다.

$$C_1V_0 = C_1V_1 + C_2V_2$$

$$C_1(V_0-V_1) = C_2V_2$$

$$\therefore \frac{C_2}{C_1} = \frac{V_0-V_1}{V_2}$$

단, 이러한 추론은 패러데이가 할 수 있는 방식이 아니었다. 그는 수많은 실험 수치 자료를 비교 검토함으로써만 자신의 결론을 얻을 수 있었다. 오히려 위의 추론에서 사용된 공식은 패러데이가 실험과 수치로부터 얻은 결론으로부터 역으로 추론된 것으로 보아야 할 것이다.

는 대체로 만족스러웠다. 고체 유전체와 액체 유전체들의 유도 용량은 물질마다 상당한 차이를 보였는데, 이는 정전기 유도 현상이 유전체에 의존한다는 좋은 증거로 간주되었다. 그러나 기체들의 유도 용량은 기체 종류에 따라 거의 차이가 없었다. 또한 물질이 없는 진공 상태는 정전기 유도를 약화시킬 것으로 기대했지만, 진공의 유도 용량은 평상시 공기의 유도 용량과 별반 다르지 않았다. 약간 아쉬운 결과였지만, 패러데이는 정전기 유도 현상이 분극 긴장 상태에 놓인 입자들의 연쇄적인 배열에 의한 작용임을 실험으로 증명하는 데 대체로 성공했다고 생각했다.

휘어진 전기 유도선

유전체의 유도 용량을 측정하는 과정에서, 패러데이는 자신의 이론을 지지해주는 새로운 증거를 찾을 수 있었다. 실험을 할 때면 그는 사소한 부분도 놓치지 않기 위해 극도로 주의를 기울였는데, 이번에 찾은 증거는 바로 그 덕분이었다.

어느 날 유도 용량 측정 실험을 마친 패러데이는 실험 장치를 정리하고 있었다. 그는 장치의 대전공을 접지시켜 장치의 전하를 모두 방전시킨 후, 장치가 완벽하게 방전되었는지 확인하기 위해 검전기의 쇠구슬을 장치의 대전공에 접촉시켜볼 참이었다. 그런데 검전기의 쇠구슬을 대전공에 가까이 가져가는 동안 검전기의 금박잎이 살짝 벌어졌다가 대전공에 접촉시키자 검전기의 금박잎이 다시 다물어졌다. 그림 3-16.

대전공 근처에 가져간 검전기의 금박잎을 벌어지게 한 범인은 누구일까? 일반적으로 검전기의 금박잎은 전하를 띤 물체를 검전기에 접촉시키거나 가까이 가져가면 벌어지게 되어 있다. 대전공에 접촉시키면 검전기의 금박잎이 다물어지는 것을 볼 때, 대전공 위쪽 표면에는 전하가 없는 것이 분명했다. 즉 대전공은 검전기의 금박잎을 벌어지게 한 원인이 될 수 없었다. 패러데이는 셸락 기둥을 닦아보았다. 그랬더니 놋쇠공 근처에서 검전기의 금박잎이 벌어지던 현상이 사라졌다. 즉 범인은 셸락 기둥에 남아 있던 미세 전하였던 것이다.

이 발견 이후 패러데이는 실험을 마칠 때마다 셸락 기둥을 열심히 닦게 되었지만, 실제로 그의 흥미를 끈 것은 어떻게 셸락 기둥의 전하가 커다란 대전공에 가려진 검전기의 쇠구슬에 전하를 유도할 수 있는가 하는 문제였다. 정전기 유도가 직선으로 작용한

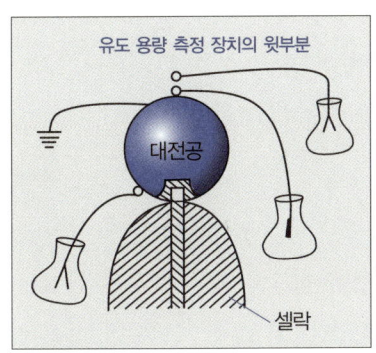

■■■ 그림 3-16
유도 용량 측정 실험을 마친 후, 접지시킨 대전공 근처에서 관찰되는 전하의 양상 | 대전공 위쪽 표면에서는 전하가 관찰되지 않으나, 대전공 아래쪽 표면과 대전공 근처에서는 전하가 관찰된다.

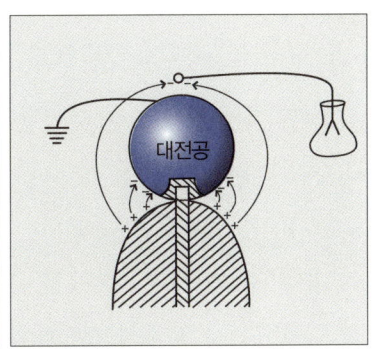

■■■ 그림 3-17
접지시킨 대전공 근처에서 관찰되는 전하에 대한 패러데이의 해석 | 패러데이에 따르면, 대전공 근처에서 관찰되는 전하는 셸락에 남아 있던 미세 전하에서 출발한 '휘어진 선'을 통해 유도되었다.

다면, 셸락의 전하에 의해 시작된 유도 작용은 놋쇠공 아래 표면에서 끝날 수밖에 없기 때문이다. 그렇다면 검전기 쇠구슬의 전하는 셸락 표면의 전하에서 출발한 '휘어진 선'을 통해 유도된 것이 분명했다.^{그림 3-17} 이 실험을 마무리하면서 패러데이는 다음과 같이 결론지었다.

> (전기 유도)선이 조건에 따라 휨. …… 원래의 선이 팽창하거나 휘어서 금속의 위, 옆이나 모서리 등에서 끝나는 것을 관찰할 수 있다. 선이 휘었다는 것은 매질의 영향을 받았다는 것.

매질의 영향을 받지 않고서는 유도 작용이 전달되는 선이 휠 이유가 없어 보였기 때문이었다. 패러데이가 보기에, '휘어진 선'은 인접한 입자들을 통한 유도 작용의 결정적인 증거였다.

패러데이는 유도 작용이 전달되는 이 휘어진 선을 '전기적 긴장의 선$^{\text{lines of electric tension}}$' 혹은 '전기 유도선$^{\text{lines of electric induction}}$'이라 이름 붙였는데, 그는 이 선을 눈으로 볼 수 있도록 만들어내고 싶었다. 이를 위해 그는 다양한 모양의 도체를 대전시킨 후 기체 내에서 방전시키는 실험을 반복적으로 수행하여 방전 스파크가 만들어내는 선들을 관찰했다. 그는 방전 스파크가 도체 사이에 이미 형성되어 있던 '전기적 긴장'을 해소하는 과정에서 일어난다고 생각했기 때문에, 방전 스파크가 보여주는 선은 곧 그곳에 존재하고 있던 '전기적 긴장의 선', 즉 '전기 유도선'을 보여주는 것이라 생각했다.

실험 결과 방전 스파크가 만들어내는 선은 도체의 모양과 배

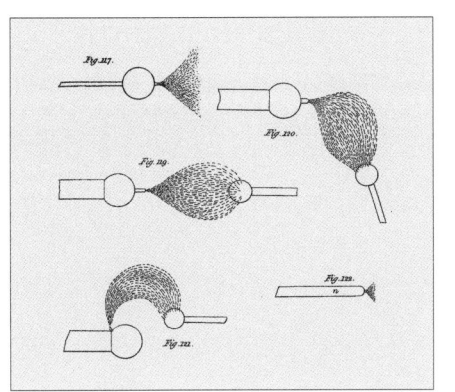

■■■ 그림 3-18

방전 스파크를 통해 관찰한 '전기적 긴장의 선' 혹은 '전기 유도선' | 도체에서 시작된 선들은 점점 부풀어 올라 둥글게 휘는 모습을 띠었다. 패러데이는 이러한 휘어진 선을 매질 입자들의 영향으로 해석했다. (출처: 패러데이, 《전기에 관한 실험 연구》 1권, plate 8)

치에 따라 다양한 모습을 보였지만, 도체의 작은 부분에서 출발한 선들이 점점 부풀어 올라 둥글게 휘는 모습을 만들어 낸다는 점에서는 모두 공통적이었다. 왜 직선이 아닌 둥근 곡선을 만들어내는 것일까? 패러데이는 이를 설명하기 위해, 전기 유도선에 놓인 매질 입자들 사이의 작용을 두 가지로 구분했다. 전기 유도선을 따라서는 인접한 입자들이 서로 잡아당기는 반면, 이웃한 전기 유도선에 놓인 입자들끼리는 서로 밀어낸다는 것이었다. 전기 유도선을 따라 놓인 인접한 입자들 사이의 장력으로는 유도선 양 끝의 대전된 물체가 서로 잡아당기는 현상을 설명할 수 있었고, 이웃한 전기 유도선에 놓인 입자들 사이의 반발로는 전기 유도선들이 서로 팽창하여 둥글게 휘어지는 모양을 설명할 수 있었다^{그림 3-18}.

패러데이는 이 전기 유도선이 인접한 입자들을 통해 연쇄적으로 전달되는 유도 작용의 경로를 보여준다고 생각했다. 즉 전기 유도선이란 분극 상태에 놓인 하나의 입자가 그와 인접한 입자를 분극시키고, 그 입자가 또 다른 인접한 입자를 분극시키면서 만들어지는 연쇄적인 배열을 의미했다. 패러데이의 생각을 보다 압축적으로 표현하자면, 정전기 유도 작용은 전기 유도선을 따라 인접한 입자들에 의해 전달되었다.

학계의 냉담한 반응

'분극 긴장 상태에 놓인 인접한 입자들에 의한 유도 작용'이란 새로운 견해를 제시한 패러데이는 이를 뒷받침하기 위해 지금까지 살펴본 여러 실험을 선보였다. 은박 케이지를 이용한 정전기 차폐 실험을 통해서는 전하가 언제나 전기 유도선 양쪽 말단의 잉여 극성에 의해 쌍으로 형성된다는 점을 보여주었고, 전기 유도 용량 측정 실험을 통해서는 정전기 유도 작용이 유전체 매질의 긴장 유지 능력에 의해 좌우된다는 것을 보여주었다. 또한 그는 전기 유도선이 휘어져 있음을 증명함으로써 정전기 유도가 매질 입자들의 영향을 받는다는 것을 보여주었다. 이를 통해 패러데이는 자신의 견해가 전기 현상에 대한 진지한 대안 이론으로 인정받기를 기대했다.

그러나 학계의 반응은 냉담했다. 매질에 따라 전기 유도 용량이 다르다는 패러데이의 새로운 발견은 금방 수용되었지만, 그에 대한 패러데이의 해석은 전혀 받아들여지지 않았다. 매질의 종류에 따라 달라지는 전기 유도 용량은 전하와 매질 사이의 원거리 직접 작용들의 수학적인 합력의 결과로 재해석될 수 있었다. 즉 매질의 영향은 인정받았지만, 매질 내 인접한 입자들을

통해 유도 작용이 점진적으로 전달된다는 패러데이의 견해는 받아들여지지 않은 것이다.

대전공에 가로막힌 위치에 놓인 쇠구슬에도 전하가 유도된다는 패러데이의 실험 또한 '휘어진 전기 유도선'의 증거로 인정받지 못했다. 전기 유도선이 (접지된) 도체를 통과할 수 없다는 패러데이의 전제 자체를 받아들이지 않고 있던 다른 학자들로서는, 셸락 기둥의 전기 유체가 중간에 가로막고 있는 대전공을 그냥 통과하여 검전기 쇠구슬의 전기 유체와 직접 상호 작용한다고 생각하면 그만이었기 때문이다. 방전 스파크를 통해 휘어진 선이 실제로 관찰되기도 했지만, 그 휘어진 선은 정전기 유도 작용이 실제로 전달되는 경로로서의 '전기 유도선'이라기보다는 전기 유체 입자들 사이에 작용하는 수많은 원거리 직접 작용들의 합력으로 나타나는 결과적인 힘의 배치로 재해석되곤 했다.

패러데이의 '인접한 입자들을 통한 작용' 개념 또한 동료 학자들을 혼란시켰다. 패러데이의 개념은 멀리 떨어진 전하 사이의 원거리 작용을 거부하면서도, '인접한 입자들 사이의 국소적인 원거리 작용'은 허용하는 것처럼 보였기 때문이다. 패러데이는 입자들이 붙어 있다고 생각하지 않았기 때문에, 인접한 입자들을 통한 작용은 분명 원거리 작용에 속했다. 그렇다면 패러데이는 그동안 원거리 작용으로 간주되어 오던 현상을 인접한 입자들 사이의 국소적인 원거리 작용들로 치환시킨 것에 불과한 것이 아닌가? 그리고 이러한 종류의 국소적인 원거리 작용이 허용된다면, 애초에 패러데이가 거부하고자 했던 원거리 작용이 허용되지 못할 이유는 무엇인가? 게다가 패러데이가 허용하고 있

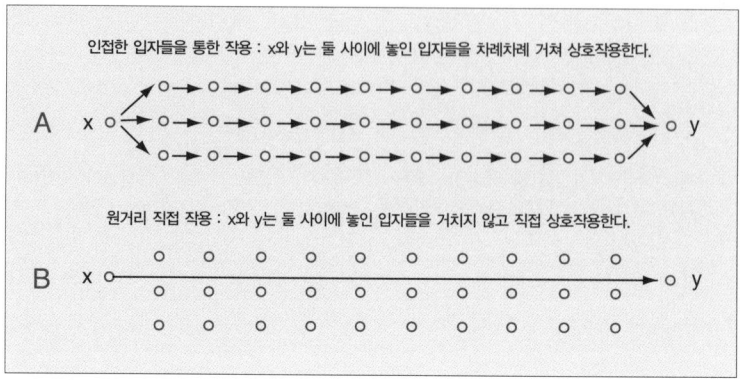

■■■ 그림 3-19

패러데이는 B와 같은 x와 y 사이의 원거리 직접 작용을 거부했지만, A와 같은 인접한 입자들 사이의 '국소적인' 원거리 작용까지 거부한 것은 아니었다.

는 국소적인 원거리 작용은 대체 어떻게 가능한가? 로버트 헤어Robert Hare, 1781~1858를 비롯한 몇몇 학자들은 패러데이의 개념이 이러한 모순에 처한다는 사실을 정확히 지적했다. 패러데이는 자신이 '원거리 작용' 자체를 거부한 것이 아니라 그 사이에 놓인 입자들을 거치지 않는 '직접' 작용을 거부한 것이라고 해명했지만, 이러한 해명은 사람들을 쉽게 납득시킬 수 없었다그림 3-19.

'인접한 입자들을 통한 작용'이라는 개념 자체에 내재해 있던 이러한 모순은 그로부터 한참 뒤에야 해결될 수 있었다. 1839년 이후 한동안 건강을 잃고 연구 일선에서 물러나야 했던 패러데이는 심한 두통과 현기증, 심지어는 기억 상실과 우울증에 시달리기도 했다. 오랜 기간 실험실에서 화학 물질을 다루면서 얻은 중금속 중독일 수도 있고, 그의 강박적 성격이나 극심한 과로, 또는 학계에서의 고립감 때문일 수도 있다. 어쨌든 다행히 1844

년경 건강을 되찾기 시작한 그는 작용이 전달되는 메커니즘에 대한 고민을 재개할 수 있었다.

1844년 패러데이는 〈전기 전도와 물질의 본성에 대한 사변〉이라는 짧은 글을 통해, 물질과 힘의 관계를 근본부터 뒤엎는 착상을 발표했다. 실험가로서 그는 그동안 실험적 사실을 넘어서는 사변을 공개하길 꺼려왔지만, 새로운 힘 전달 개념을 정합적인 방식으로 제시하기 위해서는 물질과 힘에 대한 근본적인 재고찰이 필수적이라는 것을 깨달은 것이다. "사변을 삼가야 할 때가 있는 것처럼 사변이 필요한 때"도 있는 법이다.

그의 〈전기 전도와 물질의 본성에 대한 사변〉에서 물질은 힘의 선들의 수렴점으로 간주되었다. 그리고 힘의 선과 물질은 각각 그물의 끈과 매듭에 비유됐다. 이에 따르면 서로 떨어진 물질들 사이의 상호 작용은 더 이상 문제가 되지 않았다. 왜냐하면 그물의 모든 매듭들이 끈을 통해 연결되어 있듯이, 모든 물질은 힘의 선들을 통해 연결되어 있기 때문이다. 게다가 이러한 착상은 물질 사이의 상호 작용이 인접한 물질들을 거쳐서 전달된다는 점도 명확하게 보여줄 수 있었다. 그물에서 일어나는 국소적인 움직임은 끈을 통해 인접한 매듭들에 차례차례 영향을 주면서 전달되어 그물에 있는 모든 매듭에 영향을 주게 된다. 그와 마찬가지로, 세계에서 일어나는 국소적인 작용은 힘의 선을 통해 인접한 물질들에 차례차례 영향을 주면서 전달되어 저 멀리 떨어진 물질에까지 모두 영향을 준다는 것이었다. 이로써 패러데이는 멀리 떨어진 물질 사이의 상호 작용을 원거리 작용 개념에 기대지 않으면서도 일관되게 묘사할 수 있게 되었다.

이러한 패러데이의 착상은 '힘의 선'에 대한 패러데이의 태도 변화를 암시했다. 몇 해 전 그는 '전기 유도선'을 제안하면서 그 선을 인접한 입자들을 통해 작용이 전달되는 경로로 간주하긴 했지만, 실제로 그 공간에 힘의 선이 실체로서 존재한다고 주장하지는 않았다. 그러나 '인접한 입자들을 통한 작용'의 개념적 모순을 해결하기 위해 그는 그 선들을 공간에 존재하는 실체로 변모시킨 것이다. 게다가 물질을 힘의 선의 수렴점에 불과한 것으로 간주함에 따라, 세계에 일차적으로 존재하는 것은 물질이 아니라 오히려 힘의 선이 되었다. 이러한 '힘의 선' 개념은 아직 실험적인 증거가 없는 추상적인 사변에 불과했지만, 이 개념은 이후 자기 작용을 연구하는 과정에서 더욱 구체적이고 근거 있는 형태로 발전하게 된다.

반자성체의 발견

당시 많은 학자들 사이에는 여러 유형의 힘들이 서로 전환될 수 있다는 믿음이 널리 퍼져 있었다. 외르스테드 효과와 패러데이의 전자기 유도 발견으로 밝혀진 전기와 자기 사이의 상호 전환이 대표적이었고, 빛과 전기·자기 사이의 상호 영향도 그러한 관심거리 중 하나였다. 건강을 되찾은 패러데이는 예전에도 한 번 시도했다가 실패했던 빛-전기 상호 작용 실험을 1845년에 재개했다. 전류와 정전기를 가지고 빛에 영향을 주려고 했던 실험은 실패하지만, 자기를 가지고 빛에 영향을 주는 데에는 성공하게 되며, 이 성공은 반자성체의 발견으로 이어지게 된다. 또한 자기와 빛 사이의 상호 작용과 반자성체의 행동을 설명하는 과정에서, 패러데이는 '자기력선lines of magnetic force'과 '자기장magnetic field'이라는 용어를 처음으로 도입하게 된다.

1845년 9월, 패러데이는 혹시라도 빛에 나타날 수 있는 효과를 극대화하기 위해 빛을 통과시키는 자리에 고굴절률의 유리를 두었다그림 3-20. 빛에 어떠한 효과가 나타난다면 고굴절률의 유리가 돋보기와 같은 역할을 하지 않을까 기대했기 때문이다. 강력한 전자석의 '자기력선'을 따라 놓은 유리에 편광된 빛을 통과시키자, 유리를 통과한 빛의 편광면이 회전되어 나왔다그림 3-21. 그는 오늘날 '패러데이의 효과Faraday's effect'라고도 불리는 자기-광 회전 효과magneto-optic effect를 발견한 것이다.

이 발견은 빛과 자기 사이의 상호 영향을 처음으로 입증한 실

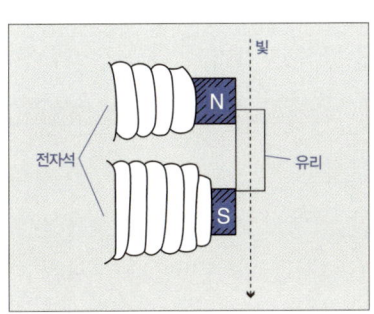

■ ■ ■ 그림 3-20

패러데이의 자기-광 회전 효과 발견 실험 | 전자석의 자기력선을 따라 놓은 유리에 편광된 빛을 통과시키자, 유리를 통과한 빛의 편광면이 회전되어 나왔다. (출처: 《패러데이의 일기장》 4권, 1845년 9월, 264쪽)

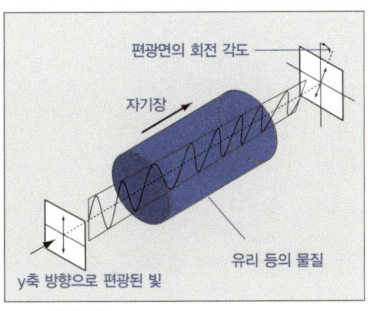

■ ■ ■ 그림 3-21

자기-광 회전 효과에 대한 다이어그램 | 자기장에 놓인 물질에 편광된 빛을 통과시키면 빛의 편광면이 회전되어 나온다. (출처: 위키피디아)

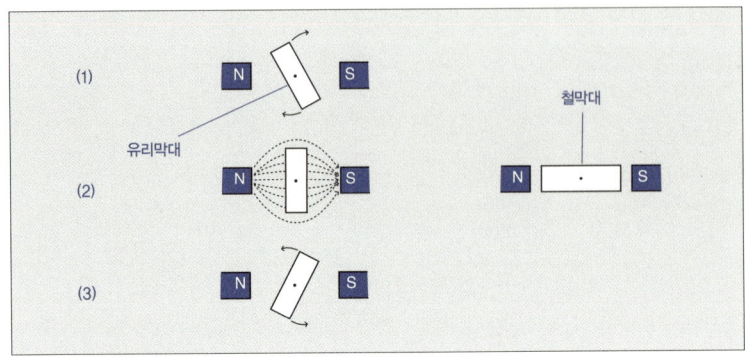

■■■ 그림 3-22
자기장에 놓인 유리 막대의 행동 | 자석 사이에 놓인 유리막대는 (2)와 같이 자기력선을 가로지르는 방향으로 정렬한다. 이는 자기력선 방향으로 정렬하는 철 막대의 움직임과 대비된다. (출처: 《패러데이의 일기장》 4권, 1845년 11월, 313쪽)

험으로서, 빛과 자기에 대한 여러 착상을 이끌어냈다. 패러데이는 이 발견 이후 빛을 전자기 작용의 일종으로 보는 착상을 하게 되었고, 이는 맥스웰의 전자기파 개념으로 이어지게 된다. 또한 자기 작용에 의해 빛의 편광면이 회전하는 현상에 깊은 인상을 받은 윌리엄 톰슨과 맥스웰은 자기 작용이 회전 운동과 연관되어 있다는 착상을 하게 되었고, 이 착상은 전자기 현상을 역학적으로 묘사하는 데 핵심적인 기여를 하게 된다. 그러나 이 실험은 패러데이에게 또 다른 선물을 가져다주었다.

패러데이는 자기-광 회전 효과를 이해하는 과정에서 반자성체의 존재를 깨닫게 되었다. 자기-광 회전 효과는 빛을 통과시켰던 유리를 제거하면 일어나지 않았다. 유리 대신 물, 소금, 기름 등 투명한 물질을 놓아도 자기-광 회전 효과를 확인할 수 있었지만, 이러한 물질을 제거하면 효과가 사라졌다. 즉 자기-광 회전 효과는 자기의 영향을 받은 물질들에 의존했던 것이다. 이는 자기력

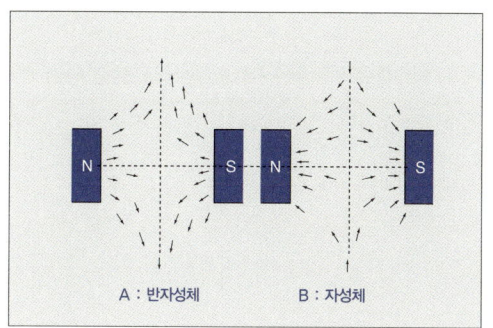

■■■ 그림 3-23
자석 사이에 놓인 반자성체의 행동(A)과 자성체의 행동(B) | 반자성체는 자기의 세기가 약한 곳으로 움직이는 반면(A), 자성체는 자기의 세기가 강한 곳으로 움직이는 경향을 보인다(B).

이 철, 니켈, 코발트 외에 유리를 비롯한 일반적인 물질에도 영향을 준다는 것을 암시했다.

이제 패러데이는 철 이외의 일반적인 물질들이 '자기장' 아래 놓였을 때 어떤 영향을 받는지 조사하기 시작했다. 자기-광 회전 효과를 처음으로 발견하게 해주었던 고굴절률의 유리는 이번 실험에서도 애용되었다. 1845년 11월, 패러데이는 수많은 실패 끝에 매우 강력한 전자석의 양극 사이에 매단 유리 막대가 가로로 서는 현상을 얻는 데 성공했다.^{그림 3-22} 일단 이에 성공하자, 그는 다른 물질들을 가지고도 실험하여, 이 물질들이 모두 '자기력선'을 가로지르는 방향으로 정렬한다는 것을 확인했다.

그는 이 물질들이 전기 작용을 매개하는 '유전체^{dielectric}'처럼 자기 작용을 매개하는 역할을 담당할 것으로 생각하여 휴얼의 조언을 받아 '유자체^{diamagnetic}'라는 용어를 만들었다. 그러나 이 말을 만든 패러데이의 의도와는 별개로, '유자체'라는 용어는 이 물질이 자기장하에서 자침이나 철가루 같은 자성체와는 정반대의 행동을 보인다는 이유에서 '반자성체'라는 우리말 번역어를 얻게 된다. 패러데이도 실험을 통해 이 점을 잘 알고 있었는데, 자성체는 자기의 세기가 강한 곳으로 움직이는 반면, 반자성체는 자기의 세기가 약한 곳으로 움직이는 경향을 보였다 ^{그림 3-23}. 그러나 이 경향을 설명하는 일은 간단하지 않았다.

자기 투과율의 차이로 자기 작용을 설명하다

패러데이는 반자성의 원인 및 반자성체의 행동을 설명하기 위해 몇 가지 가설들을 놓고 고민했다. 그중 하나로, 그는 반자성체의 행동을 매질과 물체의 자기 유도 능력 차이에 따른 일종의 부력 효과로 설명했다. 반자성체는 주변 매질보다 자기 유도 능력이 상대적으로 떨어지는 물질로서, 자기 유도 능력이 좋은 매질, 예를 들어 공기 등에 자기 자리를 내주면서 자기 작용이 강한 곳에서 약한 곳으로 밀려나게 된다는 것이었다. 이에 따르면 주변 매질보다 자기 유도 능력이 뛰어난 자성체는, 매질이 차지하고 있던 자리를 빼앗으면서 자기 작용이 약한 곳에서 강한 곳으로 이동하게 된다.

패러데이는 이러한 부력 효과 가설에 따라 주변의 공기를 빼다 보면 반자성체의 행동이 자성체처럼 바뀔 것으로 예측했다. 그러나 그런 일은 일어나지 않았다. 공기를 빼서 진공을 만들어도 자기 유도 능력은 애초의 공기가 있을 때와 달라지지 않는 것처럼 보였다. 오래 전부터 전기와 자기의 유도 작용이 인접한 입자들을 통해 전달된다고 생각해왔던 패러데이에게, 물질이 희박해진 진공이 여전히 유도 능력을 가진다는 사실은 그냥 넘길 수

있는 문제가 아니었다. 과거 정전기 유도 작용을 설명하는 과정에서는 이 문제를 대충 덮어두었지만, 자기 작용을 설명하는 과정에서 또다시 같은 문제에 부딪히게 된 패러데이는 이를 제대로 해결하기로 마음먹었다.

1850년 그는 자기 전도 이론 theory of magnetic conduction 을 도입함으로써 진공의 자기 유도 능력을 설명하는 데 성공했다. 이 이론에서, 자기 유도를 매개하는 것은 물질이 아니라 자기력선 자체가 되었다. 각각의 물질마다 자기 작용을 유도하는 능력이 다른 이유는 물질마다 자기력선을 통과시키는 정도가 다르기 때문이었다. 이러한 가설 하에서 진공의 자기 유도 능력은 간단히 해명될 수 있었는데, 왜냐하면 진공도 자기력선을 통과시킬 수 있으면 되었기 때문이다. 이로써 아무것도 없는 무능력한 공간으로 간주되던 진공은 이제 자기력선으로 채워진 활동적인 공간이 되었다. 그리고 각각의 물질들은 이러한 진공을 기준으로, 그보다 자기 투과율이 높으면 자성체가 되었고, 낮으면 반자성체가 되었다.

자성체와 반자성체의 자기 투과율을 가

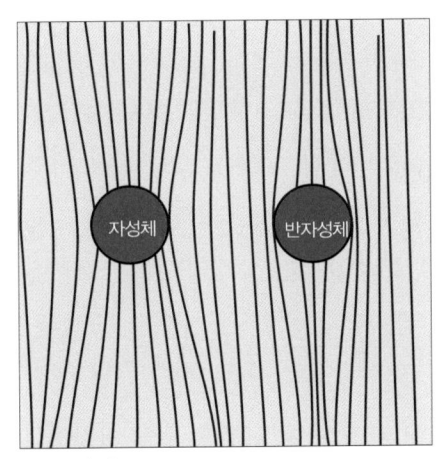

■■■ 그림 3-24
철가루를 통해 관찰되는 자성체와 반자성체의 자기 투과율 | 자성체는 주변보다 자기력선을 더 많이 통과시키는 반면, 반자성체는 주변보다 자기력선을 덜 통과시킨다. (출처: 《패러데이의 일기장》 5권, 1850년 11월, 320쪽)

시적으로 확인하기 위해, 그는 자기장에 원형 자성체와 반자성체를 놓고서 철가루를 뿌려보았다. 철가루의 배치를 볼 때, 자성체는 주변의 자기력선을 끌어모은 반면 반자성체는 그 반대였다^{그림 3-24}. 철가루가 그리는 자기력선을 자성체와 반자성체 내부에까지 연장해보면, 자성체는 주변보다 많은 수의 자기력선을 통과시키는 반면, 반자성체는 주변보다 더 적은 수의 자기력선을 통과시키는 것으로 보였다. 이러한 해석은 그동안 전자석의 성능을 높이는 데 사용되던 철의 기능을 간단하게 해명해주었다. 자성체인 철은 전자석 내부에 더 많은 자기력선을 끌어 모음으로써, 전자석의 성능을 높였던 것이다.

이제 패러데이는 자신의 이론에 '모든 물체는 힘의 전달을 방해하지 않는 방향으로 행동한다'라는 일반적인 원리 하나를 부여했다. 이 원리에 따르면, 자성체는 자기력선이 밀집한 지역으로 이동하여 힘의 선들이 그 자성체를 통해 더 쉽게 통과할 수 있도록 한다. 반대로 반자성체는 자기력선이 희박한 지역으로 이동하는데, 그래야 보다 많은 힘의 선들이 그 물체가 없는 공간을 통해 더 쉽게 통과할 수 있기 때문이다.

이러한 패러데이의 원리는 반자성체가 주변 매질에 따라 자성체처럼 행동할 수도 있는 가능성을 열어주었다. 패러데이는 황산구리 용액이 농도에 따라 자기 투과율이 달라진다는 점을 이용하여 실험을 준비했다. 그의 실험에서 황산구리 용액이 담긴 유리 튜브는 그보다 진한 황산구리 용액 내에서는 자성체의 성질을 띠는 반면, 그보다 묽은 용액 내에서는 반자성체의 성질을 나타냈다. 즉, 물체의 자성·반자성 행동은 물체 고유의 특성이라기보다

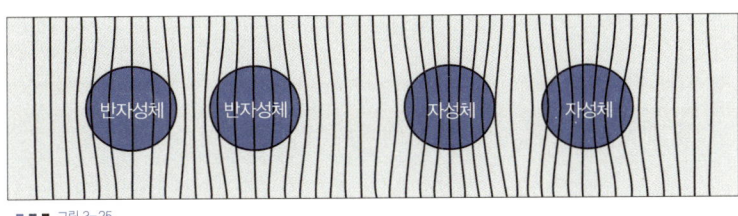

■■■ 그림 3-25

자기장에 놓인 반자성체와 자성체의 운동 | 위의 그림처럼 물체가 놓였을 때, 반자성체끼리는 서로 밀어내며, 자성체끼리도 서로 밀어낸다. (출처: 패러데이, 《전기에 관한 실험 연구》 3권, 212쪽)

는 주변 매질에 따른 상대적인 특성이었던 것이다.

이러한 이론 덕분에 그는 힘과 물질에 대한 일반적인 관념에서 완전히 벗어나게 되었다. 물질들은 더 이상 인력·척력에 의해 움직이지 않았다. 힘의 선들은 자신이 가장 잘 통과할 수 있는 길을 찾아 재배열했으며, 공간을 차지하고 있던 물질들은 힘의 선들의 통과를 극대화하기 위해 주변의 물질들과 자리를 바꾸었다.

힘과 물질에 대한 이러한 묘사는 목적론적인 설명에 해당했다. 그에게 자연스러운 운동이란 힘의 가장 경제적인 분배와 소비를 '향한' 운동을 뜻했다. 물질과 힘은 마치 이상적인 상태가 되기 '위해' 자신들이 어떠한 배치를 이루어야 하는지 스스로 아는 것처럼 행동했다. 패러데이는 이러한 자신의 이론이 '신이 부여한 자연의 경제성'을 보여주는 것이라 생각했다. 그의 신은 자연에서 물리적 작용의 낭비를 허용하지 않았다. 이러한 '자연의 경제성' 원리는 다소 낯선 관념이지만, 자기 현상에 대한 설명은 무척이나 탁월했다. 다음의 실험은 그의 원리가 실제로 어떻게 작동하는지 아주 잘 보여준다. 그는 자기장에 두 개의 자성체와 두 개의 반자성체를 놓고 그들의 운동을 살펴보았다.^{그림 3-25}. 이에 대한 그의 설명은 다음과 같이 요약된다.

자성체와 자성체 사이는 두 물체의 바깥쪽보다 자기력선이 더 희박하게 되어, 두 자성체는 자기력선이 보다 덜 희박한(더 밀집한) 바깥쪽으로 움직이게 된다. 한편, 반자성체와 반자성체 사이는 두 물체의 바깥쪽보다 자기력선이 더 밀집하게 되어, 두 반자성체는 자기력선이 덜 밀집한(더 희박한) 바깥쪽으로 움직이게 된다.

'힘의 선'에 물리적 실재성을 부여하다

자기 전도 이론의 탁월한 설명력으로부터 자신감을 얻은 패러데이는 자기력선의 물리적 실재성을 더욱 강하게 주장하게 되었다. 그는 1852년 〈자기력선의 물리적 성격〉이라는 논문을 통해 이러한 자신의 믿음을 선명하게 표현했다. 그는 공간에 결과적으로 나타나는 힘의 배치를 가시적으로 표상하기 위한 도구로서의 '표상적 힘의 선' 개념과 힘의 전달을 실제로 매개하는 '물리적 힘의 선' 개념을 구분하면서, 자신이 '물리적 힘의 선'이라는 가설을 선호한다는 점을 분명히 밝혔다.

패러데이는 정전기 유도 작용을 설명하던 십여 년 전과는 입장이 사뭇 바뀌어 자기 작용이 분극 긴장 상태에 놓인 입자들의 연쇄적인 배열을 통해 유도되는 것이라기 보다는 공간에 실체로서 존재하는 힘의 선을 통해 유도되는 것으로 볼 수 있다고 주장했다. 그래서 자기력선을 따라 놓인 물체 양편에 반대되는 극성이 나타나는 분극 현상은 입자들의 상태가 아니라 자기력선 자체의 상태로 간주되었다. 이에 따르면, 자기력선을 따라 놓인 자성체 전후로 두 개의 극성이 나타나는 이유는 자기력선 자체가 (S에서 N을 향하는) 분극된 방향성을 띠고 있기 때문이었고, 자기력선 양편에 놓인 두 자성체가 서로를 잡아당기는 이유는 자기력선 자체가 고무줄과 같은 긴장(장력)을 가지고 있기 때문이며, 자석으로부터 나온 자기력선이 횡적으로 넓게 퍼지는 이유는 이웃한 자기력선끼리 서로 밀어내기 때문이었다.

패러데이는 자기력선이 물질과 독립하여 존재한다는 점을 강조했다. 자기력선은 자석과 같은 물질에서 만들어지는 것이 아니었다. 자기력선은 특정한 물질로부터 시작하거나 끝이 나지 않으며, 언제나 폐곡선을 이루었다. 물질들 사이에는 이러한 자기력선을 더 많이 통과시키거나 덜 통과시키는 차이만 있을 뿐이며, 자석의 극이란 자기 투과율이 높은 강자성체와 자기 투과율이 낮은 매질(진공 포함) 사이를 자기력선이 통과하는 지점에 불과했다. 즉 패러데이는 자석의 N극과 S극이 자기력의 원천이 아닌 자기력선의 통로일 뿐이라고 주장한 셈인데, 그는 이를 정당화하기 위해 강철 고리를 이용한 간단한 실험을 보여주었다. 그의 실험에 따르면 자화시킨 강철 고리는 외부에 자기력을 거의 발휘하지 않는 반면, 고리의 중간을 끊으면 드디어 말굽자석처럼 자기력을 발휘하게 된다 그림 3-26. 패러데이가 보기에, 이를 설명하는 가장 간단한 방법은 고리를 끊기 전까지 대부분의 자기력선들이 철의 월등한 자기 투과율로 인해 강철 고리 내부만

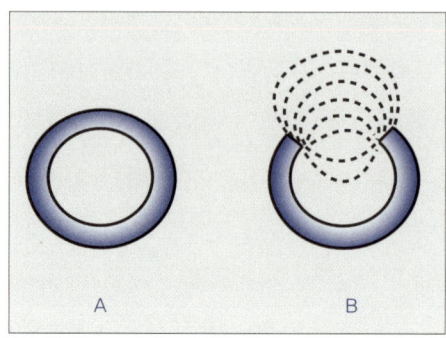

■■■ 그림 3-26

강철 고리 절단 실험 | 자화시킨 강철 고리는 외부에 자기력을 발휘하지 않지만(A), 고리의 중간을 끊으면 드디어 외부에 자기력을 발휘하게 된다(B). 패러데이에 따르면, 이는 고리의 중간을 절단함으로써 고리 내부에만 있던 자기력선이 고리 바깥으로 나올 수 있게 되었기 때문이다.

을 한 바퀴 돌고 있었다고 가정하는 것이었다. 이 상태에서는 고리 바깥으로 나오는 자기력선이 없으므로 당연히 그 외부에는 자기력이 발휘되지 않았던 것이고, 외부에 자기력을 발휘하기 위해서는 자기력선이 고리 바깥으로 나올 수 있도록 고리 중간을 끊어야 했던 것이다. 이때 절단된 강철 고리에서 자기력선이 나오는 쪽은 N극이 되고, 들어가는 쪽은 S극이 된다. 강철 고리 절단 실험에 대한 이보다 더 명쾌한 해명이 가능할까?

패러데이는 이러한 원리를 이용해 자석이 언제나 두 개의 극을 가지는 이유를 간단하게 설명할 수 있었다. 자기력선이 자석에 들어가는 곳(S극)이 있다면 자석으로부터 나오는 곳(N극)이 있는 것이 너무나 당연한 일이 되기 때문이다. 이처럼 자기력선에 대한 간단한 가정으로부터 자기 작용의 핵심적인 특징들이 손쉽게 설명될 수 있다는 점은 자기력선의 물리적 실재성에 대한 패러데이의 믿음을 한층 강화시켜 주었다.

그러나 힘의 선의 실재성을 증명하는 것은 쉽지 않았다. 자석 주위에 뿌려놓은 철가루의 모양만 보더라도 '자기력선'의 존재는 명백한 것 아니었던가? 그렇진 않았다. 그것은 엄밀히 말해 철가루이지 자기력선이 아니었기 때문이다. 게다가 패러데이는 원거리 작용에 기초한 이론이 틀렸다는 것도 보일 수도 없었다. 패러데이가 새로운 발견을 할 때마다 원거리 작용에 기초한 이론도 새로운 가정을 추가함으로써 그것을 설명할 수 있었기 때문이다. 게다가 정량적인 설명을 할 수 있다는 점에서는 원거리 작용에 기초한 이론이 패러데이의 이론보다 훨씬 나았다.

그렇지만 패러데이는 원거리 작용에 기초한 이론을 전혀 추구하지 않았다. 왜 그랬을까? 이에는 그의 형이상학적인 혹은 종교적인 믿음이 일정 정도 작용한 것처럼 보인다. 패러데이는 '힘의 보존'에 대한 강한 믿음이 있었다. 그가 생각하기에 자연에 존재하는 힘들은 신이 부여한 것으로 신의 지시가 없는 한 절대로 파괴될 수 없었다. 따라서 단지 거리나 위치 관계의 변화만으로는 힘이 생겨나거나 줄어들 수 없었다. 만약 어떤 힘이 증가했다면 다른 힘이 줄어들어야 했다.

이런 이유에서 패러데이는 자석과 도선 두 물체의 단순한 위치 관계 변화만으로 전류가 만들어진다는 것을 믿을 수 없었다. 어떤 이들은 위치 변화에 따른 포텐셜^{potential}의 감소량만큼 전류와 같은 힘이 생성될 수 있다고도 제안했지만, 패러데이는 단순한 거리나 위치에 대해 '포텐셜'과 같은 거창한 이름을 붙여가면서 그것을 진정한 힘처럼 다루는 것을 받아들일 수 없었다. 그가 보기에 이 현상은 분명 자기력이 전류로 전환된 것이었다. 그렇다면 자기력이 전류로 전환되기 위한 실질적인 매개 고리가 있어야 했는데, 이를 위해서는 빈 공간에 반드시 무언가가 있어야 했다. 그것은 바로 힘의 선이었다. 즉 유도 전류란 공간을 채우고 있던 자기력선을 도선이 가로지르는 과정에서 자기력이 전환되어 생긴 것이었다.

'힘의 선'으로 그린 새로운 세계

1831년 전자기 유도 연구 이후, 패러데이에게 '힘의 선'의 의미는 조금씩 변했다. 전자기 유도 연구 과정에서 도입된 '자기곡선'은 공간에 놓인 자침이나 철가루가 받는 힘의 세기와 방향을 편리하게 표시하기 위한 그림 도구에 불과했다. 그러나 그 연구를 마무리할 무렵, 그는 그 선을 따라 점진적으로 전파되는 전기와 자기 작용을 상상하기 시작했다. 이후 정전기 유도 연구를 통해 정전기 유도 작용이 매질의 영향을 받는다고 확신하게 된 그는 '전기 유도선'이라는 개념을 도입하여 정전기 작용이 인접한 입자들의 연쇄적인 분극을 통해 전달되는 '경로'를 표현하고자 했다. 마지막으로 자기-광 회전 효과와 반자성체를 연구하는 과정에서 도입된 '자기력선'은 물질에 의존하지 않은 채 스스로 자기 작용을 전달하는 '운반자'가 되어, 공간에 존재하는 실체로서 간주되었다.

힘의 선 자체가 물질과 독립적으로 스스로 존재하며 물리 작용을 매개한다는 패러데이의 믿음은 1840년대를 거치면서 점점 강하게 표출되었다. 1844년 물질을 힘의 선들의 수렴점에 불과한 것으로 보는 〈사변〉을 제시했듯이, 패러데이는 힘의 선을 물질이나 극보다도 근본적인 존재로 취급하기 시작했다. 1846년 4

월 〈빛-진동에 대한 생각〉이라는 제목의 강연에서 패러데이는 보다 과감한 상상을 선보였다. 그의 상상 속에서, 자연의 모든 작용은 힘의 선을 통해 전파되었다. 즉 전기력과 자기력뿐만 아니라 중력까지도 힘의 선에 의한 작용이 되었다. 그래서 빈 공간은 물질이 아닌 중력선, 전기력선, 자기력선들로 채워졌다. 물질이 힘의 선들의 수렴점이라면, 빛은 힘의 선의 진동이 만들어내는 파동이 되었다. 이제 그가 그리는 세계 속에서는 힘의 선이 없으면 다른 아무 것도 존재할 수 없게 된 것이다.

만남 4
뉴턴의 품에 들어온 '힘의 선'

패러데이에 대한 학계의 반응은 이중적이었다. 전자기 유도, 전기 유도 용량, 자기-광 회전 효과 등의 패러데이의 실험적 발견은 손쉽게 수용된 반면, '힘의 선', '전기적-긴장 상태', '자기 전도 이론' 등 그의 이론적 아이디어는 완전히 외면받았다. '힘의 선'은 셀 수 없었고, 전기적-긴장 상태의 강도는 잴 수 없었다. 연속적인 긴장 상태에 놓인 힘의 선을 통해 전기와 자기 작용이 전달된다는 패러데이의 생소한 개념 대신, 많은 학자들은 그의 발견을 익숙한 원거리력 이론으로 설명하곤 했다. 독일 물리학자 빌헬름 베버Wilhelm Weber, 1804~1891는 전하 사이에 작용하는 정전기력(쿨롱 힘)과 전류 사이에 작용하는 동전기력(앙페르 힘)을 결합하여 움직이는 전하 사이에 작용하는 일반화된 원거리력 법칙을 유도한 후, 이를 통해 정전기, 전자기, 자기 현상을 수학적으로 설명하는 데 성공했다. 그의 이론은 당시 모든 관찰 결과와 일치하는 최고의 전자기 이론이었다.

패러데이의 아이디어에 영향을 받은 사람이 하나도 없었던 것은 아니다. 1845년 베버의 동료 학자 칼 프리드리히 가우스Carl Friedrich Gauss, 1777~1855는 전자기 작용이 빛과 유사한 속도로 전달된다는 생각을 편지에 담아 베버에게 보낸 적이 있다. 그러나 이러한 파격적인 생각은 세상에 알려지지 않았으며, 가우스가 죽은 후 그의 전집에 수록된 다음에야 재평가받을 수 있었다. 영국의 물리학자 윌리엄 톰슨 또한 패러데이의 아이디어를 매우 진지하게 고려했던 사람 중 한 명이었다. 전기와 자기 작용을 체계화하기 위해 다양한 아이디어를 자유롭게 끌어오던 그는 패러데이의 힘의 선 개념으로부터 쿨롱의 역제곱 법칙을 이끌어내는가 하면, 패러데이의 자기-광 회전 효과 발견 소식을 듣고는 자기 작용을 '에테르ether'라는 매질의 소용돌이 운동에 의한 현상으로 취급하는 방법을 처음으로 고안하기도 했다.

패러데이의 아이디어를 가장 전면적으로 받아들인 사람은 바로 맥스웰이었다. 맥스웰은 에든버러 대학의 포브스로부터 전기와 자기의 실험적 내용들을 배웠지만 프랑스와 독일의 수학적 유체 이론은 제대로 배우지 못했다. 대학을 케임브리지로 옮긴 후에는 전기나 자기에 대해 공부할 일이 거의 없었다. 케임브리지의 우등 졸업 시험을 모두 마친 1854년 2월, 맥스웰은 자신의 연구 주제 중 하나로 전기를 선택했다. 그는 톰슨에게 전기 분야에 대한 통찰을 얻기 위해 무엇을 읽으면 좋을지 물었고, 톰슨은 아마도 패러데이의 논문 모음집 《전기에 관한 실험 연구Experimental Researches in Electicity》를 추천해준 듯하다. 이후 그는 패러데이의 '힘의 선'이라는 아이디어에 점점 빠져 들어갔고, 패러데이의 아이디어를 수학적으로 번역하던 톰슨의 작업을 이어받기 시작했다. 그러나 맥스웰은 패러데이의 '힘의 선' 개념과 대륙의 수학적 이론을 화해시키는 데 머무르고 있던 톰슨의 작업에 만족하지 못했다. 그는 패러데이의 힘의 선을 활용해 베버의 이론에 버금가는 완전한 수학 이론을 만들어내고 싶었다. 이후 10여 년 사이에 세 편의 논문 〈패러데이의 힘의 선에 관하여〉(1855~1856), 〈물리적 힘의 선에 관하여〉(1861), 〈전자기장에 대한 동역학적 이론〉(1864)을 발표하면서 맥스웰은 패러데이의 '힘의 선' 개념을 자신의 전자기장 이론으로 발전시켰을 뿐만 아니라 전자기장 방정식을 만들어내 그로부터 빛의 속도까지 계산해내기에 이른다. 이 과정에서 그가 가장 먼저 해야 했던 일은 패러데이의 '힘의 선'을 셀 수 있는 물리량으로 만드는 일이었다.

유체튜브로 힘의 선을 구현하다

수학적 사고에 익숙한 학자들에게 패러데이의 '힘의 선'은 모호하기 그지없는 개념이었다. 힘의 선을 어떻게 정량적인 추론에 활용할 수 있는지 도무지 알 수 없었기 때문이다. 1850년대 이후 패러데이는 '단위 힘의 선'이라는 개념을 도입해 공간에 형성된 힘의 방향과 세기를 단위 힘의 선의 개수로 다루는 방법을 제안하기도 했다. 이에 따르면, 단위 힘의 선이 밀집한 곳에서는 강한 힘이 작용하고, 반대로 단위 힘의 선이 드문드문 모여있는 곳에서는 약한 힘이 작용했다. 또한 도선에 의해 잘리는 힘의 선의 개수가 도선의 유도 기전력과 정량적으로 연결된다는 주장도 펼쳤다. 그러나 대부분의 물리량을 연속적인 양으로 다루어온 학자들은 힘을 불연속적으로 '하나, 둘, 셋' 세는 패러데이의 방식을 곧이곧대로 받아들일 수 없었다.

패러데이는 종종 힘의 선에 걸린 긴장의 강도라는 개념을 힘의 선의 개수와 구분지어 사용하기도 했다. 예컨대 그는 동일한 강도의 긴장이 주어지더라도 매질의 종류에 따라 매질을 통과하는 힘의 선의 개수가 달라진다고 주장함으로써, 매질에 따른 전기 유도 용량의 차이와 자기 유도 능력의 차이를 설명하곤 했다^{그림 4-1}. 그러나 이러한 구분의 의미를 이해하는 사람은 거의 없었다. 오히려 학자들은 이 때문에 혼란에 빠지기도 했다. 왜냐하면 공간에 형성되는 힘의 세기가 힘의 선의 개수에 의해 세어지는 것인지 힘의 선에 걸린 긴장의 강도에 의해 정해지는 것인지 명확해 보이지 않았기 때문이다.

패러데이의 힘의 선을 수학적인 추론에 사용할 수 있다는 것

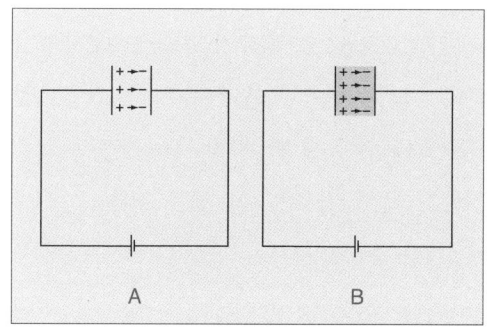

■■■ 그림 4-1
전기 유도 용량의 차이 | 두 축전기에는 같은 강도의 긴장이 걸리지만 축전기에 사용된 매질의 차이에 따라 매질을 통과하는 힘의 선의 개수가 달라짐으로써 축전기에 충전되는 전하량이 달라진다.

을 처음으로 깨달은 사람은 톰슨이었다. 1840년대 톰슨은 정전기에 대한 원거리력 이론과 푸리에의 열전도 이론이 완전히 다른 대상을 다루고 있음에도 불구하고 그 수학적 형식이 동일하다는 점에 주목하여 양쪽 분야에 대한 새로운 통찰을 얻기 위해 노력하고 있었다. 그 와중에 톰슨은 패러데이의 힘의 선을 열의 흐름에 빗대어 생각할 경우, 힘의 선 개념에서도 쿨롱의 법칙을 유도할 수 있음을 깨달았다. 톰슨의 목적은 원거리 작용 개념에 기초한 대륙의 이론과 힘의 선 개념에 기초한 패러데이의 이론을 화해시키는 것이었지만, 맥스웰은 톰슨의 작업으로부터 힘의 선 개념을 수학화하는 데 필요한 수학적 유비의 방법을 터득할 수 있었다. 1855년 5월, 맥스웰은 톰슨에게 편지를 보냈다.

    그 생각을 적용하는 모든 경우에 대해 특허를 내셨습니까? 아니라면 그것을 잠시 빌리고 싶네요.

1855년 말에 출판한 〈패러데이의 힘의 선에 관하여〉라는 논문에서 맥스웰은 톰슨으로부터 빌린 유비의 방법을 더욱 완전한 형태로 발전시켰다. 그는 힘의 선이 지닌 특징을 정교하게 흉내 낼 수 있으면서도 수학적으로 분석하기 용이한 대리물을 새롭게 구성했다. 그것은 다름 아닌 가상의 유체 시스템이었다. 그는 구멍이 송송 뚫린 다공성 매질로 이루어진 공간을 상정한 후, 그 공간에 무게도 없고 압축도 안 되는 유체를 가득 채웠다. 그리고 유체가 생성되어 나오는 '공급원^{source}'과 유체를 빨아들이는 '배수구^{sink}'를 설치했다. 그러면 유체 시스템에

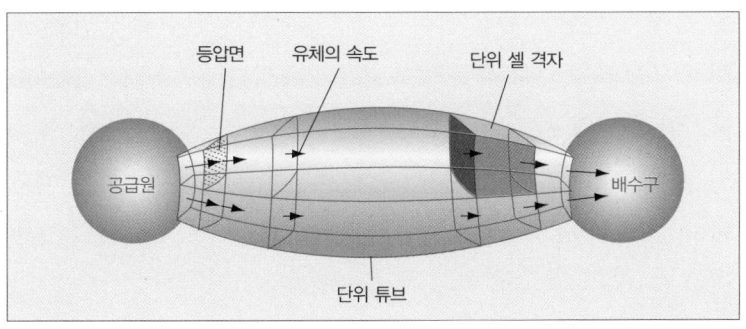

■■■ 그림 4-2

맥스웰의 단위 튜브 | 공급원과 배수구로 이어지는 물줄기들은 동일한 유량의 단위 튜브들로 분할될 수 있다. 맥스웰은 공급원과 배수구를 각각 +전하와 −전하로 (혹은 N극과 S극으로) 대응시키고, 공급원과 배수구를 잇는 단위 튜브들을 패러데이의 단위 힘의 선과 대응시켰다. 정확히 그리자면 유체 시스템의 공간은 단위 튜브들로 빈틈없이 채워져 있어야 하지만, 그림에서는 독자의 이해를 돕기 위해 단 두 개의 단위 튜브만 그려 놓았다. 단위 튜브와 등압면의 배치는 유체의 속도와 유체가 받는 힘을 알려주는데, 유체의 속도는 튜브의 단면이 좁아질수록 빨라지고, 유체가 받는 힘은 등압면의 간격이 좁을수록 커진다. 두 개의 등압면 사이에 놓인 단위 튜브 조각은 '단위 셀 격자'라고 하는데, 각각의 단위 셀 격자에서는 유체를 이동시키느라 단위 시간당 한 단위의 일이 수행된다.

는 공급원으로부터 배수구로 이어지는 일정한 경로의 흐름이 만들어질 것이다. 만약 이 유체 시스템의 공급원과 배수구를 각각 +전하와 −전하로 (혹은 N극과 S극으로) 생각한다면, 그로 인해 만들어지는 물줄기는 패러데이가 말한 힘의 선으로 생각할 수 있지 않겠는가?

맥스웰은 이 유체 시스템을 수학적으로 다루기 위해 '단위 튜브'라는 것을 도입했다^{그림 4-2}. 이에 따르면, q의 공급량을 가진 공급원 표면에는 q개의 단위 튜브가 달려 있어서, 단위 시간당 부피 q씩의 물줄기가 공급원에 달린 q개의 튜브를 따라 흘러나왔다. 마찬가지로 q의 배수량을 가진 배수구에는 배수구에 달린 q개의 튜브를 따라 물줄기가 흘러 들어갔다. 튜브의 한쪽 단면을 통해서 일정한 유량의 물줄기가 들어오면 반대쪽 단면을 통해서는 그와 동일한 유량의 물줄기가 나갔다. 이를 위해 튜브의 굵기가 일정할 필요는 없었다. 튜브의 단면이 넓어질수록 튜브의 단면을 통과하는 물줄기의 속도가 줄어들면 그만이었기 때문이다. 정확히 말하자면, 튜브의 단면을 통과하는 유체의 속도는 단위 튜브의 단면적의 역수에 해당했다.

한편 '유량'이라는 개념은 어떤 단면을 단위 시간 동안 통과하는 유체의 양을 지칭하는데, 맥스웰의 유체 시스템 하에서 '유량'은 단면을 통과하는 단위 튜브의 개수로 묘사된다. 같은 원리로 '단위 면적당 유량'은 단위 면적을 통과하는 단위 튜브의 개수, 즉 튜브의 밀도로 묘사된다. 그런데 단위 면적을 통과하는 단위 튜브의 개수는 단위 튜브의 단면적의 역수와 같다. 즉 단위 튜브의 밀도는 유체의 속도와 같게 되는 것이다. 이러한 수학적 관계는 다음과 같이 정리될 수 있다.

단위 면적당 유량 = 단위 튜브의 밀도 = 1 / 단위 튜브의 단면적 = 유체의 속도
유량 = 단위 튜브의 개수

한편 '압축 불가능한 유체'라는 가정 덕분에, 유체의 모든 운동은 '연속적인 밀어내기'의 과정으로 파악될 수 있었다. 즉, 임의의 공간 내부에 공급원이나 배수구가 없는 한, 한쪽 면을 통해 일정한 유량의 물줄기가 들어오면 다른쪽 면을 통해서는 그와 동일한 유량의 물줄기가 나가야 한다. 만약 공간에 들어오는 유량과 나가는 유량이 서로 다르다면, 다시 말해 공간에 들어오는

튜브의 수와 나가는 튜브의 수가 다르다면, 내부에는 그 차이만큼의 공급원 또는 배수구가 반드시 존재하게 된다. 이러한 유체의 흐름과 공급원 사이의 관계는 기호를 사용하면 다음과 같이 표현될 수 있다(ρ는 공급 밀도, $\nabla\cdot$는 발산 연산자*, $\vec{v}$는 유체의 속도 또는 단위 면적당 유량).

$$\rho = \nabla \cdot \vec{v}$$

유체 시스템의 이러한 특성은 패러데이가 암묵적으로 생각하고 있었던 힘의 선과 전하 사이의 수학적 특징을 그대로 구현하고 있었다. 패러데이의 주장에 따르면, +전하와 −전하는 힘의 선 양쪽 말단에 형성되는 한 쌍의 잉여 극성이었다. 맥스웰의 유체 시스템은 이를 정확히 흉내 내어, 튜브가 시작되는 곳에는 그 개수만큼의 공급량을 가진 공급원이, 튜브가 끝나는 곳에는 그 개수만큼의 배수량을 가진 배수구가 위치했다. 이로써 맥스웰의 유체 튜브는 패러데이의 힘의 선을 셀 수 있는 대상으로 만들어 주었다. 즉 힘의 선의 개수는 단위 튜브의 개수로, 힘의 선의 밀도는 단위 튜브의 밀도로 세어졌다.

맥스웰의 유체 시스템은 패러데이가 얘기했던 힘의 선의 긴장 강도라는 개념도 구현해냈다. 힘의 선의 양이 유체의 유량과 대응될 수 있다면, 힘의 선에 걸린 긴장의 강도는 유체를 미는 힘에 대응될 수 있었다. 유체는 압력이 높은 곳에서 낮은 곳으로 흘렀는데, 유체를 밀어내는 힘은 바로 압력의 차이에서 비롯되었다. 그래서 임의의 지점에 위치한 (단위 부피의) 유체는 그 지

벡터 연산자 발산(divergence, ∇·)

맥스웰이 고안한 유체 시스템의 유체 흐름과 공급원·배수구 사이의 관계는 '발산'이라는 벡터 연산자를 이용하면 간편하게 표현된다. 이는 유체 시스템과 같은 벡터장 내 임의의 지점에서 나오는 유량과 그 지점으로 들어가는 유량의 차이를 나타내는 벡터 연산자로서, 각 지점의 공급량(배수량은 음의 공급량)을 구하는 데 사용된다. 수학적인 기호를 이용하면, $\vec{v} = (v_x, v_y, v_z)$로 정의된 벡터장 내 각 지점의 발산은 $\nabla \cdot \vec{v}$로 표현되며, 그 값은 $\vec{v}$의 각 성분에 대한 편미분(즉, 성분별 증가분)의 합으로 구성된 다음의 스칼라량으로 정의된다.

$$\nabla \cdot \vec{v} = \frac{\partial v_x}{\partial x} + \frac{\partial v_y}{\partial y} + \frac{\partial v_z}{\partial z}$$

아래의 그림은 발산의 의미를 이해하는 데 도움이 될 것이다. 아래의 그림은 각 변의 길이가 1인 단위 입방체의 각 면에 들어오고 나가는 유량이 튜브(화살표)의 개수로 그려져 있다. 이 단위 입방체에서 유량의 발산은 다음과 같이 대략 계산될 수 있다.

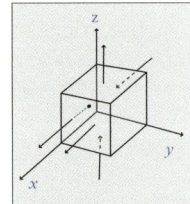

$$\nabla \cdot \vec{v} \simeq \frac{\Delta v_x}{\Delta x} + \frac{\Delta v_y}{\Delta y} + \frac{\Delta v_z}{\Delta z} = (2-1) + (0-0) + (1-1) = 1$$

■■■ 그림 4-3

즉 입방체에 들어오는 유체는 튜브 두 개를 통해 들어오지만, 입방체에서 나가는 유체는 총 세 개의 튜브를 통해 나가고 있으므로, 입방체 내에는 튜브가 시작되는 한 개의 공급원이 있어야 하는 것이다.

이러한 수학적 직관을 통해, 이후 맥스웰은 ($\nabla \cdot \vec{v}$) 형태의 수학적 표현이 등장하면 그것의 물리적 의미를 쉽게 해석할 수 있었다. 그래서 전기력선의 발산 ($\nabla \cdot \vec{D}$)은 전기력선의 생성량으로서 전하량을 의미했으며, 자기력선의 발산 ($\nabla \cdot \vec{B}$)은 자기력선의 생성량으로서 자유 자극의 양을 의미했다.

점에서 압력이 가장 가파르게 낮아지는 방향으로 그 압력이 변하는 기울기만큼의 힘을 받게 된다. 만약 일정한 압력 간격으로 등압면이 그려져 있다면, 유체 시스템의 각 지점에서는 등압면에 수직을 이루는 방향으로 등압면의 간격에 반비례하는 힘이 작용할 것이다. 그래서 등압면들의 간격이 좁아질수록 유체를 미는 힘은 강해지고, 간격이 넓어질수록 그 힘은 약해질 것이다. 이를 수식으로 표현하면 다음과 같다($\vec{F}$는 유체가 받는 힘, ∇은 기울기 연산자*, p는 유체의 압력).

$$\vec{F} = -\nabla p$$

여기에 맥스웰은 매 지점에서 유체가 받는 저항력이 매질의 마찰계수와 유체의 속도에 비례한다는 가정을 더함으로써, 그 저항을 거슬러 유체를 밀어내는 힘과 유체의 속도 사이의 관계식을 구할 수 있었고, 이로써 유체 시스템 내 각 지점의 압력(p), 힘($\vec{F}$), 속도($\vec{v}$), 마찰계수(k) 사이에 성립하는 다음의 관계식이 완성되었다.

$$-\nabla p = \vec{F} = k\vec{v}$$

이제 공급원과 배수구의 배치와 매질의 마찰계수만 주어지면, 유체 시스템의 속도와 압력 분포는 그에 의해 완벽하게 결정될 수 있었다. 우선 매우 간단한 상황을 다루어보자.

공급량 q의(q개의 튜브가 달린) 공급원이 한 지점에 있고, 배수

∷ 벡터 연산자 기울기(gradient, ▽)

맥스웰이 고안한 유체 시스템의 압력과 힘 사이의 관계는 '기울기'라는 벡터 연산자를 이용하면 간단하게 표현된다. 만약 어떤 지점 (x, y, z)의 압력이 $p(x, y, z)$라는 함수에 의해 주어진 경우, 우리는 그 함수값들을 각 지점의 높이로 가지는 지형을 상상할 수 있다. 각 지점의 압력의 기울기는 그 지형상에서 위를 바라보았을 때 경사가 가장 가파른 방향과 그 경사의 크기를 나타내며, 수학적인 기호를 사용하면 다음과 같이 정의된다.

$$\nabla p = \left(\frac{\partial p}{\partial x}, \frac{\partial p}{\partial y}, \frac{\partial p}{\partial z} \right)$$

만약 지형이 일정한 고도 간격의 등고선이 그려진 그림으로 주어질 경우, 기울기 벡터는 직관적인 방식으로도 구할 수 있다$^{그림 4-4}$. 즉 각 지점의 기울기 벡터의 방향은 등고선에 수직이 되며, 기울기 벡터의 크기는 등고선의 간격에 반비례한다. 이러한 결과는 그림 속 화살표의 방향과 길이로 표시되어 있다. 만약 그림에 그려진 등고선들을 유체 시스템의 등압선들로 해석할 경우, 각 지점의 유체가 받는 힘은 $\vec{F} = -\nabla p$라는 맥스웰의 공식에 의해 그림 속 화살표의 정반대가 된다.

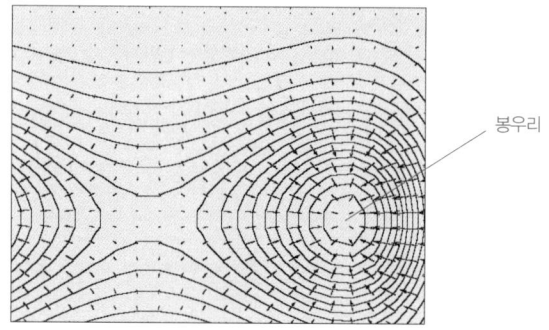

■■■ 그림 4-4
등고선과 기울기 벡터 | 각 지점의 기울기 벡터의 방향은 등고선에 수직을 이루며, 그 크기는 등고선의 간격에 반비례한다.

구는 그로부터 무한대의 거리에 배치되어 있는 간단한 유체 시스템을 가정해보자. 공급원으로부터 q개의 단위 튜브가 사방으로 뻗어 나오기 때문에, 공급원으로부터 거리 r만큼 떨어진 위치에서 각 단위 튜브의 단면적은 반지름 r의 구면($4\pi r^2$)을 q로 나눈 $\frac{4\pi r^2}{q}$이 되고, 물줄기의 속도는 튜브 단면적의 역수로서 $\frac{q}{4\pi r^2}$가 된다^{그림 4-5 왼쪽 그림 참조}. 다시 말해, 공급원으로부터 거리가 증가함에 따라, 각 단위 튜브의 단면적은 거리의 제곱에 비례하여 증가하는 반면, 물줄기의 속도(단위면적당 유량)는 거리의 제곱에 반비례하여 줄어든다^{그림 4-5 오른쪽 그림 참조}.

유체에 가해지는 힘과 압력은 앞에서 정립한 관계식($-\nabla p = \vec{F} = k\vec{v}$)에 지금 구한 속도만 대입하면 간단히 구해진다. 그래서 공급량 q의 공급원 하나로부터의 거리(r)에 따른 유체의 속도(v),

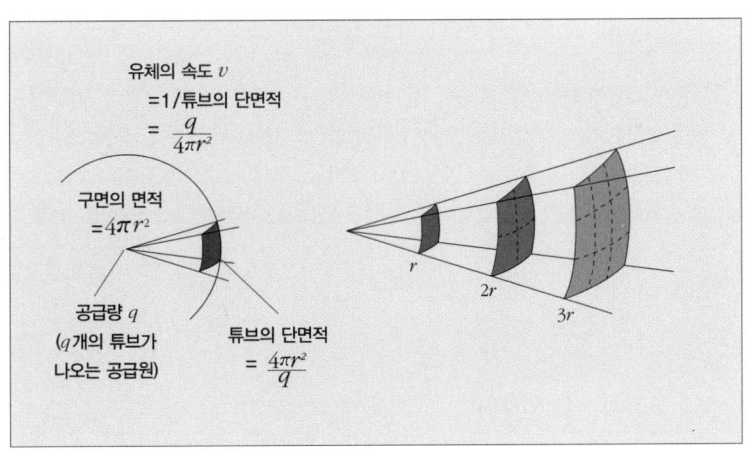

■■■ 그림 4-4
공급원 주위의 유체의 속도 분포 | 공급원으로부터 q개의 단위 튜브가 뻗어 나오면, 거리 r에서 단위 튜브의 단면적은 $\frac{4\pi r^2}{q}$이 되며, 그곳에서 물줄기의 속도는 $\frac{q}{4\pi r^2}$가 된다. 거리가 r, $2r$, $3r$로 늘어남에 따라, 단위 튜브의 단면적은 1, 4, 9로 증가하고, 물줄기의 속도는 v, $\frac{v}{4}$, $\frac{v}{9}$로 줄어든다.

만남 • 145

힘(F), 압력(p)은 다음과 정리될 수 있다.

$$\text{유체의 속도 } v = \frac{q}{4\pi r^2}$$

$$\text{유체에 가해지는 힘 } F = kv = \frac{kq}{4\pi r^2}$$

$$\text{유체의 압력 } p = \int_{\infty}^{r} - F \cdot dr = \frac{kq}{4\pi r}$$

(단, 공급원으로부터 무한대 지점의 압력은 0)

그리고 공급원과 배수구들(q_i)이 임의로 배치된 경우, 그에 의해 형성되는 유체의 압력은 각각의 공급원과 배수구에 의해 만들어지는 압력의 단순 산술합으로 간단히 계산된다.

발산정리

유체 시스템과 같은 벡터장에서, 임의의 지점의 유량의 발산($\nabla \cdot \vec{v}$)이 그 지점의 공급 밀도(ρ)를 나타낼 경우($\nabla \cdot \vec{v} = \rho$), 임의의 크기를 가진 공간의 표면을 통해 빠져나가는 총유량($\oiint \vec{v} \cdot d\vec{S}$)은 그 내부의 총공급량($\iiint \rho \, dV$)과 같다.

이 정리를 이용하면, 총공급량 q의 점 공급원만으로 이루어진 시스템에서, 공급원으로부터의 거리 r에 따른 유체의 속도 v는 수학적 기호를 이용해 아래와 같이 구해진다.

$$\nabla \cdot \vec{v} = \rho$$
$$\oiint \vec{v} \cdot d\vec{S} = \iiint \rho \, dV$$
$$v \cdot 4\pi r^2 = q \quad (\because \text{반지름 } r \text{인 구면의 면적은 } 4\pi r^2)$$
$$\therefore v = \frac{q}{4\pi r^2}$$

유체의 압력 $p = \dfrac{k}{4\pi} \Sigma \dfrac{q_i}{r}$

**유체 시스템을
전기와 자기 현상에 적용하다**

맥스웰은 지금까지 유도한 유체 시스템의 결과를 전기 포텐셜 이론과 비교하고자 했다. 전기 포텐셜 이론에 따르면, 공기 중에 놓인 단위 전하가 받는 정전기력은 주위의 전하 배치에 의해 결정되는 포텐셜 함수를 이용해 우회적으로 계산할 수 있었다. 전하들(Q_i)이 아무렇게나 배치되어 있다고 할 때, 우리는 각 지역의 높이(V)가 전하들과의 거리 (r)에 반비례하도록 ($V=\Sigma\dfrac{Q}{r}$) 가상의 지형을 그릴 수 있다. 이 높이를 '전기 포텐셜'이라고 부른다. 그러면 임의의 위치에 놓인 단위 전하는 그 전기 포텐셜 지형에서 가장 가파른 내리막의 방향으로 그 기울기만큼의 정전기력을 받는다. 즉 단위 전하가 받는 정전기력(E)은 포텐셜 함수(V)의 음의 기울기에 의해 구해진다($E=-\nabla V$). 만약 하나의 점전하(Q)만을 가정하여 그 주위에 놓인 단위 전하가 받는 정전기력을 계산할 경우, 거리의 제곱에 반비례하는 정전기력이 작용한다는 쿨롱의 법칙이 도출된다($E=\dfrac{Q}{r^2}$).

전기 포텐셜 이론에 등장하는 이러한 법칙들은 맥스웰이 고안한 유체 시스템의 압력과 힘에 관한 공식과 매우 흡사했다. 즉 유체 시스템의 공급원과 배수구를 각각 +전하와 -전하에 대응시키고, 유체 시스템의 압력과 힘을 각각 전기 포텐셜과 정전기력에 대응시키고 나면, 유체 시스템을 통해 얻은 모든 공식들은 정전기 시스템에 관한 법칙들로 해석될 수 있었다. 다시 말해, 맥스웰은 유체 시스템을 이용해 전기 포텐셜 이론에 등장하는 법칙들을 모두 유도함 셈이다.

이는 매우 의미심장한 일이었다. 그동안 쿨롱의 법칙과 같은 정전기력 법칙은 원거리 작용의 원리를 통해서만 설명 가능해 보였다. 그러나 정전기력 법칙을 유도하는 데 사용된 맥스웰의 유체 시스템에는 원거리 작용의 원리가 전혀 들어있지 않았다. 패러데이의 힘의 선 개념을 구현하고 있던 맥스웰의 유체 시스템에서 벌어지는 모든 상호작용은 마찰이나 밀어내기와 같은 인접 작용뿐이었다. 즉 원거리 작용의 원리를 통해서만 설명 가능해 보였던 정전기력 법칙들이 이제는 각 부분의 국소적인 인접 작용들의 결과로도 해석될 수 있게 된 것이다. 더 나아가 맥스웰은 유체 시스템의 매질의 마찰계수(k)를 패러데이가 도입했던 전기 유도 용량의 역수에 해당하는 값으로 해석함으로써, 유전체 매질의 효과까지도 전기 포텐셜 방정식에 반영할 수 있었다. 이는 시작에 불과했다.

맥스웰의 유체 시스템은 단위 튜브와 등압면에 의해 수많은 셀 격자들로 나누어졌는데^{그림 4-2}, 이 셀 격자들은 일과 에너지에 관한 함축을 담고 있었다. 그의 설계에 따르면, 하나의 셀에서는 저항을 거슬러 유체를 이동시키기 위해 매 단위 시간마다 한 단위의 일이 수행되었고, 따라서 유체 시스템 전체의 셀의 개수는 매 단위 시간당 유체 시스템 전체에서 소비되는 에너지의 양을 보여주었다. 맥스웰은 이 셀의 개수를 정전기 시스템에 저장된 에너지와 대응시켰고, 셀의 밀도는 공간에 분포한 에너지 밀도와 대응시켰다.

맥스웰의 유체 시스템은 정전기 시스템뿐만 아니라 전류와 자기 시스템을 수학적으로 묘사하는 데에도 적용될 수 있었다. 공급원과 배수구를 전지의 +극과 -극으로, 유체 튜브를 전류로, 압력 차이를 전압으로, 매질의 저항을 도체의 전기 저항으로 해석할 경우, 이 유체 시스템은 전류 시스템으로 둔갑했다. 앞에서 구했던 유체 시스템의 관계식($F=kv$)을 이러한 해석 아래에서 적분해보면, 오늘날 옴의 법칙이라 불리는 전류(I), 전압(V), 전기 저항(R) 사이의 관계식($V=RI$)이 만들어졌다. 한편, 유체 튜브의 밀도를 자기력선 밀도(B)로, 등압면의 밀도를 자기적 긴장의 강도(H)로, 매질의 저항을 자기 투과율의 역수($1/\mu$)로 해석할 경우, 동일한 관계식($F=kv$)은 자기 시스템의 기본 관계식($H=\frac{1}{\mu}B$)을 만들어냈다.

맥스웰의 셀 격자 시스템은 패러데이의 자기 전도 이론을 수학적인 형태로 번역해줄 수도 있었다. 패러데이의 자기 전도 이론에 따르면, 자기장에 놓인 물체들은 자기력선이 더 잘 통과하도록 재배치되는데, 자성체는 자기력이 강한 곳으로 반자성체는 자기력이 약한 곳으로 움직이는 경향을 띤다. 맥스웰 식으로 말하자면, 자기장에 놓인 물체들은 에너지 셀 격자의 개수($\iiint B\cdot H dV$)가 증가하도록 재배치되는데, 자성체는 에너지 셀의 밀도($B\cdot H$)가 높은 곳으로 반자성체는 에너지 셀의 밀도가 낮은 곳으로 움직이는 경향을 띤다. 맥스웰의 설명에 따르면, 이러한 운동 경향은 자기장에 놓인 물체가 자기 에너지 밀도의 기울기($\nabla(B\cdot H)$)에 해당하는 힘을 받기 때문에 나타났다.

장의 양과 강도를 구분짓다

유체 시스템은 전기와 자기 작용에 관여하는 물리량들을 장field의 양quantity과 강도intensity로 체계적으로 구분하는 데에도 결정적인 도움을 주었다. 유체 시스템에서는 유체를 미는 힘과 그로 인해 흐르는 유체의 유량flux이 분명하게 구분되었다. 유체 시스템의 이러한 구분으로부터, 맥스웰은 전기와 자기 작용을 일으키는 장의 강도와 그로 인해 만들어지는 '힘의 선'의 양을 분명하게 구분할 수 있게 되었다. 유체 시스템을 묘사하는 튜브·등압면 그림그림 4-2으로 보자면, '힘의 선'의 양은 튜브의 개수(유량)에 의해, 장의 강도는 튜브가 통과하는 등압면의 개수(압력 차이에 의한 힘)에 의해 표현되었다. 이에 따라, 정전기, 전류, 자기 작용에 관여하는 물리량도 양을 표현하는 물리량과 강도를 의미하는 물리량으로 구분할 수 있게 되었다. 즉, 정전기 작용에서는 전기력선 수/전압, 전류 작용에서는 전류/전압, 자기 작용에서는 자기력선 수/자기 총강도라는 물리량이 구분될 수 있었다. 이후 이루어진 맥스웰의 전자기학 연구를 염두에 둘 때, 이 세 쌍의 물리량을 개념적으로 구분했다는 것은 그 의미가 각별하다 할 수 있는데, 이들의 단위 부피당 물리량, 즉 유체 시스템의 튜브 밀도/등압면 밀도에 해당하는 세 쌍의 물리량인 전기력선 밀도(D)/기전력(E), 전류 밀도(J)/기전력(E), 자기력선 밀도(B)/자기 강도(H)는 이후 맥스웰이 만들어 나가게 될 "장 방정식"의 핵심 구성 성분이 되기 때문이다.

몇 달 뒤 출판된 논문의 2부에서, 맥스웰은 위에서 정립한 물리량을 전자기 상호 작용에 관한 법칙들을 장 방정식의 형태로

	양(quantity)	단위 면적당 양	강도(intensity)	단위 거리당 강도
패러데이의 힘의 선	힘의 선의 개수	힘의 선의 밀도	힘의 선 양단에 걸린 긴장의 총강도	힘의 선의 긴장 강도
튜브·등압면 그림	단위 튜브의 개수	단위 튜브의 밀도	등압면의 개수	등압면의 밀도
유체 시스템	유량 ($\iint \vec{v} \cdot d\vec{S}$)	유량 밀도(속도) ($\vec{v}$)	압력 ($\int \vec{F} \cdot d\vec{l}$)	유체를 미는 힘 ($\vec{F}$)
정전기 시스템	전기력선 수 ($\iint \vec{D} \cdot d\vec{S}$)	전기력선 밀도 ($\vec{D}$)	전압 ($\int \vec{E} \cdot d\vec{l}$)	기전력 ($\vec{E}$)
전류 시스템	전류 ($\iint \vec{J} \cdot d\vec{S}$)	전류 밀도 ($\vec{J}$)	전압 ($\int \vec{E} \cdot d\vec{l}$)	기전력 ($\vec{E}$)
자기 시스템	자기력선 수 ($\iint \vec{B} \cdot d\vec{S}$)	자기력선 밀도 ($\vec{B}$)	자기 총강도 ($\int \vec{H} \cdot d\vec{l}$)	자기 강도 ($\vec{H}$)

재기술하는 데 곧바로 이용했다. 맥스웰은 먼저 전류의 자기 작용을 다루기 시작했다. 공기 중에서 전류(I)가 흐르는 도선 주위에는 도선을 감싼 원형으로 도선과의 거리(r)에 반비례하는 크기의 자기 효과(B)가 나타난다($B=2\frac{I}{r}$). 맥스웰은 이를 설명하기 위해 전류가 그 주위를 감싼 원형 자기장의 자기 총강도를 결정한다고 제안했다. 전류 주위에 형성되는 자기장을 그림 4-6과 같은 튜브·등압면 그림으로 보자면, 전류를 감싸고 있는 어떤 자기력선을 선택하든 그 자기력선을 따라 한 바퀴를 돌면 동일한 개수의 등압면을 통과하게 되는데, 그 등압면의 개수, 즉 자기 총강도가 전류에 의해 결정된다는 것이다. 이는 오늘날 '앙페르 법칙'이라 불리는 공식으로, 이를 수학적으로 표현하면 다음과 같다(H는 자기 강도, J는 전류 밀도, $\oint \vec{H} \cdot d\vec{l}$은 자기 강도를 자기력선을 따라 한 바퀴 경로 적분한 값으로 자기 총강도를 의미, $\iint \vec{J} \cdot d\vec{S}$는 전류 밀도

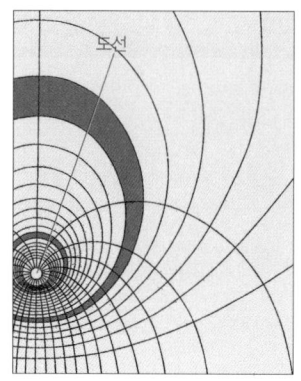

■■■ 그림 4-6
전류 주위에 형성된 자기장을 묘사하는 튜브-등압면 그림 | 전류가 흐르는 도선 주위에는 도선을 원형으로 감싼 여러 개의 자기력선들이 형성되는데, 그림에서 자기력선은 튜브의 형태로 묘사되어 있다. 도선을 둘러싼 자기력선(튜브)들은 한 바퀴를 도는 동안 모두 동일한 개수의 등압면을 통과한다. 즉 각각의 자기력선에 걸린 자기 총강도는 모두 일정하다. 짙게 칠해진 두 개의 튜브만 비교해보면, 두 개의 튜브는 모두 24개의 등압면을 통과한다. 다만 바깥쪽 튜브의 등압면 간격이 안쪽 튜브의 등압면 간격보다 전반적으로 벌어지기 때문에 (단위 거리당) 자기 강도는 도선에서 멀어질수록 약해진다. (출처: 맥스웰,《전기와 자기에 관한 논고》2권, plate 18)

■■ 벡터 연산자 회전(curl, $\nabla \times$)

벡터장 내 임의의 지점의 회전량과 방향을 나타내는 연산자. 자기장의 강도 H가 그림 4-7의 화살표들처럼 어지럽게 분포되어 있다고 해보자. 각 사각형의 한 변의 길이가 1이라고 할 때, 각 사각형의 자기 강도 회전량 $\nabla \times H$은 각 사각형의 변을 따라 반시계방향으로 돌면서 그 방향과 일치하는 화살표는 더하고 반대 화살표는 빼서 얻어진다. 그 결과는 각 사각형 안에 회전 방향을 가리키는 화살표와 함께 회전량을 숫자로 기입해 두었다. 맥스웰이 정식화한 $\nabla \times H = 4\pi \, j$ 라는 법칙이 맞다면, 각 단위 사각형 내부에서는 $\frac{1}{\pi}, -\frac{1}{4\pi}, \frac{1}{2\pi}$ 의 전류가 종이를 통과하고 있어야 한다(+는 종이 아래에서 위로 뚫고 나오는 방향, −는 그 반대 방향).

수학적인 기호를 이용하면, $\vec{H} = (H_x, H_y, H_z)$에 의해 정의된 벡터장 내 각 지점의 장의 회전은 $(\nabla \times \vec{H})$로 표현되며, 그 값은 다음과 같은 다소 복잡한 형태의 벡터로 정의된다.

$$\nabla \times \vec{H} = \left(\frac{\partial H_z}{\partial y} - \frac{\partial H_y}{\partial z}, \ \frac{\partial H_x}{\partial z} - \frac{\partial H_z}{\partial x}, \ \frac{\partial H_y}{\partial x} - \frac{\partial H_x}{\partial y} \right)$$

를 면적분한 값으로 자기력선 내부를 통과하는 총전류를 의미).

$$\oint H \cdot dl = 4\pi \iint J \cdot dS$$

이 공식에 따르면, 전류를 감싼 각각의 자기력선의 자기 총강도는 전류로부터의 거리에 상관없이 전류의 크기에 의해 결정된다. 그런데 도선으로부터 멀어질수록, 자기력선에 걸린 자기 총강도는 일정한 데 반해 자기력선을 따라 한 바퀴를 도는 거리는 전반적으로 길어지게 되므로, 자기력선에 걸린 (단위 거리당) 자

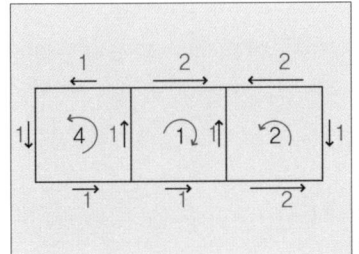

■■■ 그림 4-7 주어진 자기 강도 분포에 의한 자기 강도 회전 방향과 회전량이 각 사각형의 안쪽에 표시되어 있다.

수식의 복잡한 겉보기와 다르게 그 의미는 생각보다 간단하다. 그림 4-7의 경우, 각 단위 사각형마다의 장의 회전 $(\nabla \times H)$를 $(0, 0, \frac{\triangle H_y}{\triangle x} - \frac{\triangle H_x}{\triangle y})$의 계산법으로 구해보면 그 값은 왼쪽 사각형부터 (0,0,4), (0,0,-1), (0,0,2)이 된다. 결과적인 벡터의 크기는 앞서 사각형을 반시계 방향으로 돌며 회전량을 계산한 결과와 동일하며, 벡터의 방향은 회전 방향으로 오른손을 감싸줬을 때 엄지손가락이 가리키는 회전축의 방향을 가리킨다.

기 강도는 점점 약해진다는 결과가 도출된다. 만약 다른 모든 영향으로부터 고립된 전류를 가정할 경우, 그 전류를 둘러싼 자기 강도가 도선으로부터의 거리에 반비례한다는 앞서의 경험법칙이 손쉽게 따라나오게 된다.

그렇다면 전류는 그로부터 멀리 떨어진 지점에 어떻게 그러한 자기장을 형성할 수 있을까? 원거리 작용일까? 전자기 작용이 점진적으로 전달된다는 패러데이의 생각을 선호했던 맥스웰은 위에서 정식화한 전류와 자기 사이의 관계식이 원거리 작용의 원리에 의존하지 않고도 성립 가능하다는 것을 보이고 싶었다. 그래서 그는 이 공식을 오로지 국소적인 인접 작용들에 의한 결과로 표현하기로 마음 먹었다. 오늘날 '스토크스 정리˙˙'라 불리는 정리를 졸업 시험 문제에서 증명한 적이 있었던 맥스웰은, 그 정리를 활용해 위의 앙페르 법칙으로부터 다음의 미분 형태의 장 방정식을 얻을 수 있었다($\nabla \times$는 회전 연산자˙, H는 자기 강도, J는 전류 밀도).

$$\nabla \times H = 4\pi J$$

이 방정식에 따르면, 임의의 극히 작은 점을 둘러싼 자기 강도의 회전($\nabla \times H$)은 그 지점을 통과하는 전류 밀도(J)에 의해 결정되었다.

맥스웰은 패러데이의 전자기 유도 법칙도 같은 형태의 장 방정식으로 재기술하고자 했다. 그는 앙페르 법칙에서 전류 작용의 양인 전류가 자기 작용의 총강도를 결정하듯이, 이번에는 자기 작용의 양, 즉 자기력선의 수가 전류 작용의 총강도, 즉 전압을 결정짓는 방식을 생각했다. 그러나 자기장에 가만히 놓인 도선에 전류가 유도되지 않는다는 것은 잘 알려진 사실이었다. 자기 작용에 의해 회로에 형성되는 전압은 회로를 통과하는 자기

:: **스토크스 정리**

스토크스의 정리에 따르면, 임의의 폐곡선을 따라 자기 강도를 한 바퀴 경로 적분한 값은 그 폐곡선 내부 각 지점의 자기 강도 회전량의 총합(면적분)과 같다. 이를 수식으로 표현하면 다음과 같다.

$$\oint \vec{H} \cdot d\vec{l} = \iint \nabla \times \vec{H} \cdot d\vec{S}$$

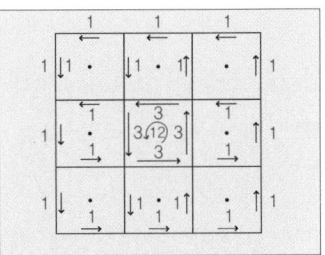

■■■ 그림 4-8 | 맨 가운데 사각형의 회전만 12이고, 나머지 사각형의 회전은 0이다.

이 등식이 의미하는 바는 그림을 통해 더 명확히 보일 수 있다. 그림 4-8의 가장 바깥 둘레의 경우에 대해 등식의 좌변과 우변의 값을 구해보면 다음과 같이 정확히 일치한다(다른 폐곡선에 대해서도 결과는 마찬가지이다).

좌변 : $\oint \vec{H} \cdot d\vec{l} = 1+1+1+1+1+1+1+1+1+1+1+1=12$
우변 : $\iint \nabla \times \vec{H} \cdot d\vec{S} = 0+0+0+0+12+0+0+0+0=12$

맥스웰이 정식화한 미분 형태의 앙페르 법칙은 바로 스토크스의 정리를 이용해 적분 형태의 앙페르 법칙을 고쳐 쓴 것이다. 그 유도 과정은 아래와 같다.

앙페르 법칙 : $\oint \vec{H} \cdot d\vec{l} = 4\pi \iint \vec{J} \cdot d\vec{S}$
스토크스 정리 : $\oint \vec{H} \cdot d\vec{l} = \iint \nabla \times \vec{H} \cdot d\vec{S}$
두 등식의 좌변이 일치하므로 $\nabla \times \vec{H} = 4\pi \vec{J}$

력선 수의 감소율에 의존했다. 이는 다음의 수식으로 표현된다 (E는 기전력, B는 자기력선 밀도, $\oint E \cdot dl$은 기전력 E를 회로를 따라 한 바퀴 경로 적분한 값으로서 전압을 의미, $\iint B \cdot dS$는 자기력선 밀도를 면적분한 값으로서 회로를 통과하는 총자기력선 수를 의미).

$$\oint E \cdot dl = -\frac{\partial}{\partial t} \iint B \cdot dS$$

그러나 맥스웰은 자기 작용의 양이 모종의 강도를 결정한다는 생각을 버리지 못했다. 그래서 그는 '전기적-긴장 강도electro-tonic intensity'라는 새로운 물리량을 도입하여, 패러데이의 법칙을 다음과 같이 재기술했다. 그에 따르면, 자기력선의 양은 자기력선을 감싼 회로의 전기적-긴장 강도를 결정하며, 그 강도의 변화율이 회로의 기전력을 결정짓는다. 이를 수식으로 표현하면 다음과 같다(A는 전기적-긴장 강도).

$$\oint \vec{A} \cdot dl = \int B \cdot dS$$
$$E = -\frac{\partial \vec{A}}{\partial t}$$

맥스웰은 위에서와 마찬가지로 이를 다음과 같은 미분 형태의 방정식으로 표현했다.

$$\nabla \times \vec{A} = B$$
$$E = -\frac{\partial \vec{A}}{\partial t}$$

'전기적-긴장 강도'라는 물리량은 앞서 유체 시스템의 비유를 통해 체계적으로 짜놓은 범주에 들어맞지 않았지만, 맥스웰은 이 물리량을 패러데이가 말했던 '전기적-긴장 상태'의 수학적 표현으로 생각해 살려두기로 했다.

이로써 맥스웰은 이후 만들어낼 장 방정식의 기본 재료가 되는 수학적 물리량을 모두 확정지었으며, 새로이 정립한 물리량들을 이용해 두 가지 전자기 법칙을 장 방정식의 형태로 재기술하는 데에도 성공을 거두었다. 그러나 그의 방정식이 그의 유체 시스템에서 유도되었다고 생각하면 오산이다. 유체 시스템 비유는 그의 방정식에 쓰일 물리량을 제공하는 데에서 자신의 역할을 다했다. 그의 방정식은 이미 알려져 있던 앙페르의 법칙과 패러데이의 법칙으로부터 벡터 연산에 관한 수학적 정리를 이용해 역으로 유도되었다. 따라서 그는 여전히 자기 작용이 어떻게 전류를 유도하는지, 전류 주위에 자기장이 어떻게 형성되는지 설명할 수 없었다. 이를 위해서는 정전기와 전류 및 자기 시스템을 통합적으로 묘사할 수 있는 완전히 새로운 이론이 필요했으며, 그의 방정식은 새로운 이론으로부터 다시 유도되어야 했다.

맥스웰도 이러한 한계를 잘 알고 있었다. 사실 매우 성공적인 것처럼 제시했던 유체 시스템과 각각의 정전기, 전류, 자기 시스템 사이의 유비도 완전한 것은 아니었다. 예를 들어 유체 시스템의 셀 격자는 정전기 시스템과 자기 시스템에 저장된 에너지를 묘사하는 데 사용되긴 했지만, 엄밀히 말해 유체 시스템의 셀 격자에는 에너지가 저장되어 있지 않았다. 유체 시스템의 각 셀 격자에서는 단위 시간당 한 단위의 에너지가 소비될 뿐이었다. 이러한 유체 시스템의 상황과 정확히 대응되는 현상은 전류 작용 뿐이었다.

이러한 이유 때문에 맥스웰은 자신의 유비가 '임시적'이라는 점을 누차 강조했다. 심지어 그는 자신의 이론이 참된 물리 이론의 그림자조차 담지 못하고 있다고 말하기도 했다. 유체 튜브는 필요에 따라 전기력선이 되기도 하고 자기력선이 되기도 하고 전류가 되기도 했는데, 이는 유체 시스템의 유연한 적용 가능성을 보여주는 것이기도 했지만, 그 근본적인 한계를 보여주는 것이기도 했다. 즉 유체 시스템은 자기력선과 전기력선과 전류가 함께 작용하는 시스템을 전혀 묘사할 수 없었다. 맥스웰이 전류와 자기 사이의 상호 작용을 다루는 두 가지 법칙을 재정립하는 과정에서 유체 시스템의 비유를 온전히 사용하지 않았던 데에는 이러한 이유가 있었던 것이다.

유체 시스템이 이러한 근본적인 한계를 가지고 있다면, 유체 시스템을 이용한 그의 작업은 어떤 의미가 있었던 것일까? 유체 시스템은 패러데이의 힘의 선의 특징을 구현한 시스템이 어떻게 수학적으로 묘사될 수 있는지 알려주었으며, 그러한 수학적 시스템이 그동안 전기와 자기에 관해 알려진 법칙들과 정합적일 수 있다는 것을 보여주었다. 특히 그는 그 형태상 원거리 작용의 원리에 의해서만 설명 가능해 보였던 전기와 자기의 법칙들이 원거리 작용이 전혀 존재하지 않는 시스템에서도 나타날 수 있다는 것을 보여줄 수 있었다. 다시 말해 그는 전기와 자기 작용에 대한 이론을 힘의 선에 기반한 수학적 이론으로 새롭게 재구축할 수 있다는 가능성을 제시할 수 있었던 것이다. 이는 맥스웰이 〈패러데이의 힘의 선에 관하여〉라는 논문을 기획한 의도이기도 했다.

이에 더해 유체 시스템을 이용한 훈련은 맥스웰에게 부가적인 소득을 안겨주기도 했다. 훈련을 거치면서 맥스웰은 앞으로의 이론 작업에 어떤 물리량들이 사용되어야 할지, 또 앞으로 이론적으로 유도해야 할 방정식이 어떤 모습이어야 할지 알게 되었으며, 장 방정식에 쓰이는 벡터라는 새로운 수학적 기법에도 완전히 익숙해질 수 있었다. 이들은 맥스웰이 앞으로 연구를 진행하는 데 꼭 필요한 것들이었다.

소용돌이 분자로 자기력선을 그리다

1856년 논문을 마친 후, 맥스웰은 전기와 자기, 그리고 전류 작용을 통합적으로 설명할 수 있는 방법을 찾는 데 몰두했다. 이번에도 톰슨의 논문이 아이디어를 제공했다. 1856년 톰슨은 패러데이의 자기-광 회전 효과에 대한 논문을 발표한 바 있다. 그 논문에서 톰슨은 자기 현상이 물질과 공간을 구성하는 분자들의 소용돌이 운동과 관련되어 있다고 주장했으며, 전자기력과 전자기 유도 작용도 같은 방식의 소용돌이 운동을 가정하면 쉽게 설명될 수 있을 것이라고 제안했다. 톰슨의 논문을 읽은 맥스웰은 그 아이디어를 바탕으로 '자기와 전기에 대한 소용돌이 이론'을 몇 년간 갈고 닦았다.

1861년 맥스웰은 자신의 성과를 〈물리적 힘의 선에 관하여〉라는 논문으로 출판했다. 이 논문은 4부에 걸쳐 출판되었는데, 1부는 자기 작용을, 2부는 전류와 전자기 유도 작용을, 3부는 정전기 작용을, 4부는 패러데이의 자기-광 회전 효과를 차례차례 다루었다. 맥스웰은 각 단계마다 나타나는 새로운 현상에 맞도록 소용돌이 유비를 조금씩 변경했지만, 전체적인 일관성은 잃지 않았다. 1부에서는 소용돌이 분자의 회전을 통해 자기력선을 표상하였고, 2부에서는 소용돌이 분자들 사이에 유동 바퀴를 끼워 넣어 전류를 표상했으며, 3부에서는 소용돌이 분자에 탄성을 추가해 그 탄성 변형을 통해 정전기 분극 상태, 즉 전기력선을 표상했는데, 이렇게 3부에 걸쳐 발전되어 완성된 최종적인 소용돌이 분자 모형은 자기와 전류, 정전기 및 그들 사이의 상호 작용까지 통합적으로 설명할 수 있었다.

논문의 제목에 쓰여 있는 '물리적 힘의 선'이란 전기와 자기 작용을 관장하는 실재하는 힘의 선을 의미했다. 이를 제안한 패러데이에 따르면, 물리적 힘의 선은 다음의 특징을 지녀야 했다.

> (1) 힘의 선을 따라 양쪽으로 잡아당기는 장력이 존재한다.
> (2) 이웃한 힘의 선은 서로 반발한다.

맥스웰은 힘의 선의 이 두 가지 특징을 톰슨이 제안했던 작은 소용돌이 분자들로 구성된 매질을 통해 구현할 수 있다는 것을 깨달았다. 힘의 선을 축으로 도는 소용돌이는 원심력 때문에 그 측면의 압력이 축 방향의 압력보다 크다. 이는 소용돌이를 둘러싼 모든 방향에서 동일한 크기의 기준 압력이 주어진 상황에서 축 방향으로만 잡아당기는 장력이 더해진 결과로 해석될 수 있었다. 맥스웰이 보기에, 이러한 해석을 발전시키면 소용돌이 분자를 이용해 힘의 선을 따라 작용하는 장력과 이웃한 힘의 선 사이에 작용하는 척력을 흉내 낼 수 있을 것 같았다.

논문의 1부에서 맥스웰은 작은 소용돌이 분자들로 이루어진 매질을 가정했다. 그는 기준 압력과 밀도와 회전 속도 및 회전축이 주어진 개별 소용돌이에 작용하는 스트레스 식을 구한 후, 이 스트레스들이 매질의 아주 작은 입방체에 작용하는 알짜 효과를 계산하여 정리함으로써 소용돌이 매질에 작용하는 힘을 다음과 같이 도출했다($\frac{1}{4\pi}\mu$는 매질의 밀도, H는 소용돌이 분자의 회전축과 회전 속도를 자신의 방향과 크기로 갖는 벡터, p는 기준 압력).

$$f = \frac{1}{4\pi}(\nabla \cdot \mu H)H + \frac{1}{4\pi}(\nabla \times H) \times \mu H + \frac{1}{8\pi}\mu \nabla H^2 - \nabla p$$

맥스웰은 지난 논문 〈패러데이의 힘의 선에 관하여〉에서 얻은 결과에 근거하여 위의 식에 등장하는 각 항들의 의미를 해석할 수 있었다. H, μ, μH를 각각 앞의 논문에서 정의한 '자기 강도', '자기 투과율', '자기력선 밀도'와 대응시키고 나니, 방정식의 첫 번째 항은 자기장(H)에 놓인 자유 자극($\nabla \cdot \mu H$)이 자기력선을 따라 받는 자기력을 의미했다.그림 4-9 두 번째 항은 자기장에 놓인 전류($\frac{1}{4\pi}\nabla \times H$)가 자기력선($\mu H$)과 직각 방향으로 받는 전자기력을 나타냈고그림 4-10, 세 번째 항은 자기장에 자성체가 놓였을 때 자기력선의 방향과 상관없이 자기 강도가 증가하는 방향(∇H^2)을 따라 (반자성체의 경우엔 감소하는 방향으로) 움직이도록 만드는 자기력을 의미했다.그림 4-11(수식을 읽는 법은 앞의 박스 글들을 참고할 것).

맥스웰은 소용돌이 분자들의 회전 운동으로부터 매질의 각 지점에 작용하는 힘을 구한 것뿐이었다. 그러나 소용돌이 분자의 회전 속도와 회전축을 자기장의 강도와 방향으로 해석하는 순간, 매질의 각 지점에 작용하는 힘의 크기와 방향은 자기장에 놓인 물체가 받는 자기력의 크기와 방향으로 둔갑하게 되었다. 게다가 각 항별로 정리된 자기력의 크기와 방향은 각각 자극, 전류, 자성체(와 반자성체)에 작용하는 자기력 법칙과 정확히 일치했다. 이로써 맥스웰은 자기 작용에 의해 발생하는 모든 경우의 자기력을 '통째로' 유도하는 데 성공한 셈이다.

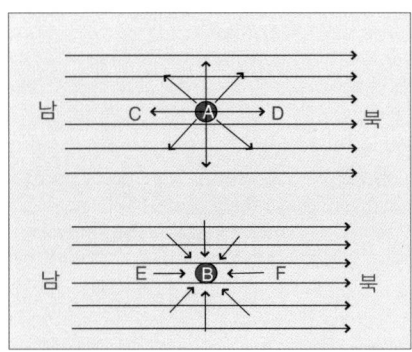

■■■ 그림 4-9

자기장에 놓인 자유 자극이 받는 힘 | 남북방향으로 형성된 자기장에 N극(A)이 놓인다면, N극에서 발산되는 자기력선이 원래의 자기력선과 합쳐져 C쪽의 자기력선은 줄어들고 D쪽의 자기력선은 증가한다. 자기력선을 따라 장력이 작용하므로, N극은 더 많은 자기력선이 잡아당기는 D쪽으로 힘을 받게 된다. 반대로 S극(B)이 놓인다면, E쪽의 자기력선은 증가하고 F쪽의 자기력선은 감소하여, S극은 더 많은 자기력선이 잡아당기는 E쪽으로 힘을 받게 된다. (출처: 맥스웰, 〈물리적 힘의 선에 관하여〉 1부, 《철학잡지》, 1861, 169쪽)

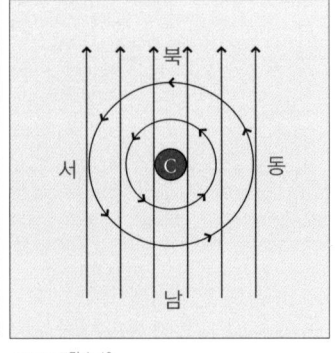

■■■ 그림 4-10

자기장에 놓인 전류가 받는 힘 | 남북방향으로 형성된 자기장에 수직으로 전류(C)가 놓이면, 전류가 만들어내는 원형의 자기력선이 원래의 자기력선과 합쳐져 서쪽의 자기력선은 줄어들고, 동쪽의 자기력선은 증가한다. 이웃한 자기력선들은 소용돌이 분자의 회전에 의해 서로 밀어내는데, 자기력선이 더 밀집한 동쪽의 반발력이 서쪽의 반발력보다 강하므로, 결국 전류는 서쪽으로 힘을 받게 된다. (출처: 맥스웰, 〈물리적 힘의 선에 관하여〉 1부, 《철학잡지》, 1861, 172쪽)

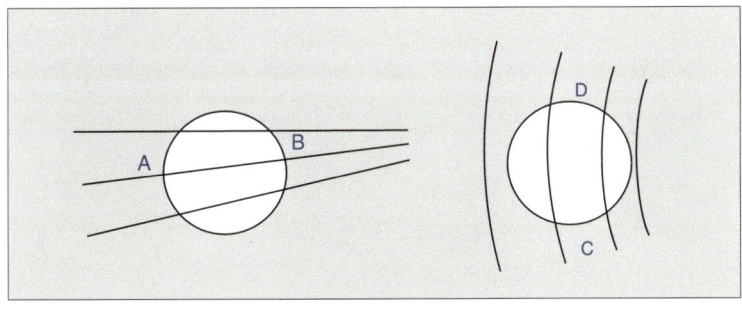

■■■ 그림 4-11

자기장에 놓인 일반 물체가 받는 힘 | 왼쪽 그림에서 물체는 자기력선에 의해 양쪽으로 잡아당겨지지만, 자기력선이 더 밀집한 B쪽으로 힘을 받는다. 오른쪽 그림처럼 전류 주위에 형성된 원형 자기장 내에 놓인 물체는 자기력선에 의해 위아래로 잡아당겨지지만 결과적으로는 자기력선이 더 밀집한 오른쪽으로 힘을 받게 된다. 그러나 물체의 실제 운동 방향은 물체의 자기 투과율과 주변의 자기 투과율에 의존한다. 주변보다 자기 투과율이 높은 경우 물체는 힘을 받는 방향으로 움직이지만, 주변보다 자기 투과율이 낮은 경우 물체는 주변 물질에 의해 자리를 뺏겨 반대 방향으로 밀려나게 된다. (출처: 맥스웰, 〈물리적 힘의 선에 관하여〉 1부, 《철학잡지》, 1861, 170쪽)

유동 바퀴를 통해 전자기 유도를 구현하다

소용돌이 분자 비유를 통해 자기 작용에 대한 설명을 마친 맥스웰은 논문의 2부에서 전류 작용을 설명했다. 그러나 소용돌이 분자만으로 이루어진 매질에는 전류에 대응될 만한 것이 없었다. 소용돌이 분자들의 회전축과 회전 속도는 자기장의 방향과 강도를 묘사할 뿐이었다. 전류를 묘사하기 위해서는 소용돌이 분자에 무언가가 더 추가되어야 했다. 그것을 어떻게 만들어낼 수 있을까? 맥스웰은 애초의 소용돌이 분자 모형이 가지고 있던 문제를 해결하는 과정에서 전류의 대응물을 만들어냈다.

나는 매질 내에서 평행한 축으로 같은 방향으로 회전하는 소용
돌이가 나란히 늘어서 있는 것을 상상하는 데 어려움이 있음을
깨닫게 되었다. 연속된 소용돌이의 인접 부분은 서로 반대 방향
으로 운동하게 된다. 어떻게 매질의 한 부분의 운동이 그것과
접촉하고 있는 부분의 반대 운동과 공존하거나 혹은 그 운동을
산출할 수 있는지 이해하기 어렵다.

즉 같은 방향으로 회전하는 소용돌이 분자들은 인접한 소용돌
이 분자의 운동을 방해하기 때문에, 맥스웰이 말한 소용돌이 분자
시스템은 '연결된 기계 장치로서' 작동할 수가 없었다. 그는 이 문
제를 해결하기 위해 소용돌이 분자들 사이에 미끄러지지 않는 작은
'유동 바퀴idle wheel'들을 삽입했다.그림 4-12 이 유동 바퀴는 소용돌이
분자 시스템을 연결된 기계 장치로 작동할 수 있게 해줄 뿐만 아
니라, 전류를 묘사할 수 있는 추가적인 자원까지 제공했다.

맥스웰은 이론적인 물리학뿐 아니라 실제 기계 장치에 상당히
익숙한 편이어서, 최신 기계 장치에 쓰이는 다양한 종류의 '유동
바퀴'에 대해서도 잘 알고 있었다. "기계 장치에서 유동 바퀴는

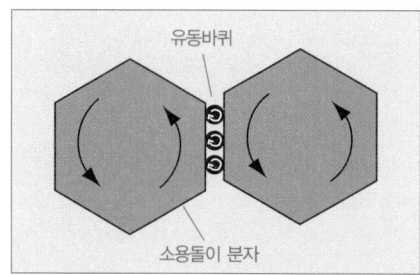

■■■ 그림 4-12
유동 바퀴의 기본 역할 | 같은 방향으로
회전하는 소용돌이 분자들 사이에 삽입된
유동 바퀴는 그와 반대 방향으로 회전함
으로써, 양쪽의 소용돌이 분자들이 서로
의 회전을 방해하지 않도록 해준다.

대체로 고정된 축에서 회전하도록 만들어지지만, …… 예컨대 지멘스 사의 증기 기관 속도 조절기에 있는 몇몇 장치에는 그 중심이 움직이는 유동 바퀴도 있다"고 지적한 그는, 고정된 축에 속박된 유동 바퀴와 축이 고정되어 있지 않은 자유로운 유동 바퀴를 구분했다. 그에 따르면 '절연체'에 있는 유동 바퀴들은 고정된 축에 속박되어 있는 반면, '도체'의 유동 바퀴들은 축에 묶여있지 않아서 자유롭게 움직일 수 있었다. '전류'는 바로 도체 내 자유로운 유동 바퀴의 직선 운동translational motion으로 묘사될 수 있었다.

유동 바퀴와 소용돌이 분자는 서로 연결되어 있기 때문에, 하나의 운동은 다른 하나의 운동을 만들어낼 수 있었다. 맥스웰은 이러한 메커니즘으로부터 전류와 자기의 상호 작용을 읽어낼 수 있었다. 유동 바퀴의 직선 운동은 그 주위의 소용돌이 분자들을 일정하게 회전시킬 텐데, 이것은 전류에 의한 자기 작용을 의미

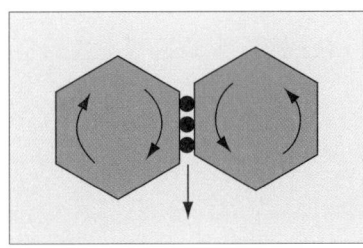

■■■ 그림 4-13

전류에 의한 자기 작용 | 유동 바퀴가 한쪽 방향으로 직선 운동하면, 양편의 소용돌이 분자는 서로 반대 방향으로 회전하게 된다. 소용돌이 분자의 회전축은 자기력선의 방향을 의미하므로, 이는 전류 주위에 원형의 자기력선이 형성되는 것을 의미한다.

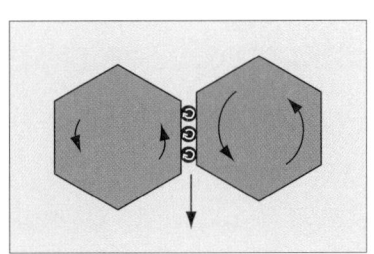

■■■ 그림 4-14

자기에 의한 전류 작용 | 고정된 축에 속박되어 있지 않은 유동 바퀴는 서로 다른 속도로 회전하는 소용돌이 분자 사이에서 한쪽 방향으로 굴러갈 수 있다. 즉 도선 양편의 자기장 강도의 불일치는 도선에 전류를 유도한다.

했다그림 4-13. 반대로 소용돌이 분자들의 회전은 유동 바퀴를 회전시킬 것이고, 만약 유동 바퀴 양쪽의 소용돌이 분자의 회전 속도가 다르다면 도체 내 유동 바퀴는 미끄러지지 않기 위해 일정한 방향으로 움직일 것이다. 이것은 바로 자기에 의한 전류 작용, 즉 전자기 유도를 의미했다그림 4-14.

맥스웰은 소용돌이 분자가 유동 바퀴에 가하는 힘을 기전력(E)으로 둔 후, 유동 바퀴가 소용돌이 분자에 가하는 힘($-E$)에 의해 시간당 수행되는 일의 양이 소용돌이 분자의 회전운동에너지의 변화율과 같아야 한다는 일-에너지 원리를 이용하여, 자기력선 밀도의 감소율에 의해 그 주위의 기전력이 결정된다는 다음의 전자기 유도 법칙을 도출하는 데 성공했다(E는 기전력, μH는 자기력선 밀도).

$$\nabla \times \vec{E} = -\frac{\partial \mu \vec{H}}{\partial t}$$

이 방정식은 지난 논문에서 만들어낸 방정식과 동일한 것이었지만 그 의미는 동일하지 않았다. 지난 논문에 쓰인 방정식은 단지 패러데이의 법칙을 수학적으로 재기술한 것에 불과했던 반면, 이번에 유도한 방정식은 기계 모형으로부터 유도된 것으로, 전자기 유도의 기계적인 메커니즘을 담고 있었다. 맥스웰은 그 메커니즘을 직관적으로 설명하기 위해 다음과 같은 그림을 그렸다그림 4-15. 두 개의 도체(AB, pq) 외에는 모두 절연체로 구성된 시스템에서, 지금 막 A에서 B로 전류가 흐르기 시작했다고 가정하자. A에서 B로 유동 바퀴들이 움직이기 시작하자, 그와 인접한 소용돌이 분자들도 그와 함께 회전하기 시작한다. 위의 소용돌이 분자들(gh)은 시계 반대 방향(+)으로, 아래의 소용돌이 분자들은 시계 방향(-)으로 돌 것이다. 이 소용돌이 분자의 회전은 절연체 내 유동 바퀴의 제자리 회전을 통해 인접한 소용돌이 분자들에 차례차례 전달될 것이다(AB 아래의 경우). 그러나 회전하는 소용돌이 분자(gh)와 멈추어 있던 소용돌이 분자(kl) 사이에 놓인 도체(pq)에서는 자유롭게 움직일 수 있는 유동 바퀴가 양편의 회전 속도 차이에 의해 q에서 p 방향으로 구르게 되어 유

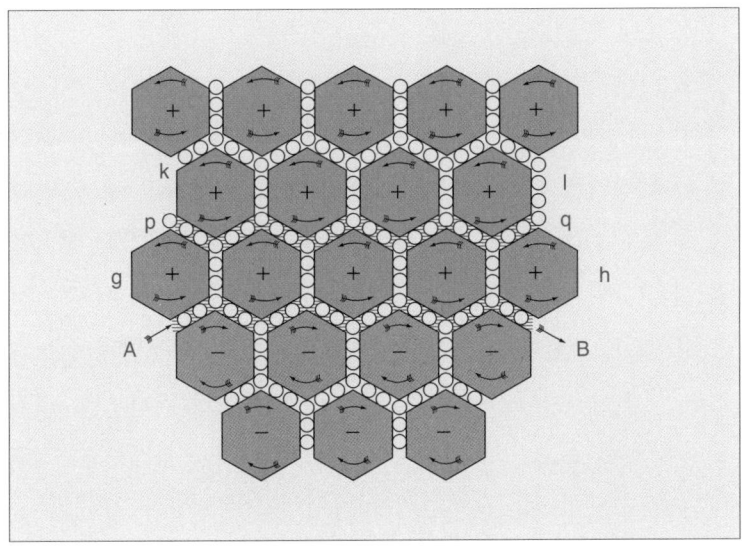

■■■ 그림 4-15
전자기 유도를 설명하기 위한 맥스웰의 소용돌이 분자-유동 바퀴 모형 | A에서 B방향으로 유동 바퀴가 흐르기 시작하면, 인접한 소용돌이 분자(gh)를 회전시키게 되고, 회전하는 소용돌이 분자(gh)와 멈추어 있던 소용돌이 분자(kl) 사이에 놓인 도체에서는 양편의 회전 속도 차이에 의해 유동 바퀴가 q에서 p방향으로 구르게 되어 유도 전류가 만들어진다. (출처: 맥스웰, 〈물리적 힘의 선에 관하여〉 2부, 《철학잡지》, 1861, plate 2)

도 전류가 만들어진다. 만약 도체 pq에 저항이 없다면, 유동 바퀴는 영원히 움직이면서 도체 너머의 소용돌이 분자에는 운동을 전달하지 않을 것이다. 그러나 실제 도체는 저항이 있기 때문에, 움직이던 유동 바퀴는 서서히 멈춰서 제자리에서 회전하면서 도체 너머의 소용돌이 분자(kl)에도 운동, 즉 자기 작용을 전달하게 된다. 즉 이 소용돌이 분자-유동 바퀴 모형은 전류의 자기 작용이 어떻게 멀리까지 전달되는지, 어떻게 유도 전류가 만들어지는지, 그리고 왜 그 유도 전류는 금방 사라지는지까지 '기계적으로' 설명해준 셈이었다.

이로써 맥스웰은 원거리 작용 개념을 사용하지 않고서, 자기와 전자기 현상에 대한 대안적인 모형을 일관되게 만들 수 있었으며, 그로부터 전자기 법칙들을 유도하는 데 성공했다. 게다가 그의 소용돌이 분자-유동 바퀴 모형은 전자기 유도 작용이 인접한 기계 장치들 사이의 연결된 메커니즘에 의해 일어날 수 있다는 무척이나 직관적인 설명을 제공했다. 그러나 이러한 맥스웰의 설명이 원거리 작용 개념에 대한 결정적인 논박을 제공한 것은 아니었다. 왜냐하면, 그의 모형을 통해 유도해낸 방정식은 원거리 작용 개념에 근거한 방정식과 전혀 차이가 없었으며, 그의 모형에 의한 전자기 유도 작용은 인접한 기계 장치를 따라 매개되긴 했지만 여전히 순식간에 전달되었기 때문이다. 원거리 작용 개념과의 실질적인 차별화를 제공한 것은 정전기 작용을 다룬 3부에 이르러서였다.

매질의 탄성 변형으로 전기력선을 그리다

논문의 2부를 출판할 때까지 맥스웰은 아직 소용돌이 분자 모형을 정전기 작용까지 설명할 수 있도록 확장하는 방법을 알지 못했다. 2부를 출판하고서 몇 달 후, 그는 인접한 소용돌이 분자와 유동 바퀴가 서로 미끄러지지 않으면서 서로의 운동을 온전히 전달하려면 소용돌이 분자에 고무와 같은 탄성이 있어야 한다는 것을 깨달았다. 동시에, 맥스웰은 탄성이라는 이 아이디어가 정전기 현상을 설명할 수 있는 길을 열어준다는 것도 함께 깨달았다. 패러데이는 정전기 작용이 유전체 매질의 연쇄적인 전기 분극 상태에 의해 전달된다고 생각했는데, 패러데이가 말한 유전체의 전기적 분극 상태가 소용돌이 분자의 탄성 변형을 통해 재현될 수 있을 것 같았기 때문이다.

맥스웰에 따르면, 도체 내의 유동 바퀴는 소용돌이 분자에 속박되지 않아 움직일 수 있는 반면, 절연체 내의 유동 바퀴는 소용돌이 분자에 속박되어 제자리에서만 회전할 수 있었다. 그런데 소용돌이 분자가 탄성을 가지게 되자, 절연체 내의 유동 바퀴도 그에 속박된 소용돌이 분자의 탄성 변형에 의해 조금이나마 위치가 변할 수 있게 되었다. 유동 바퀴는 전기 입자를 의미하므로, 소용돌이 분자의 탄성 변형에 의해 전기 입자들이 한쪽으로 쏠리게 된다면, 이는 전기적 분극 상태를 표상할 수 있다. 쏠린 쪽은 +방향, 그 반대쪽은 −방향으로 말이다^{그림 4-16}. 그리고 이렇게 동일한 크기의 변위만큼 변형된 소용돌이 분자가 연쇄적으로 이어지는 동안에는 전기 입자의 넘치고 부족함이 상쇄되어 중성화되겠지만, 도체와 만나는 경계면에서는 전기 입자가 남아돌거나(+) 부족하게(-) 되어 그 만큼의 전하를 띠게 될 것이다.^{그림 4-17}. 이는 전하를 유전체의 연쇄적인 전기적 분극 상태의 양쪽 말단에 남은 잉여의 극성으로 생각했던 패러데이의 생각을 거의 그대로 반영한 것이었다.

맥스웰은 이러한 설정으로부터 쿨롱의 정전기력 법칙을 유도할 생각이었다. 맥스웰은 소용돌이 분자가 변형되면, 소용돌이 분자의 탄성 변형은 변위(δ)의 반대 방향으로 원상 복귀시키려는 복원력(E)을 발휘할 것으로 생각했다^{그림 4-18}. 이는 다음과 같은 방정식을 만들어냈다.

$$E = -k\delta$$

위의 방정식에서 k는 쉽게 말해 '전기 탄성 계수'를 의미했다. 변위의 변화($\frac{\partial \delta}{\partial t}$)는 전기 입자(유동 바퀴)의 운동을 함축했기 때

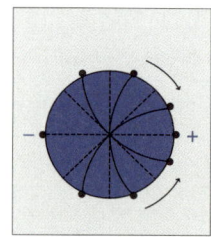

■■■ 그림 4-16 **소용돌이 분자의 탄성 변형에 의한 분극.** (출처: 맥스웰이 패러데이에게 보낸 편지, 1861년 10월 19일)

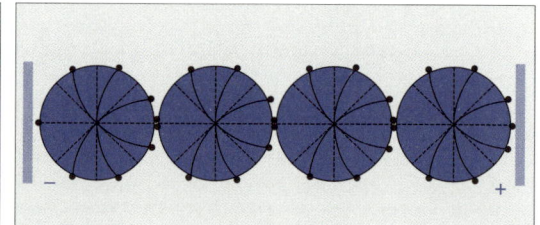

■■■ 그림 4-17

탄성 변형에 의한 연쇄적 분극 상태의 양쪽 말단의 잉여 극성으로서의 전하.

문에 일종의 전류로 취급될 수 있었다. 맥스웰은 이를 '변위 전류'라 이름 붙인 후 논문 〈패러데이의 힘의 선에 관하여〉에서 정식화했던 앙페르 법칙에 추가했다($\vec{j}$는 일반 전류 밀도, $\vec{H}$는 자기 강도, $\frac{\partial \vec{\delta}}{\partial t}$는 변위 전류 밀도).

$$\vec{j} = \frac{1}{4\pi} \nabla \times \vec{H} + \frac{\partial \vec{\delta}}{\partial t}$$

이 식의 양변에 발산($\nabla \cdot$)을 취하면, 우변의 첫 번째 항은 소거되고 다음의 관계식이 만들어진다.

$$\nabla \cdot \vec{j} = \frac{\partial}{\partial t} \nabla \cdot \vec{\delta}$$

이제 맥스웰은 전하와 전류 사이의 연속성 원리를 채택했다. 즉 전류의 생성량은 그 지점의 전하의 감소율과 같아야 한다는 원리를 채택한 것이다. 이로부터 그는 다음의 관계식을 얻었다(ρ는 전하 밀도).

$$\nabla \cdot \vec{j} = -\frac{\partial \rho}{\partial t}$$

이렇게 구한 식들을 차례로 결합함으로써, 맥스웰은 다음의 관계식을 얻었다.

$$\rho = -\nabla \cdot \vec{\delta} = \frac{1}{k} \nabla \cdot \vec{E}$$

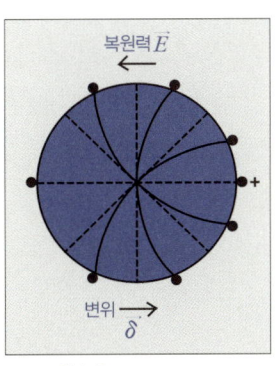

■■■ 그림 4-18
탄성 변형에 의한 복원력.

■■ 일과 에너지의 원리를 이용해 정전기력 법칙 유도하기

맥스웰은 우선 두 개의 점전하 q_1과 q_2만으로 이루어진 시스템의 전체 탄성 에너지가 다음과 같이 결정된다는 것을 구했다(U는 전체 탄성 에너지, ψ_1는 q_1에 의해 형성되는 전기 포텐셜, ψ_2는 q_2에 의해 형성되는 전기 포텐셜이며, 〈패러데이의 힘의 선에 관하여〉에서 등장했던 기전력과 전기 포텐셜 사이의 관계식 $\dot{E} = -\nabla \psi$는 여기서도 동일하게 성립한다).

$$U = \frac{k}{2} \iint \dot{\delta}^2 dV = \frac{1}{k} \iint \dot{E}^2 dV = \frac{1}{2}(q_1\psi_1 + q_2\psi_2) + q_1\psi_2$$

만약 두 전하 사이의 정전기력에 의해 점전하 q_1이 움직인다면, 전체 에너지에서 괄호에 있는 항들은 변하지 않은 채 두 번째 항의 값만 변할 것이다. 즉 에너지의 변화량은 다음과 같다.

$$\partial U = q_1 \partial \psi_2$$

이러한 에너지 변화량은 정전기력($\dot{F}$)에 의해 수행된 일의 양(W)과 같아야 한다.

$$W = -\partial U$$
$$\dot{F} \cdot \partial \dot{r} = -q_1 \partial \psi_2$$
$$\dot{F} = -q_1 \nabla \psi_2 = q_1 \dot{E}_2$$

그런데 우리는 〈패러데이의 힘의 선에 관하여〉에서 터득한 방법을 이용하면 $\rho = \frac{1}{k}\nabla \cdot \dot{E}$ 및 $\dot{E} = -\nabla \psi$가 주어졌을 때 전하량 q의 점전하 주위에 형성된 전기 포텐셜 ψ와 기전력 E를 다음과 같이 구할 수 있다.

$$\psi = \frac{k}{4\pi}\frac{q}{r}, E = -\frac{k}{4\pi}\frac{q}{r^2}$$

이를 위의 식에 대입하면 아래의 정전기력 법칙이 도출된다.

$$F = \frac{k}{4\pi}\frac{q_1 q_2}{r^2}$$

이 식은 애초에 탄성 매질을 도입할 때 의도했던 전하의 개념을 정확히 묘사하고 있었다. 즉 전하는 탄성 변형에 따른 변위로 묘사된 전기적 분극 상태 양쪽 말단에 남은 잉여의 극성이 되었다. 게다가 식에 등장한 음의 변위($-\delta$)와 복원력(E)을 각각 전기력선과 기전력으로 해석하는 순간, 이 식은 앞의 논문 〈패러데이의 힘의 선에 관하여〉에서도 이미 다룬 적이 있는 전하와 전기력선과 기전력 사이의 관계식이 되었다. 이로부터 점전하 주위의 기전력과 그 전기 포텐셜을 구하는 일은 맥스웰에게 식은 죽 먹기였다. 이에 추가적으로 맥스웰은 전하의 움직임에 따른 전체 탄성 에너지의 변화량이 정전기력에 의해 수행되는 일의 양과 같아야 한다는 일-에너지 원리를 이용해 두 개의 점전하 q_1과 q_2 사이에 작용하는 정전기력을 다음과 같이 유도할 수 있었다.

$$F = \frac{k}{4\pi} \frac{q_1 q_2}{r^2}$$

이는 다음의 쿨롱의 정전기력 법칙과 형식적으로 동일했다.

$$F = \frac{Q_1 Q_2}{r^2}$$

단 그가 유도한 공식과 쿨롱의 법칙은 형태는 같지만 서로 다른 단위계를 쓰고 있었다. 이는 전하의 개념이 서로 다른 데서 연유한 것으로, 이번 유도 과정에서 맥스웰이 도입한 전하 q는 전류와 연결된 개념인 반면, 쿨롱의 전하 Q는 전류와 무관한 개념이었다. 맥스웰은 자신이 유도한 공식에 사용한 전하 q의 단위를 '전기의 전자기적 단위'로, 쿨롱의 법칙에 쓰인 전하 Q의 단위를 '전기의 정전기적 단위'로 불렀다. 만약 양쪽 식에 쓰인 전하가 본질적으로 같은 대상을 다룬다면, 그들 사이에는 다음의 비례 관계가 성립해야 할 것이며, 비례상수 u의 단위는 [거리 m/시간s]이 될 것이다.*

$$Q_1 = uq_1,\ Q_2 = uq_2 \quad \left(단,\ u = \sqrt{\frac{k}{4\pi}}\right)$$

맥스웰은 독일의 물리학자 콜라우슈와 베버의 전자기 실험을 인용하면서 공기 중에서의 비례상수 u값을 다음과 같이 계산했다.

$$u = 310{,}740{,}000 \text{m/s}$$

자신의 정전기력 법칙에 포함시킬 비례상수와 그 단위까지 정립함으로써, 그의 정전기력 공식은 완전한 의미에서 쿨롱의 법칙과 동일한 것이 되었다. 이로써 맥스웰은 소용돌이 분자 모형을 가지고 시작했던 긴 여정을 마무리할 수 있게 되었다. 자기

:: 전하의 전자기적 단위와 정전기적 단위

맥스웰의 정전기력 공식에 쓰인 전하 q는 그 시간적 변화율이 바로 전류가 되는 전하로서, 그 단위는 [전류A × 시간s]이다. 앙페르의 전류 간 인력 법칙 $\frac{F}{l} = 2\frac{I_1 I_2}{r}$ 에 따르면 전류의 단위는 [힘$N^{1/2}$]이므로, 결국 전하 q의 단위는 [힘$N^{1/2}$ × 시간s]이 된다. 반면 쿨롱의 법칙에 쓰인 전하 Q의 단위는 [힘$N^{1/2}$ × 거리m] 이다. 따라서 두 전하의 비 Q/q의 단위는 [거리m/시간s]이 된다.

작용에서부터 전류 작용을 거쳐 드디어 정전기 작용까지, 그는 이 세 가지 작용을 하나의 일관된 모형으로 설명하는 데 성공했다. 자기력선은 소용돌이 분자의 회전 운동으로, 전류는 소용돌이 분자들 사이에 끼워넣은 유동 바퀴들의 병진 운동으로 전기적 분극 상태는 소용돌이 분자의 탄성 변형으로 정의하고 나면, 오늘날 '맥스웰 방정식'이라 불리는 전자기 현상에 대한 모든 방정식이 그로부터 유도되었고 그 방정식들은 알려진 모든 실험 법칙들과 일치했다. 그는 명실상부한 전자기장 이론을 만들어낸 것이다.

전자기 작용의 전달 속도는 빛의 속도와 같다

논문을 끝내기 전에 그에게는 아직 할 일이 남아 있었다. 매질에 탄성을 부여했을 때, 처음부터 그는 전자기 작용이 전달되는 데 시간이 걸린다는 점을 증명하려는 목표를 갖고 있었다. 논문의 2부에서 전자기 유도를 설명하는 데 쓰였던 '소용돌이 분자-유동 바퀴' 모형에 따르면, 전자기 유도 작용은 아무리 멀리 있는 유도 회로까지도 순식간에 전달되었다. 모든 소용돌이 분자와 유동 바퀴들은 완전히 딱딱해서 변형되지도 못하고 미끄러지지도 못하는 방식으로 연결되어 있었기 때문에, 하나의 유동 바퀴가 움직이려면 그와 연결되어 있는 모든 부분들이 한꺼번에 움직여야 했다. 즉 모형 내에서 전자기 작용은 분명히 연속된 매질을 통해 전달되나 결과적으로는 순식간에 전달되는 원거리 작용과 다를 바가 없었다. 맥스웰이 매질에 부여한 탄성은 이러한 상황을 개선할 수 있었다. 탄성 매질은 서로의 운동을 잠시 동안 품었다가 전달하기 때문에, 탄성 매질을 통해 매개되는 전자기 작용이 멀리까지 전달되는 데에는 시간이 걸릴 수 있었다.

맥스웰은 자신이 고안한 탄성 매질에서의 작용 전달이 에테르라는 탄성 매질에서의 횡파로 알려져 있던 빛에 대응될 수 있겠다는 추측을 했다. 이 추측을 확인하기 위해 그는 자신이 고안한 탄성 매질에서 횡파가 전달되는 속도를 구하기 시작했다. 탄성 매질에서 전달되는 파동의 속도는 보통 매질의 밀도와 탄성계수에 의해 정해졌다. 그는 각각의 소용돌이 분자들이 구형이라는 가정으로부터 전기 탄성계수(k)와 자기 투과율(μ)을 매질의 탄성계수 및 밀도와 연결시키는 다소 복잡한 계산을 끝낸 후, 다음의 속도식을 구할 수 있었다.

$$v = \sqrt{\frac{탄성계수}{밀도}} = \sqrt{\frac{k}{4\pi\mu}}$$

∷ 모로 가도 서울만 가면 된다?

프랑스의 과학자이자 과학철학자인 삐에르 뒤앙(Pierre Duhem, 1861-1916)은 맥스웰이 탄성 매질의 파동 전달 속도를 구하는 데 실수를 범했다고 지적했다. 파동의 속도에 대한 정확한 식은 $\sqrt{\frac{탄성계수}{밀도}}$ 가 아니라 $\sqrt{\frac{탄성계수}{2\times밀도}}$ 였다는 것이다. 그렇다면 맥스웰은 이러한 잘못에도 불구하고 어떻게 정확한 속도를 구할 수 있었던 것일까? 소용돌이 분자들이 구형이라는 애초의 잘못된 가정으로부터 계산한 매질의 탄성계수 값이 요행히 앞의 실수를 상쇄시켜버린 것이다. 맥스웰로서는 무척이나 운이 좋았던 셈이다.

속도 값을 계산하기 위해서는 전기 탄성계수(k)와 자기 투과율(μ)의 값을 알아야 했다. 자기 투과율의 값은 공기 중에서 1로 정의해둔 것이라 새로이 구할 필요가 없었고, $\sqrt{\frac{k}{4\pi}}$ 의 값은 앞서 전자기적 전하 단위 대 정전기적 전하 단위 사이의 비례상수(u)에 의해 이미 구해놓았으므로, 그가 고안한 탄성 매질 내 횡파의 속도 v는 다음과 같이 구해졌다.

$$v = u = 310,740,000 \mathrm{m/s}$$

이 값이 아르망 피조$^{\text{Armand Fizeau,1819~1896}}$가 측정한 빛의 속도 314,858,000m/s와 놀라울 정도로 일치한다는 것을 깨달은 맥스웰은 다음과 같이 결론지었다.

> 콜라우슈와 베버의 전자기 실험을 통해 계산된 우리의 가설적 매질에서의 횡파의 속도 v는, 피조의 광학 실험을 통해 계산된 빛의 속도와 너무나 정확히 일치하여, 우리는 다음과 같은 추론을 피할 수 없다. 즉 빛은 전기와 자기 현상의 원인이 되는 매질과 동일한 매질의 횡파로 구성되어 있다.

여기서 그는 전기, 자기와 빛을 동일한 매질로 연결시켰을 뿐, 빛을 전자기파라고 주장하는 데까지 나아가지는 않았다. 그는 전자기 작용을 일으키는 매질에 파동이 있다면 그 파동의 전파 속도가 빛의 속도와 같을 것이라는 것만을 알아냈을 뿐, 전자기 작용 자체가 파동을 만들어내는지에 대해서는 알아내지 못했기 때문이다. 전자기 작용에 의한 파동, 즉 전자기파의 존재는 3년 뒤 출판될 〈전자기장에 대한 동역학적 이론〉에서야 명확하게 드러나게 된다.

논문 〈물리적 힘의 선에 관하여〉를 처음 집필하기 시작했을 때, 맥스웰의 목표는 '인접한 입자들을 통한 작용'이라는 패러데이의 이론적 아이디어를 살리면서 전기와 자기, 전류를 통합적으로 설명할 수 있는 이론을 만드는 것이었다. 그는 원거리 작용 개념에 기초해 정립되어 있던 법칙 모두를 연속적인 작용에 근거해 재유도해냄으로써, 원거리력 개념에 의심을 가진 사람들에게 그럴듯한 대안을 제시하고 싶었다. 그런데 논문의 3부를 마치면서 맥스웰은 이러한 목표를 초과달성하게 되었다. 그는 알려진 법칙들을 모두 재유도해내는 것뿐 아니라, 전자기 작용이 전달되는 데 시간이 걸리고 그 전달 속도가 빛의 속도와 같을 것이라는 예측까지 선보였다. 드디어 그는 자신의 전자기장 이론을 원거리력 이론과 실질적으로 차별화할 수 있게 된 것이다.

이러한 성과는 모두 소용돌이 분자 모형 덕분이었다. 모형의 도움 없이는 이렇게 먼 길을 올 수 없었을 것이다. 그러나 이러한 모형의 존재는 난처한 문제를 야기했다. 맥스웰은 논문에 공 모양의 소용돌이 분자라든가 전혀 미끄러지지 않는 유동 바퀴와 같은 복잡한 기계 장치를 전면에 등장시켰다. 그러나 이러한 기계 장치의 존재는 '정말 그렇게 복잡하게 연결된 기계 장치가 공간을 채우고 있을까?'와 같은 질문이 제기되는 것을 피할 수 없었다. 맥스웰은 다음과 같은 해명을 해야 했다.

소용돌이와 완벽하게 접촉하여 구름으로써 소용돌이의 운동과 자신의 운동이 연결된 입자(유동 바퀴)라는 개념은 다소 이상해 보일지 모르겠다. 나는 이를 자연에 존재하는 연결 방식이라거나 내가 동의하는 전기에 대한 가설로도 제안하지 않는다. 그러나 이는 역학적으로 상상 가능한, 그리고 쉽게 탐구 가능한 연결 방식으로서 알려진 전자기 현상들 사이의 실제 역학적 연결을 알려주는 데 도움을 준다.

분명 그의 기계 장치는 전자기 현상을 새로운 방식으로 이해하는 데 큰 도움을 주었다. 게다가 그가 상상으로 고안해낸 복잡한 기계 장치는 전자기장을 구성하는 실제 매질의 작동 방식을 대신하여 전자기장 방정식을 유도해주었고 새로운 예측까지 덤으로 선물해주었다. 그러나 그 보기 흉한 기계 장치를 계속 남겨둘 수는 없는 노릇이었다. 집을 다 지었으니, 집을 짓는 과정에서 필요했던 임시 골조물들은 이제 치워버려도 되는 것 아닐까?

모형 없이 방정식을 유도하다

맥스웰은 소용돌이 분자와 유동 바퀴로 이루어진 기계 장치를 옆으로 치우고서, 순수하게 전자기 물리량들과 알려진 실험적 관계들만을 이용해 전자기장 방정식을 유도할 수 있는 방법을 찾기 시작했다. 그리고 소용돌이 분자의 구체적인 모양에 의존하지 않고서도 전자기파의 속도를 구할 수 있는 방법도 찾아야만 했다. 만약 이것이 가능하다면, 그의 이론은 골조물을 치워도 스스로 지탱이 되는 훌륭한 집이 될 것이었다.

　이러한 바람은 1864년 출판된 논문 〈전자기장에 대한 동역학적 이론 A Dynamical Theory of the Electromagnetic Field〉에서 달성되었다. 이 논문에서 맥스웰은 친구 테이트와 톰슨이 뉴턴 역학 체계를 재정립하기 위해 도입했던 라그랑지안 동역학 체계를 빌려왔다. 18세기 말 프랑스의 학자 라그랑주 Joseph Lagrange, 1736~1813가 개발한 라그랑지안 동역학 체계는 기본적으로 뉴턴의 역학 법칙을 만족하는 시스템을 분석하기 위해 고안된 방법이지만, 대상 시스템을 분석하는 데 상세한 세부 정보를 필요로 하지 않는다는 장점이 있었다. 이 방법을 적용하면, 겉에서 알 수 있는 제약 조건들로부터 시스템의 각 부분들 사이에 성립하는 일반적인 운동량-에너지 관계식만 특성화할 수 있다면, 시스템 내부의 나머지 상세한 정보는 '블랙박스'처럼 놔둔 채 그로부터 원하는 방정식들을 이끌어낼 수 있었다.

　맥스웰은 이같은 원리를 전자기 시스템을 분석하는 데 적용했다. 이제 전자기 시스템을 이해하는 데 소용돌이 분자가 어떻게 생겼는지, 유동 바퀴가 얼마나 작은지와 같은 사항은 몰라도 되었다. 전자기 시스템을 동역학적으로 분석하는 데에는 다음과 같은 최소한의 가정만이 필요했다. 첫째, 전자기 현상은 장을 채우고 있는 모종의 매질에 의한 작용이다. 둘째, 장은 전자기 작용을 일으킬 수 있는 역학적 에너지를 지닌다. 특히 맥스웰은 자기 작용에 의해 빛의 편광면이 회전하는 실험 결과로부터, 전자기장이 자기 작용과 관련된 회전 운동 에너지를 지닐 거라 추측하기도 했다. 셋째, 전자기장 내 한 부분의 운동은 연결된 메커니즘에 의해 다른 부분으로 전달된다. 빛과 전자기파의 동일성을 염두에 두고 있던 맥스웰은 빛의 전달에 시간이 걸리는 것처럼(광속), 전자기적 운동의 전달에도 시간이 걸려야 한다고 생각했다. 이를 위해 전자기장은 운동을 잠시 동안 저장했다가 전달할 수 있는 탄성을 가져야 했다. 따라서 전자기장은 탄성 에너지를 지닌다는 네 번째 가정이 필요했다.

 이로써 맥스웰의 전자기 시스템은 매질 내에 (회전) 운동 에너지와 탄성 에너지를 품은 '연결된 시스템'이 되었다. (회전) 운동 에너지와 탄성 에너지는 각각 자기 작용, 정전기 작용과 관련되었으며, 두 에너지는 손실 없이 상호 전환될 수 있었다. 또한 에너지를 통해 분석된 전자기 시스템에서, 회로에 흐르는 전류 작용이란 전자기 에너지가 마찰에 의해 열 에너지로 전환되는 것을 뜻했다. 맥스웰은 위의 가정과 함께 패러데이의 전자기 유도 법칙을 제약 조건 삼아 전자기 시스템의 운동량-에너지 관계식을 이끌어냈고, 이로부터 여덟 개의 전자기장 방정식을 다음과 같이 유도해내는 데 성공했다. 이를 맥스웰 방정식이라 한다.

(J 는 총전류 밀도, j 는 일반 전류 밀도, D 는 전기 변위, $\frac{\partial D}{\partial t}$ 는 변위 전류 밀도, μ 는 자기 투과율, H 는 자기 강도, μH 는 자기력선 밀도, A 는 전자기 모멘텀이자 지난 논문의 전기적-긴장 강도, E 는 기전력, v 는 도선의 운동, ψ 는 전기 포텐셜, k 는 전기 탄성 계수, r 은 전기 저항, ρ 는 자유 전하 밀도)

   a. 총전류 방정식: 총전류는 일반 전류와 변위 전류의 합으로 구성된다.

$$J = j + \frac{\partial \vec{D}}{\partial t}$$

b. 자기력 방정식: 자기력선 주위로 원형의 전자기 모멘텀이 형성된다.

$$\mu H = \nabla \times \vec{A}$$

c. 전류 방정식(앙페르 법칙): 총전류 주위로 원형의 자기장이 형성된다.

$$\nabla \times H = 4\pi J$$

d. 기전력 방정식: 물체의 전자기 모멘텀이 감소하거나 물체가 자기력선에 수직으로 움직일 때 그 물체에는 기전력이 발생한다.

$$E = -\frac{\partial \vec{A}}{\partial t} + \vec{v} \times \mu H - \nabla \psi$$

e. 전기 탄성 방정식: 기전력은 물체의 전기 탄성 계수에 의존하여 전기 변위를 일으킨다.

$$E = kD$$

f. 전기 저항 방정식(옴의 법칙): 기전력은 물체의 전기 저항에 의존하여 기전력과 반대 방향의 일반 전류를 일으킨다.

$$E = -rj$$

g. 자유 전하 방정식(가우스의 법칙): 전기 변위의 수렴량이 전하이다.

$$\rho = -\nabla \cdot D$$

h. 전하-전류 연속성 방정식: 전하가 소멸하는 지점에서 일반 전류가 생성된다.

$$\nabla \cdot j = -\frac{\partial \rho}{\partial t}$$

여기 나오는 대부분의 식들은 앞에서 이미 등장했던 식이지만, 몇몇 식에는 중요한 변화가 나타났다. 첫째, 방정식 e를 보면 기전력(E)과 변위(D)의 부호 관계가 −에서 +로 바뀌었다. 지난 논문 〈물리적 힘의 선에 관하여〉에서는 기전력이 변위를 원상복구시키려는 복원력으로 정의되었던 데 반해, 이번 논문에서는 변위를 일으키는 힘으로 재정의되었기 때문이다. 둘째, 방정식 a와 c를 보면, 앙페르 자기 효과가 일반 전류(j)와 변위 전류 ($\frac{\partial \vec{D}}{\partial t}$), 둘 모두에 의해 만들어지는 것으로 나타났다. 지난 논문 〈물리적 힘의 선에 관하여〉에서 일반 전류를 변위 전류와 앙페르 자기 효과의 합으로 취급했던 것에서 변화가 나타난 것이다. 이로써 일반 전류가 아닌 정전기적 변위 전류만으로도 자기 효과가 일어날 수 있다는 점이 보다 명시적으로 드러나게 되었다. 즉, 정전기와 자기 사이의 상호 작용을 방정식으로 추적할 수 있는 길이 드디어 열리게 된 것이다.

부호가 틀리다

맥스웰의 방정식들 중에는 고개를 갸웃거리게 만드는 것들도 있다. 특히 방정식 f와 g는 오늘날 생각하는 방식과 반대의 부호가 적혀 있다. 오늘날 기전력은 자신의 방향으로 전류를 일으키는 것으로 생각되고, 전하는 전기 변위의 수렴량이기보다는 발산량으로 여겨지기 때문이다. 실제로 방정식 a를 방정식 c에 대입해 양변에 발산을 취한 후 이에 방정식 g를 대입하면 방정식 h와 정반대의 식이 나오면서 모순이 발생하게 된다. 도대체 이런 문제는 왜 발생하게 된 것일까? 단지 사소한 실수였을까?

맥스웰은 수학적 엄밀함보다는 물리적 직관을 따르는 과학자였다. 방정식들 사이의 일관성을 따지는 데 꼼꼼함을 발휘하지

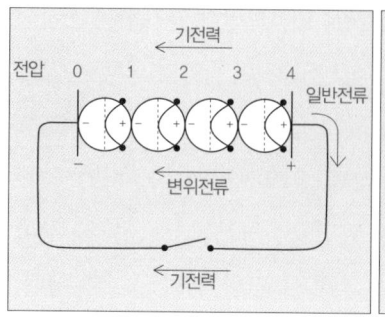

■■■ 그림 4-19
1861년의 맥스웰의 견해.

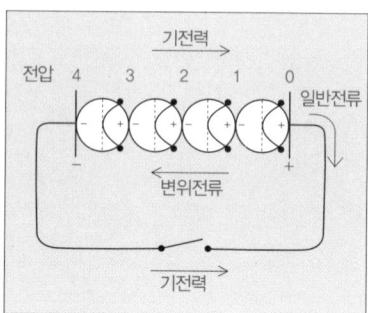

■■■ 그림 4-20
1864년의 맥스웰의 견해.

못했다는 점에서 그는 실수를 범했다고도 할 수 있지만, 그의 모순된 방정식에는 분명 그의 물리적인 직관이 반영되어 있었다. 다시 말해 그의 실수는 단순한 부호 착오라기보다는 전기 현상에 대한 그의 이해 방식에서 비롯되었다고 생각할 수 있다. 그렇다면 그는 전기 현상을 정말 어떻게 이해했던 것일까?

그림 4-19와 4-20은 충전된 축전지가 포함된 회로에 스위치를 닫으면서 시계 방향으로 전류가 흐르는 상황을 묘사한 것이다. 이 간단한 현상에 대해 1861년의 맥스웰과 1864년의 맥스웰은 서로 다른 그림을 그리고 있었다.

스위치를 닫으면서 오른편 축전판에서 왼편 축전판으로 전류가 흐르는 것을 볼 때, 맥스웰은 학자들 사이에 통용되던 관례를 따라 오른편 축전판에는 +전하가 왼편 축전판에는 −전하가 충전되어 있었다고 생각했다. 이는 전하가 감소하는 곳에서 일반전류가 흘러나온다는 방정식 h에 의해 정식화되어 있다. 한편 축전판 양편의 전하는 축전판 사이를 채우고 있는 유전체의 탄성 변형에 의해 형성된 분극 상태 말단의 잉여 극성으로 간주되었다. 따라서 축전판 사이에 채워진 유전체의 전기 변위들은 모두 오른편을 향하고 있다. 이러한 전하와 전기 변위 사이의 관계가 바로 방정식 g에서 말하고 있는 의미이다. 여기까지는 1861년과 1864년의 맥스웰이 동일한 견해를 가지고 있다.

둘의 차이가 발생한 첫 번째 지점은 기전력의 방향 변화이다. 1861년에는 기전력을 전기 변위에 의한 복원력으로 간주했기 때문에 기전력의 방향은 전기 변위의 방향과 반대로 그려진다. 그래서 오른편 축전판의 전압은 왼편 축전판의 전압보다 높다. 이 상태에서 회로의 스위치를 닫으면, 전압이 높은 오른쪽 축전판에서 전압이 낮은 왼쪽 축전판으로 전류가 흐르게 된다는 자연스러운 결론이 도출된다. 반면 1864년에는 기전력이 전기 변위를 일으키는 방향으로 작용하는 것으로 간주됨에 따라, 오른편 축전판의 전압이 왼편 축전판의 전압보다 낮은 상태에 있게 된다. 이 상태에서 회로의 스위치를 닫으면, 전류는 +전하가 있던 쪽에서 흘러나와야 하므로 결국 전압이 낮은 쪽에서 전압이 높은 쪽으로 전류가 흐른다는 이상한 상황이 연출되고 만 것이다. 맥스웰 방정식 f의 부호는 바로 이러한 고충을 반영한 것이었다.

둘 사이의 차이가 발생한 두 번째 지점은 총전류 개념의 등장이다. 방정식 c에 따르면 앙페르 자기 효과는 총전류에 의존했다. 그런데 이 방정식 양변에 발산($\nabla \cdot$)을 취하면 벡터 연산에 의해 양변의 값이 0이 된다. 즉 총전류는 발산하지 않는다. 총전류의 입장에서 볼 때, 어떤 지점으로 흘러들어오는 전류의 양은 흘러나가는 전류의 양과 같아야 한다. 이는 한 지점으로부터 일반 전류가 흘러나오는 동시에 변위 전류도 흘러나오는 상황을 금지한다. 그런데 두 그림을 보면, 스위치를 닫은 이후 회로의 오른편 축전판에서는 일반 전류와 변위 전류가 동시에 흘러나온다. 유전체의 탄성 변형이 원상복귀 되는 과정에서 원래 형성되어 있던 전기 변위의 반대 방향으로 변위 전류가 흐르게 되기 때문이다. 이러한 상황은 총전류 개념을 가지고 있지 않던 1861년의 맥스웰에게는 문제가 되지 않았지만, 1864년의 맥스웰에게는 심각한 문제를 야기했다. 방정식 g가 다른 방정식들과 모순을 일으킨 이유는 바로 여기에 있었다.

이 문제는 1873년 발표한 《전기와 자기에 관한 논고》에서 해결되었다. 문제의 해결책은 전기 변위의 방향과 분극 방향의 관계를 바꾸는 것이었다. 1861년 이후 맥스웰은 소용돌이 분자에 속박되어 있는 전기 입자들이 탄성 변형에 의한 전기 변위에 의해 한쪽으로 쏠리면서 분극이 발생한다는 직관적인 그림을 계속 고수하면서, 전기 입자들이 쏠린 쪽이 +로, 전기 입자들이 희박해진 쪽이 −로 극성화된다고 생각해 왔다. 그러나 1873년의 맥스웰은 이를 정반대로 바꾸어, 전기 변위에 의해 전기 입자들이 희박해진 쪽이 +로, 전기 입자들이 쏠린 쪽이 −로 극성화된다고 제안했다. 이렇게 바꾸고 나니, 맥스웰의 전기 변위(D)는 +전하에서 시작되어 −전하에서 끝을 맺는 패러데이의 전기력선을 정확히 구현하게 되었다. 그 결과 맥스웰은 방정식 f와 방정식 g의 부호를 바로 잡아 다음의 수정된 방정식을 제시할 수 있었다.

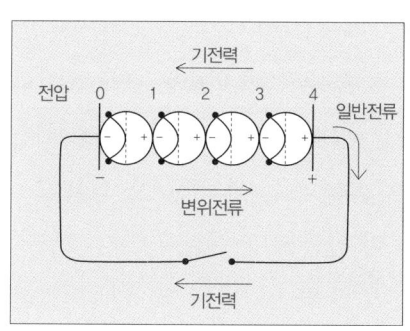

■■■ 그림 4-21
1873년의 맥스웰의 견해.

f'. 전기 전도 방정식 : 기전력은 물체의 전기 전도도(C)에 의존하여 일반 전류를 일으킨다.

$\vec{j} = C\vec{E}$

g'. 자유 전하 방정식 : 전기 변위의 발산량이 전하이다.

$\rho = \nabla \cdot \vec{D}$

이 수정된 방정식의 결과는 위의 그림 4-21을 통해 이해할 수 있다. 이 그림 역시 앞선 그림들과 마찬가지로 충전된 축전지가 포함된 회로에 스위치를 닫으면서 시계 방향으로 전류가 흐르는 상황을 묘사하고 있다.

스위치를 닫으면 도선에서는 전압이 높은 쪽에서 낮은 쪽으로 일반 전류가 시계 방향으로 흐르게 되고, 유전체 내에서도 변위가 복원되면서 동일한 시계 방향으로 변위 전류가 흐르게 된다. 이로써 총전류의 입장에서 전류는 온전한 폐회로를 따라 흐르게 되었고, 1864년 그림의 오른편 축전판에서처럼 일반 전류와 변위 전류가 동시에 흘러나오는 문제는 더 이상 발생하지 않게 되었다.

방정식으로 전자기파를 만들어내다

다시 1864년으로 돌아가서 맥스웰은 정전기와 자기 사이의 상호 작용을 방정식을 통해 추적할 수 있게 되었다. 방정식을 통해 그는 전자기파를 만들어낼 수 있었는데, 이 작업은 생각보다 간단했다. 일반 전류가 흐르지 못하는 유전체만으로 이루어진 공간을 가정한 후 앞에서 정리한 방정식들(a, b, c, d, e)을 단순 결합하면 아래의 방정식이 간단히 도출되었기 때문이다.

$$\frac{\partial^2 \vec{H}}{\partial t^2} = \left(\frac{k}{4\pi}\right) \nabla^2 \vec{H}$$

$$\frac{\partial^2 \vec{E}}{\partial t^2} = \left(\frac{k}{4\pi}\right) \nabla^2 \vec{E}$$

이는 전형적인 파동 방정식으로, 그 해는 전기장(E)과 자기장(H) 모두에 수직이 되는 방향으로 전파되는 파동으로서, 그 전파 속도는 $\sqrt{\frac{k}{4\pi\mu}}$ 였다.^{그림 4-22}.

이 속도는 1861년 논문에서 구했던 속도식과 동일했다. 즉 맥스웰은 소용돌이의 모양에 대한 의심스러운 가정을 동원하지 않고서 파동의 속도를 구하는 데 성공한 것이다. 게다가 이번에 구한 속도는 단지 전자기 매질에서 진행되는 횡파의 속도가 아니라, 전자기장 방정식에 의해 곧장 도출되는 전자기파의 속도였다. 따라서 맥스웰은 지난번보다 강한 주장을 할 수 있게 되었다.

이 결과들이 일치한다는 것은 빛과 자기가 같은 물질의 작용

■■■ 그림 4-22

맥스웰의 전자기파 | 전기 변위의 변화는 자기력을 낳고, 자기력의 변화는 전기 변위의 변화를 낳는다. 이러한 과정이 반복되면서 양쪽 모두에 수직이 되는 방향으로 전기 변위와 자기력이 전파된다. 이러한 전파가 바로 전자기파다. (출처: 맥스웰, 《전기와 자기에 관한 논고》 2권, 1873, 439쪽, Fig 67)

이라는 것과 함께 빛이 전자기 법칙을 따라 장을 통해 전파되는 전자기파라는 것을 보여주는 듯하다.

즉, 지난번 논문에서 전자기 작용과 같은 매질을 공유하는 횡파에 그쳤던 빛은 이제 전자기 법칙을 만족하는 전자기파가 되었다.

맥스웰의 장 개념

전자기 작용이 전달되는 데 일정한 시간이 걸릴 것이라는 맥스웰의 이론적 예측은 그의 이론을 원거리 작용 개념과 양립할 수 없게 만들었다. 전자기 작용이 본질적으로 공간의 상태에 의존하는 작용이라는 패러데이의 '장 개념'은 드디어 전자기 작용을 기술하는 데 필수적인 것이 되었다. 게다가 전자기파의 속도가 빛의 속도와 같다는 맥스웰의 계산은 전기와 자기와 빛의 통일적 이해를 갈구했던 패러데이의 오랜 바람까지 실현시켜주었다.

그러나 맥스웰의 '장 개념'이 패러데이의 '장 개념'과 완전히 같은 것은 아니었다. 패러데이는 전기와 자기 작용이 힘의 선을 따라 전달된다고 생각했다. 그래서 그는 힘의 선이 작용을 직접 전달하는 '운반자'이거나, 적어도 작용이 전달되는 '경로'는 될 것이라고 생각했다. 그러나 맥스웰에게 힘의 선은 작용을 전달하는 '운반자'도 '경로'도 아니었다. 그의 이론에서, '힘의 선'은 매질의 회전 운동(자기력선)이나 매질의 탄성 변형(전기력선)을 통해 표현되는 매질의 특정한 분극 상태를 지칭할 뿐이다. 또, 전자기 작용은 전기력선과 자기력선 사이의 상호 작용에 의해 양쪽 모두와 수직이 되는 방향으로 전파되었다. 즉 전기와 자기 작용은 힘의 선을 '따라' 전달되는 것이 아니라 힘의 선에 '수직으로' 전달되었던 것이다.

힘의 선에 대한 두 사람의 입장 차이는 매질의 역할에 대한 견해 차이로도 나타났다. 패러데이는 공간을 매질로 가득 채우는 것을 선호하지 않았지만, 맥스웰은 힘의 선을 묘사하기 위해 공간을 매질로 가득 채워야 했다. 패러데이는 분명 매질의 영향을 중요하게 생각했지만, 서로 다른 매질은 힘의 선을 통과시키는 정도에 차이를 주는 것으로서, 결국 작용을 전달하는 것은 힘의 선 자체라고 보았다. 특히 그는 매질이 없는 진공을 통해서도 힘의 선이 직접 통과할 수 있다고 생각했다. 반면 맥스웰은 물질과 독립된 힘의 선을 인정하지 않았다. 모든 현상은 물질의 운동을 통해 매개되는 연결된 메커니즘으로 기술되어야 했다. 이를 위해 공간은 뉴턴의 역학 법칙에 따라 작동하는 탄성 매질로 가득 채워졌고, 결국 힘의 선은 이 탄성 매질의 역학적 상태가 되었다.

당시 많은 사람들의 관례에 따라, 그의 매질은 '에테르'라는 이름을 얻었다. 당연히 맥스웰에게 에테르는 뉴턴의 역학 법칙을 따르는 물질로서, 역학적 에너지를 지녔다. 에테르에 대한 구체적인 소용돌이 모형 대신 라그랑지안 동역학 체계를 통해 전자기장 방정식을 유도할 수 있게 된 후에도, 맥스웰은 에테르가 작동하는 참된 메커니즘이 어떠한 형태로든 존재할 것이라고 생각했다. 사실 그는 '탄성 변형이 가능한 소용돌이 분자'라는 아이디어를 한 번도 버린 적이 없었으며, 에테르의 역학적인 메커니즘을 밝혀내는 작업을 죽을 때까지 포기하지 않았다. 그러나 그의 숙원은 이루어지지 못했다. 그의 전자기장 방정식은 조금 변형된 채 21세기까지 살아남았지만, 20세기 초 그의 에테르 매질은 불필요한 것으로 버려지고 말았다.

만남 5

공간에 펼쳐진 '장'의 의미

1864년에 발표된 맥스웰의 전자기장 이론은 학계에 큰 반향을 일으키지 못했다. 그의 논문은 너무 어려웠고, 그의 논문을 이해할 수 있다 하더라도 그의 주장은 근거가 부족해 보였다. 맥스웰은 자신의 이론을 보다 체계적이고 근거 있게 제시할 필요가 있다고 생각해서, 그동안의 연구 성과를 집대성하여 《전기와 자기에 관한 논고Treatise on Electricity and Magnetism》(1873)을 집필했다. 의문시될 수 있는 가설을 최대한 배제하고, 수학적으로 완전한 유도 과정을 보여주기 위해 노력했으며, 기하학적인 도해도 최대한 활용했다. 이러한 노력에도 불구하고 그의 책은 소수의 열렬한 추종자들을 만들어내는 데 그쳤다. 여전히 대륙, 특히 독일의 과학자들은 원거리 직접 작용에 근거하여 전자기 작용이 즉각적으로 전달되는 것을 당연시하고 있었다. 가장 큰 문제는 전자기장 이론에 대한 실험적 증거가 없다는 데 있었다.

역설적이게도, 전자기장 이론에 대한 실험적 입증은 독일의 과학자에 의해 이루어졌다. 1887년 독일의 하인리히 헤르츠 Heinrich Hertz, 1857~1894는 원거리 작용 이론과 전자기장 이론 중 어느 쪽이 옳은지를 확인하는 실험을 수행했다. 헤르츠는 전자기파를 발생시키고 검출하여 그 속도를 구하는 데 성공함으로써 전자기장 이론을 실험적으로 입증해주었다. 이 실험 소식을 들은 많은 학자들은 앞다투어 헤르츠의 장치를 이용해 전자기파의 반사, 굴절, 회절 등을 알아보는 실험을 수행했고, 이로부터 전자기파가 빛과 동일하다는 것이 여러 측면에서 확인되었다. 이후 맥스웰의 전자기장 이론은 실험적으로 입증된 이론이 되었고, 전자기 작용과 빛이 '에테르'라는 똑같은 매질의 작용이라는 맥스웰의 주장은 빠른 속도로 수용되었다.

그러나 헤르츠의 실험을 통해 완전히 입증된 것처럼 보였던 맥스웰의 '전자기장'은 이후에도 변화를 겪게 된다. 20세기 초, 아인슈타인은 전자기장과 빛을 기술하기 위해 필수적인 것으로 간주되었던 '에테르'라는 매질을 제거함으로써 전자기장의 의미를 바꾸어버렸다. 오늘날 사용되는 전자기장의 의미는 바로 이러한 아인슈타인의 작업에 의해 완성되었다고 할 수 있다.

즉, '장'이라는 개념은 처음 고안되어 완성되기까지 거의 100년이 걸린 셈이다. 패러데이가 처음으로 고안했고, 맥스웰이 정교하게 발전시켰으며, 그 위에 아인슈타인의 해석이 얹혀져 완성되었다. 이러한 긴 시간을 거치면서 겪게 되는 '장'의 의미 변화는 다음과 같이 정리될 수 있다.

공간에 존재하는 실체로서의 '힘의 선'

'힘의 선'이라는 패러데이의 아이디어는 원거리 직접 작용에 대한 의심으로부터 시작되었다. 1820년 외르스테드가 발견한 전자기 상호 작용은 뉴턴의 '원거리 직접 작용' 개념에 균열을 냈다. 중력, 전기력, 자기력 등 그동안 알려져 있던 원거리 작용은 모두 두 물체 사이의 직선을 따라 작용하는 인력이나 척력이었던 데 반해, 전류와 자침 사이에 작용하는 힘은 서로를 회전시키는 것처럼 보였기 때문이다. 이러한 전류와 자기 사이의 원형 상호 작용을 또렷이 표상하기 위해, 데이비와 패러데이는 전류 주위에 놓인 철가루와 자침의 정렬 방식이나 운동을 관찰해 그림으로 기록했는데, 이러한 실험과 표상 기법은 전류 주위에 배치되어 있는 힘의 존재를 연상시켰다. 전류 주위에 뿌려놓은 철가루나 실에 매단 자침은 마치 도선 주위에 정렬된 힘의 배치를 탐색하는 관측 도구처럼 활용되었고, 그들이 그려낸 선과 화살표는 그 공간에 원형으로 정렬된 힘의 배치를 보여주는 것 같았기 때문이다. 패러데이의 전자기 회전 장치는 이러한 힘의 배치에 대한 관심에서 비롯된 결과물이었다. 즉 패러데이는 본인이 만들어낸 전자기 회전 장치를 전류 주위에 원형으로 배치된 자기력을 증명하는 장치로 생각했던 것이다.

'자기력의 배치'에 대한 패러데이의 관심은 전자기 유도 연구 과정에서 '자기곡선'이라는 개념으로 구체화되었다. 패러데이의 정의에 따르면, 공간에 그려진 자기 작용선은 만약 그 공간에 자침이 놓이면 자침이 가리키게 될 방향을 보여주는 가상의 선을

의미했다. 패러데이가 이 선을 도입한 이유는 전자기 유도의 규칙을 정확하게 표시하기 위해서였다. 이를 이용하면, 전자기 유도는 도선이 그 가상의 선을 가로지를 때 일어났으며, 그에 의한 유도 전류는 도선이 선을 가르는 방향과 수직으로 생성됐다. 즉 '자기곡선 자르기' 규칙은 전자기 유도의 조건과 그에 의한 유도 전류의 방향을 표현하기 위한 도구인 셈이다.

이러한 목적만 보자면, 자기 작용선은 공간에 존재하는 실체일 필요가 없었다. 그러나 자기 작용선은 전자기 현상에 조화로운 질서를 부여할 수 있었고, 이러한 성공에 힘입어 패러데이는 자기 작용선이 전자기 작용을 실제로 일으키는 매개자일 것이라고 추측하게 되었다. 그리고 얼마 후 그는 전자기 유도를 비롯해 모든 전기와 자기 작용이 공간에 펼쳐진 힘의 선을 따라 점진적으로 전달된다는 생각을 품게 되었다.

전기화학 연구로부터 얻은 통찰을 통해 패러데이는 정전기 유도가 '분극 긴장 상태에 놓인 인접한 입자들에 의해 전달되는 작용'이라는 가설을 발전시켰다. 이를 뒷받침하기 위해 그는 정전기 유도 작용이 매질에 의존한다는 사실을 보여주는 여러 실험을 선보였으며, '전기 유도선'이라는 개념으로 인접한 입자들을 통해 정전기 유도 작용이 전달되는 경로를 표현하고자 했다. 그러나 '인접한 입자들을 통한 작용'이 안고 있는 개념적 모순을 인식하면서 패러데이는 공간에 존재하는 실체로서의 힘의 선을 진지하게 고민하기 시작했다. 인접한 입자 사이의 작용을 원거리 작용으로 남겨두지 않기 위해 입자와 입자를 힘의 선으로 연결시킨 것이다.

이와 같은 실체로서의 힘의 선 개념은 패러데이가 자성체와 반자성체의 행동을 이해하는 과정에서 적극적으로 활용되었다. 그가 발전시킨 자기 전도 이론에 따르면, 자성체와 반자성체의 행동은 서로 다른 자기력선 투과율을 가진 물질들이 자기력선의 통과를 극대화하기 위해 재배치하는 움직임으로 이해될 수 있었으며, 자기력선은 진공을 포함해 여러 물질을 통과하면서 자기 작용을 전달하는 '운반자'로 간주되었다. 이로써, 힘의 선은 매질의 분극 긴장 상태를 나타내는 표현이 아니라, 그 자체로 고무줄과 같은 긴장(장력)을 가진 독립적인 실체가 되었다.

패러데이의 원숙해진 '장' 개념에서 힘의 선은 가장 근본적인 물리적 실체의 지위를 차지하게 되었다. 이에 따르면 물질은 힘의 선의 수렴점에 불과했고, 전하는 분극 긴장을 가진 전기력선 양쪽 말단의 잉여 극성을 뜻했으며, 자극은 자기력선 투과율이 서로 다른 매질의 경계면을 의미했다. 또한 빛은 힘의 선이 진동할 때 나타나는 파동으로 간주되었다. 말년의 패러데이는 중력까지도 힘의 선에 의한 작용으로 생각하기 시작했다. 즉 그가 그리는 세계 속에서는 힘의 선이 없으면 다른 어떤 것도 존재할 수 없었으며, 세계의 모든 존재와 작용은 힘의 선을 통해 연결되고 통일되었다.

탄성 매질의 상태로서의 '장'

맥스웰은 이러한 패러데이의 힘의 선 개념을 이용해 전기와 자기 현상을 수학적으로 설명할 수 있는 이론을 만들어내고자 했다. 이를 위해 맥스웰은 힘의 선의 특징을 정교하게 흉내 낼 수 있는 역학적 모형을 만들어냈다. 1855~56년 논문을 통해 나타난 첫 번째 시도에서, 그는 힘의 선을 유체 시스템의 물줄기에 빗대어 묘사했다. 유체 시스템을 서술하는 데 필요한 압력과 속도 등의 수학적인 물리량에 비유하여, 맥스웰은 힘의 선을 기술하는 데 필요한 '장'의 물리량들을 정교하게 가다듬을 수 있었다.

1861년의 두 번째 시도에서, 맥스웰은 힘의 선의 분극 긴장을 묘사할 수 있는 소용돌이 분자 아이디어를 정교하게 가다듬어 자기, 전류, 정전기 현상을 통합적으로 설명할 수 있는 역학적 모형을 만들어내는 데 성공했다. '소용돌이 분자-유동 바퀴로 이루어진 탄성 매질 모형'이라고 이름 붙일 수 있는 이 모형에서 자기력선은 소용돌이 분자의 회전 운동으로, 전류는 소용돌이 분자 사이에 삽입된 유동 바퀴의 병진 운동으로, 전기력선은 소용돌이 분자의 탄성 변형으로 묘사되었다. 이 기계 장치의 연결 메커니즘은 전자기장을 구성하는 실제 매질의 작동을 대신해 전자기장 방정식을 유도해주었고, 맥스웰은 이 기계 장치의 밀도와 탄성계수값을 이용해 전자기 작용이 전달되는 속도까지 계산할 수 있었다. 즉 맥스웰의 역학적 모형은 패러데이의 정성적인 '장' 개념에 수학이라는 옷을 입혀주었다. 이로써 전기력선, 자기력선, 전류 및 그들 사이의 상호 작용은 몇 개의 방정식에 의해 명료하게 서술될 수 있는 대상이 되었다.

역학적 모형은 원래 '장' 개념을 수학화하기 위한 도구로서 도입된 것이었지만, 전자기라는 미지의 대상을 이해하는 데 필요한 개념적인 자원까지 제공했다. 즉 맥스웰이 도입한 역학적인 모형에 의해, 전자기장은 탄성 매질의 운동 및 변형 상태로 이해되었고, '장'에 의한 모든 작용은 매질의 특정한 연결 메커니즘에 의해 이웃한 물질들이 운동과 에너지를 주고받는 것으로 간주되었다.

1864년 출판한 논문 〈전자기장에 대한 동역학적 이론〉에서, 맥스웰은 앞서 구성했던 복잡한 모형을 걷어치운 채 최소한의 동역학적 가정만으로 전자기장 방정식을 유도해냈다. 그러나 맥스웰이 설정한 최소한의 가정에 따르면, 전자기 시스템은 운동 에너지와 탄성 에너지를 품은 역학적 매질의 연결된 시스템으로 이해되었다. 따라서 소용돌이 분자와 유동 바퀴와 같이 상세한 부분은 미지의 사항으로 남겨졌지만, 전자기장은 여전히 탄성 매질, 즉 에테르의 상태로서 간주되었다. 이로 인해 역학적 모형은 사라졌지만 역학적 세계관은 오히려 그 뿌리가 더욱 단단해졌다.

에테르가 제거된 '장'

맥스웰이 만들어낸 방정식과 전자기장에 부여한 에너지는 현재까지 전해지고 있지만, 그가 가정했던 탄성 매질 에테르는 20세기 초에 제거되었다. 아인슈타인 덕분에 전자기장과 빛을 기술하는 데 매질을 거론할 필요가 없어졌기 때문이다. 따라서 맥스웰의 이론에서 매질의 운동이 가지고 있던 에너지는 이제 공간 자체가 가지고 있는 것이 되어버렸다. 공간은 더 이상 운동하는 매질로 채워져 있지 않지만 그 대신 운동량과 에너지를 품게 되었다. 운동량과 에너지를 품고 있는 공간, 그것이 바로 '장'이다. '장'은 여느 물질과 다름없이 운동량과 에너지를 가지고 있으면서, 이를 일반 물질과 주고받으면서 상호 작용한다.

이러한 그림은 패러데이가 애초에 꿈꾸었던 이상에 매우 근접

한 것처럼 보인다. 패러데이는 힘의 선을 공간에 스스로 존재하는 실체로 간주하는 한편 물질을 힘의 선의 수렴점으로 간주함으로써 물질과 힘을 근본적으로 통일시키고 싶어 했다. 그러나 패러데이의 힘의 선을 역학적인 관점에서 수학화하는 과정에서 맥스웰은 패러데이의 이상을 손상시키게 되었다. 모든 물리 작용은 물질의 운동과 에너지를 통해서만 서술되어야 했고, 따라서 그의 전자기장은 물질로 이루어진 매질에 매여 있을 수밖에 없었던 것이다. 그러나 맥스웰은 그가 만들어낸 방정식이 그러한 물질적인 매질을 필요로 하지 않는다는 점을 인식하지 못했다. 아인슈타인은 그 점을 지적함으로써 전자기장을 매질에서 해방시켜주었고, 덕분에 전자기장은 공간에 스스로 존재하는 실체로 승격되었다.

그러나 에테르라는 매질이 제거됨으로써 '전자기장'의 의미가 패러데이의 개념으로 회귀했다고 생각한다면 그것은 오해라고 할 수 있다. 에테르가 제거된 아인슈타인의 전자기장은 여전히 맥스웰 방정식에 의해 기술되었으며, 맥스웰 방정식의 세부 사항들은 패러데이가 부여할 수 없었던 풍부하고도 섬세한 의미를 전자기장에 부여하고 있기 때문이다. 즉 맥스웰 방정식 없이는 아인슈타인의 전자기장도 존재하지 않는다.

오늘날 전자기장이라는 개념 속에서 우리는 적어도 세 사람을 함께 만나게 된다. 전기와 자기 작용이 공간에 펼쳐진 힘의 선을 따라 전달된다는 생각을 고안한 패러데이, 패러데이의 힘의 선에 수학적인 방정식을 입혀 정교한 전자기장 개념을 정립한 맥스웰, 그리고 에테르를 제거하여 전자기장을 공간에 존재하는 실체로 다시금 승격시켜준 아인슈타인이 그들이다. 패러데이와 맥스웰이 밥상을 차렸고, 그 위에 아인슈타인이 숟가락을 얹었다.

Michael Faraday

Chapter 3

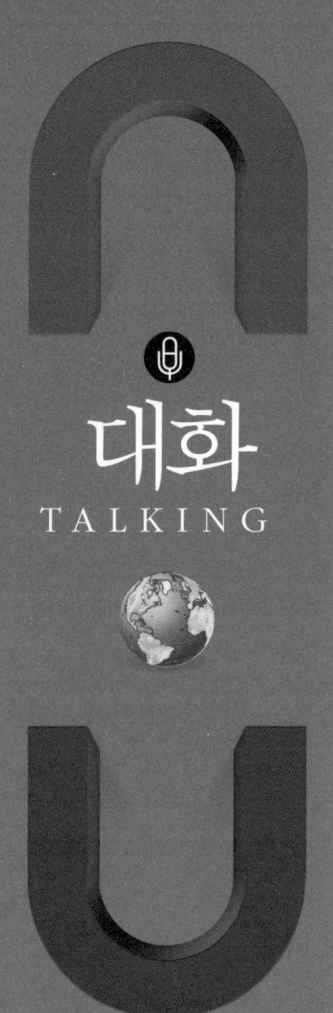

대화
TALKING

James Clerk Maxwell

과학에 수학이 정말 필요해?

대화 1

실험은 잘 하지만 수학에는 영 소질이 없는 마이클이 수학을 잘하는 후배 제임스에게 과학을 하는 데 꼭 수학이 필요한 거냐며 하소연을 하고 있다. 마이클은 제임스에게 실험을 하는 데 수학이 별 역할을 하지 않는다고 성토하면서 수학의 역할을 깎아내리는데…….

|마이클| 정말 미치겠어.

|제임스| 무슨 일 때문인데요?

|마이클| 난 자연을 이해하고 싶어서 물리학과에 들어왔는데, 도대체 이놈의 수학은 왜 필수로 배우라고 하는 건지 모르겠어. 실험은 재밌는데, 수학은 정말 돌아버리겠어.

|제임스| 그건 과학 이론이 대부분 수학적인 언어로 쓰여 있으니까

그런 게 아닐까요? 게다가 실험이란 게 이론을 시험하기 위해 하는 거라면, 실험을 잘 하기 위해서라도 수학적인 이론을 잘 다룰 수 있어야 하는 거 아닌가요? 2반의 앙페르 선배는 항상 그렇게 하시던데요.

|마이클| 내 생각에 앙페르 선배는 너무 이론 중심적인 것 같아. 그래서 그런지 앙페르 선배는 직접 현상을 탐색하는 걸 게을리 하더라고. 항상 이론적으로 예측된 것만 확인하려다 보니, 미처 생각하지 못하는 건 아예 확인해볼 생각조차 안 하는 것 같더라고.

|제임스| 아니 그럼 선배는 앙페르 선배랑은 다른 식으로 실험을 하신단 말씀이세요?

|마이클| 응. 내가 수학이랑 이론이란 걸 잘 모르다 보니 남들에겐 이론적으로 너무 당연해 보여서 그냥 넘어갈 만한 부분까지도 내 손으로 직접 확인해봐야 직성이 풀리더라고.

|제임스| 좋은 말로 선입관이 적다고 할 수 있는 건가요?

|마이클| 그런가? 물론 나에게도 선입관이 없는 건 아니지만, 앙페르 선배처럼 이론을 중심에 두는 사람들은 실험을 할 때 자신이 미리 생각해둔 부분에만 주의를 기울인다면, 나는 실험 도중에 혹시나 예상치 못한 일이 일어나지는 않는지 굉장히 신경을 많이 쓰는 편이긴 해.

|제임스| 두 분이 실험에 임하는 자세가 무척 다르군요.

|마이클| 그렇지. 내 지론인데, 실험이란 게 이론이 맞는지 틀린지를 시험해주는 보조적인 도구만은 아닌 것 같아. 난 이론이 부족한 상태에서도 얼마든지 새로운 현상을 실험적으로 만들어내고 그 특징을 관찰할 수 있다고 생각해. 처음에 전기를 발견하고 그에 대해 실험한 사람들이 무슨 확립된 이론을 가지고 있었던 건 아닐 거 아냐.

|제임스| 처음에 전기를 발견한 사람들이라면 정말로 그렇겠네요.

|마이클| 현상에 대해 알려진 것도 없이 이론이 하늘에서 뚝 떨어질 수는 없는 거잖아. 현상에 대해 어느 정도 알려져야 그걸 설명하는 이론도 필요해지는 거 아니겠어? 좋은 이론을 만들기 위해서라도, 우선 실험을 통해 현상에 대한 지식을 축적하고 체계적으로 분류, 정리하는 일에 신경을 많이 써야 한다고 생각해.

|제임스| 하지만 이론적인 지침 없이 실험을 한다면 연구가 너무 주먹구구식이 되지 않을까요?

|마이클| 이론적인 지침이 아무것도 없다면 정말 곤란하겠지. 하지만 지금까지 발견한 사실들이나 내가 믿고 있는 원리들이 앞으로의 지침이 되어주기 때문에, 거창하게 수학적인 방정식이 들어 있는 이론이 항상 필요하진 않더라고.

|제임스| 지금까지 발견한 사실들이나 원리들이 앞으로의 지침이 되어 준다고요?

|마이클| 응. 전자기 회전을 발견할 때를 생각해보자고. 도선 근처에서 보이는 자침의 운동들을 고정된 자침 주위의 도선의 운동으로 상대화시켜서 화살표로 그려 놓고선, 그 화살표들을 함께 이어보니까 회전하는 모양이 나오더라고. 그래서 그림대로 만들었더니 도선이랑 자석이 정말로 돌더라고.

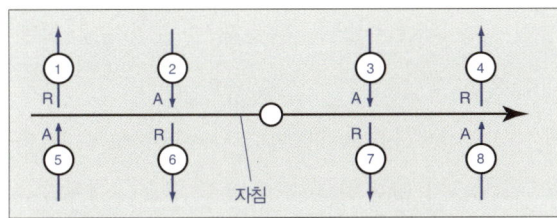

■■■ 고정된 도선 근처에서 보이는 자침의 운동을 고정된 자침 주위의 도선의 운동으로 상대화시켜 그린 그림.

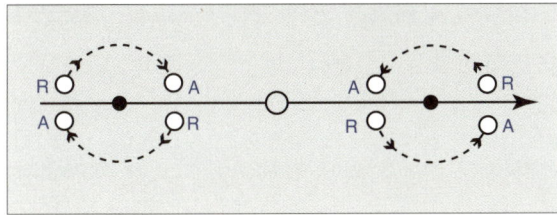

■■■ 자침 주위의 도선의 운동을 회전 운동으로 재해석한 그림.

|제임스| 도선 근처에서 보인 자침의 운동 형태가 회전 운동에 대한 실마리를 제공한 거로군요. 또 다른 경우는 없나요?

|마이클| 음…… 전자기 유도를 발견할 때도 그랬어. 전류가 자기 작용을 만들어낸다는 게 알려져 있었잖아. 그래서 난 전기와 자

기가 밀접하게 연결되어 있다고 생각하게 되었고, 전류가 자기를 만들어낼 수 있다면, 반대로 자기가 전류를 만들어낼 수도 있을 거라고 생각했어. 여러 차례 실험을 해봤더니 전자기 유도를 발견하게 됐지.

| 제임스 | 근데 그 지침이란 게 그렇게 정교하진 않네요.

| 마이클 | 그렇지. 이런 종류의 지침들이 대부분 아주 정교하지도 않지만, 그렇다고 아주 막연하지도 않아. 다른 사람은 어떤지 모르겠지만, 처음부터 수학적인 이론을 이용해서 완벽하게 어떤 현상을 예측한 다음에 그것을 실험적으로 확인한 경우는 내 경우엔 거의 없었어. 이미 알고 있던 사실이나 원리로부터 대충 이런 정도의 현상이 일어나지 않을까 어렴풋하게 추측을 한 다음에 가능한 경우를 샅샅이 탐색하는 거야. 좀 미련해 보일지 모르겠지만 그게 내 스타일이야.

| 제임스 | 꼭 나침반 하나 들고서 지역을 탐색하며 지도를 제작하는 사람 같은걸요.

| 마이클 | 맞아. 나 같은 실험가는 이런저런 지침들을 나침반 삼아 현상을 탐색하며 그에 대한 지도를 제작하는 사람과 같다고 할 수 있지.

| 제임스 | 듣고 보니 선배가 하는 실험 작업에서는 수학이 거의 사

용되지 않았던 것 같은데, 수학이 필요하다고 느끼거나 수학을 잘하는 친구들이 부럽거나 한 적은 정말 없었나요?

|마이클| 처음엔 그 친구들이 부럽기도 하고 그래서 샘도 많이 냈는데, 지금은 안 그래. 설명이나 예측을 하려면 수학적인 이론이 필요하다고들 하는데, 내가 보기엔 꼭 그렇지도 않은 것 같아. 난 사실 수학이 제대로 된 예측을 하는 걸 본 적이 별로 없어.

|제임스| 그럴 리가요?

|마이클| 내가 전자기 회전을 발견하고 나니까 뒤늦게 2반의 앙페르 선배가 자기의 수학적 이론으로 그걸 설명할 수 있다고 하더라고. 또 내가 전자기 유도를 발견하고 나니까 뒤늦게 3반의 베버라는 친구가 앙페르 선배의 이론을 발전시키면 그걸 설명할 수 있다고 얘기하더라고. 결국 내가 발견하기 전까지는 생각 못 했다는 거 아냐?

|제임스| 그렇죠. 앙페르 선배나 베버 선배나 좀 뒷북이긴 했죠.

|마이클| 계산을 통해 이론의 수학적 귀결을 탐색하는 일이 내가 실험을 통해 현상을 직접 탐색하는 것보다 느리다면, 수학이 과학에 무슨 소용이겠어?

|제임스| 뒷북이긴 해도 설명을 하면 의미가 있는 거 아닌가요? 게

다가 선배가 현상을 발견하긴 했지만, 그들의 수학적인 이론 덕분에 현상에 대해 더 정교한 예측을 할 수 있게 된 거고요.

|마이클| 솔직히 난 도무지 그들의 수식으로 어떻게 내가 발견한 현상들이 설명된다는 건지 알 수가 없던데…….

|제임스| 제가 확인해봤는데 좀 복잡하긴 해도 설명되는 건 맞아요.

|마이클| 뭐 그렇다니 인정하겠다만……. 내가 생각하기에 정말 중요한 건 복잡한 계산이 아니라, 계산을 하기 전에 필요한 전제에 있는 것 같아. 근데 내가 읽은 게 맞다면, 그 친구들은 그동안 매번 하던 방식대로 똑같은 가정을 가지고 문제를 푸는 것 같더라고.

|제임스| 그건 그래요. 2반이나 3반 학생들은 하나같이 입자들 사이의 원거리력 법칙을 가정해서 문제를 풀려고 하더라고요. 열이란 현상이 있으면 열 입자를 가정하고, 전기라는 현상이 있으면 전기 입자를 가정하고, 자기라는 현상이 있으면 자기 입자를 가정하고, 빛이란 현상이 있으면 빛 입자를 가정하고……. 너무 천편일률적이에요. 물론 그렇게 해도 문제가 풀리는 건 알겠는데, 전 그 전제들이 계속 의심이 되더라고요.

|마이클| 열, 빛, 전기, 자기 등이 서로 전환될 수 있고 서로 영향을 주고받는다는 것이 알려진 상황에서, 그런 식으로 입자들을 마

구 도입하는 게 만족스러운 그림을 제공하지 못한다는 걸 정말 모르나? 수학적인 방정식을 세우는 것도 좋지만, 우선 방정식에 들어갈 항들에 대한 세심한 고민이 필요하지 않을까?

|제임스| 그래도 앙페르 선배는 나름대로 노력을 한 것 같은데요. 자기 입자는 없애고 전기 입자만 남겼잖아요.

|마이클| 그것만으로는 부족해. 완전히 새로운 그림이 필요하다고. 자석이나 전류 주위에 뿌려놓은 철가루가 배열하는 모양을 보라고. 그 공간에는 힘의 선이 펼쳐져 있다니까. 그런데 이 힘의 선을 가지고 내가 발견한 현상들을 설명하면 다들 이해를 못하더라고. 수학적인 공식이 안 들어있으니까 무시당하는 건가 싶기도 해.

|제임스| 제가 보기엔, 선배가 다른 사람과 말이 통하지 않았던 건 선배가 수식을 쓰지 않아서만은 아닌 것 같아요.

|마이클| 그거 말고도 다른 이유가 있다고?

|제임스| 네. 제가 보기엔 선배가 그동안 통용되던 것과는 완전히 다른 전제를 도입하다 보니 다른 사람들이 이해하기 어려워했던 것 같아요.

|마이클| 그래도 내가 얼마나 쉽게 설명하려고 노력했는데…….

|제임스| 그건 선배의 생각이죠. 선배가 얘기한 분극 상태와 같은 개념이 얼마나 생소하고 어려웠는데요. 전 그거 이해하느라 며칠 밤낮을 고민했어요. 처음 그 얘기를 접했을 때에는 완전 암호문 같았다니까요.

|마이클| 그렇게 어려운가?

|제임스| 처음 볼 땐 그랬다고요. 하지만 선배의 생각들을 계속 보다 보니 처음의 생소함이 점점 감탄으로 바뀌었어요. 특히 공간에 펼쳐진 힘의 선이라는 개념은 정말 대단한 것 같아요.

|마이클| 자네라도 그렇게 이해해주니 다행인걸.

|제임스| 전 선배의 힘의 선을 보면서 정교한 기하학적인 체계가 머릿속에 그려지던걸요.

|마이클| 그래? 그 정도였어?

|제임스| 농담이 아니라니까요. 선배의 '힘의 선' 개념은 완전히 새로운 수학적 체계를 세우는 데 필요한 생생한 이미지를 보여줬어요. 선배가 비록 정형화된 기호나 방정식을 사용하진 않았지만 선배의 생각은 분명 수학적이었어요. 제가 며칠 전에 선배가 말로 풀어 쓴 생각들을 수학자들이 좋아하는 기호와 방정식으로 번역해 메일로 보내드렸는데, 혹시 읽어봤어요?

|마이클| 응 읽어봤어. 하지만 미안하게도 난 자네가 보내준 글을 거의 이해하지 못하겠더라고. 근데 그런 식의 수학적인 번역이 쓸모가 있긴 있는 건가? 아까도 얘기했지만, 난 수학에 기대하는 게 별로 없다고…….

|제임스| 수학자들에 대해 선배가 가진 서운함이나 불편한 감정은 이해하겠지만, 수학 자체를 미워할 필요는 없지 않나요?

|마이클| 내가 언제 미워한다고 그랬나? 그냥 별로 기대하는 게 없다고. 그거 없이도 난…….

|제임스| 그래도 그동안 수학 못한다고 동기들한테 무시당해온 건 사실이잖아요. 근데 요즘 후배들 사이에서 선배의 인기가 엄청 높아진 거 알아요? 제가 선배의 생각을 수학적으로 번역해서 다른 친구들한테도 보여줬거든요.

|마이클| 그래? 자네의 번역이 어떻게 내 인기를 높여줬다는 거지?

|제임스| 그동안 선배는 발견한 현상들에 대해 정성적인 설명만 한다는 이미지가 컸었잖아요. 정량적인 설명이나 예측을 원하는 친구들은 어쩔 수 없이 3반의 베버 선배가 전기 유체 입자들 사이에 작용하는 원거리력을 가정한 수학적 이론을 끌어다 썼죠.

|마이클| 그렇지. 내가 좀 정량적인 설명에 약하긴 했어. 기껏 내

가 발견한 현상인데, 그걸 다들 베버식으로 이해하니까 발견을 뺏긴 것처럼 얄미워지더라고.

|제임스| 근데 제가 이번에 선배의 힘의 선 개념을 가지고도 전자기 현상에 대한 정량적인 법칙을 베버 선배만큼 깔끔하게 유도할 수 있다는 걸 보여줬더니 후배들 사이에서 선배를 보는 눈이 확 달라지더라고요.

|마이클| 그래? 그거 참 고마운 일이군.

|제임스| 그리고 선배의 힘의 선은 어떻게 세는 건지 다소 모호한 구석이 있었는데, 수학적인 기호들로 관계식을 만들어 정리해 놓으니까 선배의 개념이 모호하다는 불만도 줄어들더라고요.

|마이클| 모호한 부분을 줄일 수 있었다니 좋긴 하군. 하지만 자네의 방정식이 결국 내 생각을 수학적으로 번역한 것에 불과하다면, 그런 방정식이 자연 현상에 대해 새로운 통찰을 주는 게 있는 건가?

|제임스| 선배는 여전히 수학이 못 미더운가 보군요. 하지만 이번에는 수학이 정말 깜짝 놀랄 사고를 하나 쳤어요.

|마이클| 그게 뭔데?

|제임스| 선배의 생각을 옮긴 방정식들을 가지고 이리저리 조작을 하다 보니, 전자기장에 관한 파동 방정식이 만들어졌거든요. 게다가 그 파동의 전파 속도를 구했더니 빛의 속도랑 똑같은 거 있죠.

|마이클| 그렇다면 전자기 장치를 이용해서 빛의 속도로 전파되는 파동을 만들어낼 수 있다는 얘기 아닌가? 또 전자기파의 속도가 빛의 속도와 같다는 건 둘이 결국 같다는 뜻인 건가?

|제임스| 그렇죠. 선배가 그렇게 못 미더워하는 수학이 엄청난 예측을 해낸 거죠! 게다가 이 예측이 실험적으로 확인된다면, 전기와 자기 작용이 공간에 펼쳐진 힘의 선을 통해 점진적으로 전달된다는 선배의 생각은 극적으로 입증되는 거라고요. 빛과 전자기 현상이 통일되어 있다는 선배의 생각도 함께 확인되는 거고요.

|마이클| 수학이 그런 일을 해낼 줄은 정말 몰랐어. 전부터 부러워했지만 자네의 수학 실력은 정말 대단한 것 같아.

|제임스| 아니에요. 제가 수학을 통해 그런 엄청난 예측을 할 수 있었던 건 뭐니 뭐니 해도 선배의 새로운 아이디어 덕분이에요. 저는 그저 선배의 놀라운 아이디어를 수학적인 방정식으로 표현해서 계산한 것뿐이라고요.

|마이클| 자네 너무 겸손하게 굴지 않아도 돼. 자랑할 건 자랑하라고.

Chapter 4

Michael Faraday

이슈
ISSUE

James Clerk Maxwell

이슈 1

과학에서 모형은 어떻게 사용되는가?

　우리는 과학에서 수많은 모형을 접하게 된다. 모형이란 기본적으로 실제 대상을 흉내 내는 대리물을 뜻하는 것으로, 우리는 실제 대상을 대신하는 모형을 통해 실제 대상의 특성을 간접적으로 배우곤 한다. 예를 들어 학생들은 조그맣게 제작된 태양계 모형을 가지고 실제 태양계의 여러 가지 특성을 배울 수 있으며, 장기가 드러나 있는 인체 모형을 가지고 실제 인체의 여러 특성을 배울 수 있다. 때로 과학자들은 자신의 연구 대상 대신 그 특성이 잘 알려진 다른 대상을 모형 삼아 실제 연구 대상의 특성을 탐색하기도 하는데, 이 책에서 다룬 맥스웰도 전자기 시스템의 특성을 파악하기 위해 압축 불가능한 유체로 이루어진 수력학적 시스템이나 소용돌이 분자와 유동 바퀴로 이루어진 기계적 시스템을 모형으로 형상화했었다. 그러나 실제 대상이 아닌 모형이 어떻게 실제 대상을 탐구하는 데 사용될 수 있는 것일까?

효과적인 교육 전달 매체로서의 모형

우리가 알고자 하는 자연의 대상 중에는 너무 크거나, 너무 작거나, 또는 너무 멀리 있어서, 때로는 너무 비싸거나 위험해서 그것을 직접 보고 만지면서 배우기 힘든 대상이 있다. 이러한 경우 실제 대상을 흉내 내는 모형을 제작할 수 있다면, 우리는 그 모형을 통해 실제 대상의 특성들을 대신 배울 수 있을 것이다. 태양계는 너무 크고, 각 행성들은 너무 멀리 있어서 그것을 한눈에 보기 어려우며, 인체의 장기들은 피부 속에 숨어 있어서 그것을 직접 확인하려면 위험하기도 하거니와 윤리적인 문제가 생길 수 있다. 이때 소형으로 제작된 태양계 모형과 내부 장기가 드러나 있는 인체 모형이 있다면, 우리는 각 행성들의 상대적인 크기와 궤도, 공전 주기를 한눈에 배울 수 있을 것이며, 인체 내 여러 장기들의 위치와 배열에 대해 배울 수 있을 것이다. 식물의 내부 구조를 알기 위해서

■■■ **유리로 만든 식물 모형.** 캐슈 나무의 전체 외관은 실물 크기로, 암술, 수술, 줄기 단면 등의 각 부분은 확대된 크기로 제작되었다. (제작자 : 루돌프 블라치카. 전시 : 하버드 자연사 박물관. 출처 : 위키미디어)

는 이를 현미경으로 관찰하는 번거로운 과정이 필요하다. 그러나 전문적인 과학자가 현미경을 통해 관찰한 모양을 그림이나 3차원 모형으로 제작해둔다면, 일반인들은 그 모형을 통해 식물의 내부 구조를 손쉽게 확인할 수 있을 것이다.

모형은 실제 대상을 흉내 내도록 제작된 것이지만, 모든 점을 흉내 낼 필요는 없다. 무조건 많이 닮는다고 좋은 것도 아니다. 예컨대 태양계 모형은 실제 태양계와 달리 적당히 작아야 유용하며, 식물 모형은 실제 식물과 달리 썩지 않아야 유용하다. 식물의 아주 작은 부분을 보여주는 모형이라면 실제 크기보다 크게 만들어야 유용하다. 또한 인체 모형은 실제 인체보다 단순해야 유용하며, 때로는 각 장기들의 식별을 돕기 위해 각 장기마다 인공적인 색깔이 입혀지기도 한다.

하지만 이러한 의도적인 왜곡은 혼동을 초래할 위험이 있다. 모형에 입혀진 색깔을 실제 장기의 색깔로 착각할 수도 있기 때문이다. 이러한 혼동을 피하도록 충분한 주의를 기울일 수만 있다면, 모형은 매우 훌륭한 교육 및 전달 매체로 활용될 수 있다.

기억 보조 장치로서의 모형

흔히 사람들은 새로운 현상을 접하게 되면 그 현상의 특징을 정확하게 포착하고 기억하는 데 어려움을 겪기 마련이다. 만약 새로이 접한 현상의 특징을 담고 있으면서도 우리에게 익숙한 대리물을 찾을 수 있다면, 우리는 그 대리물을 모형 삼아 새로운 현상의 특징을 간접적으로 익

히고 기억할 수 있다. 즉 모형은 기억을 돕는 보조 장치로서 사용될 수 있다.

예를 들어, 전지와 도선과 전구로 이루어진 전기 회로를 생각해보자. 전기 회로라는 생소한 장치를 처음 접한 학생들은 대부분 전압과 전류와 저항 사이의 관계를 이해하거나 기억하는 데 어려움을 겪는다. 전압, 전류, 저항 사이의 관계를 특징짓는 옴의 법칙을 비롯해 전지에서 생성되는 에너지와 저항에서 소비되는 에너지에 대해 수학적인 공식을 통해 배울 수도 있겠지만, 이러한 공식은 현상의 작동 방식을 전달해주는 데 2퍼센트 부족할 뿐 아니라, 때로는 공식조차도 잘 외워지지 않는다.

아래 그림과 같은 펌프-파이프-물레방아 모형은 이 부족한 2퍼센트를 채워줄 수 있다. 이 모형은 전지-도선-전구로 이루어진 회로의 작동을 훌륭하게 흉내 내면서도 우리에게 익숙하다. 전지가 만들어내는 전압은 펌프가 끌어올린 물의 수압으로, 전류는 물의 흐름으로, 전기가 전구에 빛을 밝히는 일은 물이 물레

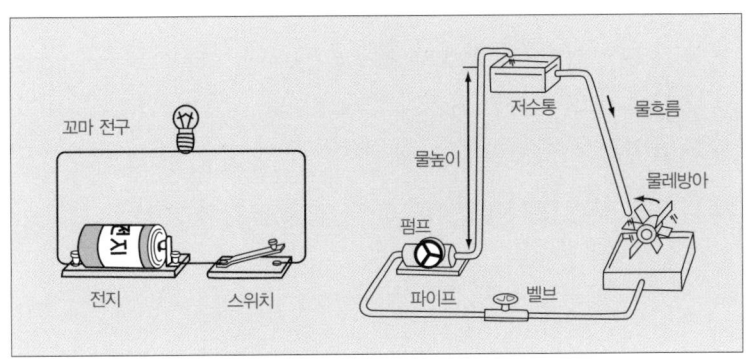

■■■ 전기 회로와 그에 대한 수력학적 모형.

방아를 돌리는 일로 비유됨으로써, 전기 회로의 작동에 대한 구체적인 그림이 만들어진다. 전기 회로에 완전히 익숙해지기 전까지, 학생과 같은 초보 연구자들은 전기 회로 문제를 접할 때마다 이 펌프-파이프-물레방아 모형을 머릿속에 떠올리며 전기 회로를 구성하는 요소들 사이의 관계를 더듬을 수 있다. 만일 전기 회로에 대한 공식을 까먹더라도 모형을 이용해 그 공식을 재유도할 수도 있다.

또 다른 예로 열전달 현상에 대해 생각해보자. 일반적으로 열은 온도가 높은 곳에서 낮은 곳으로 전달되며, 이는 열의 흐름이 온도의 기울기^{gradient}에 비례한다는 수학적인 공식을 통해 표현될 수 있다. 그러나 우리는 이 현상을 수력학적인 모형을 통해서도 표현하고 기억할 수 있다. 즉 온도 차이에 의한 열 흐름을 압력 차이에 따른 물의 흐름에 빗대어 생각한다면, 온도가 높은 곳에서 낮은 곳으로 열이 흐르는 현상은 압력이 높은 곳에서 낮은 곳으로 물이 흐르는 현상처럼 그려지게 된다. 물론 물의 흐름은 열의 흐름이 아니며, 물의 압력도 온도가 아니다. 그럼에도 열의 흐름과 온도 사이의 관계는 물의 흐름과 압력 사이의 관계와 매우 닮아 있다. 이러한 관계의 유사성 덕분에 우리는 생소한 열전달 현상에 대해 익숙한 수력학적인 모형을 떠올릴 수 있고, 이러한 연상 작용은 새로운 현상에 대한 낯섦을 줄여주고 그 현상의 특징을 쉽게 포착하고 기억할 수 있도록 도와준다.

**이해와 설명의
원천으로서의 모형**

모형은 현상을 이해하고 설명하는 데에도 사용될 수 있다. 열은 왜 반대로는 흐르지 않고 꼭 높은 온도에서 낮은 온도로만 흐를까? 수력학적인 모형은 높은 온도에서 낮은 온도로 열이 흐르는 현상을 정확하게 묘사하고는 있지만, 이러한 열전달 현상을 설명하기에는 다소 무리가 있다. 수력학적인 모형으로 열전달 현상을 설명하기 위해서는, 수력학적 모형에서 물의 흐름이 압력에 의존하는 것과 유사한 메커니즘이 열전달 현상에도 존재한다고 가정해야 한다. 즉, 압력 차이가 만들어내는 알짜 힘이 물을 밀어내는 것처럼 온도 차이가 만들어내는 어떤 힘이 열을 밀어낸다고 가정해야 하는 것이다. 이런 가정을 채택하여 설명하는 것이 불가능하지는 않지만, 역사적으로 이러한 설명은 진지하게 채택된 적이 없었다. 설명을 목적으로 우리는 또 다른 모형을 동원할 수 있다.

누군가는 일반적인 원소처럼 열을 관장하는 원소, 즉 '열소'라는 것을 가정하여, 열소 입자들 사이에 작용하는 원거리 척력에 의해 열소 입자들이 밀집한 곳에서 밀집하지 않은 쪽으로 퍼지면서 열을 전달하는 상황을 그릴 수 있다. 만약 열을 입자처럼 상상할 수만 있다면, 열전달이라는 현상은 원거리 척력을 받는 입자들의 확산 운동이라는 보다 익숙한 상황을 모형 삼아 이해 가능한 현상이 되는 것이다. 이를 '열에 대한 입자-원거리력 모형'이라고 부르자.

다른 누군가는 열에 해당하는 별도의 물질을 가정하기보다 열의 본질을 물질의 미시적인 운동 상태처럼 생각하여, 활발하게 운동하는 물질에서 덜 활발한 물질로 운동이 전달되는 상황을 그릴 수 있다. 이를 '열에 대한 운동 모형'이라고 부르자.

각각의 모형은 열전달 현상에 대한 그럴듯한 설명을 제공한다. 일단 온도나 열량과 같은 물리량들을 모형 내 구성 요소들과 대응시키고 나면, 각 모형은 정의된 작동 원리에 의해 온도가 높은 곳에서 낮은 곳으로 열이 흐른다는 결론으로 해석될 수 있는 상황을 자연스럽게 도출하기 때문이다. '입자-원거리력 모형'에서는 입자들이 원거리 척력에 의해 퍼짐으로써, '운동 모형'에서는 활발하게 운동하는 물질에서 그렇지 않은 물질로 운동이 전달됨으로써 말이다. 다시 말해, 높은 온도에서 낮은 온도로의 열전달이라는 현상은 각 모형의 작동 원리상 당연한 일, 혹은 필연적인 일이 됨으로써 설명이 이루어진다.

이러한 설명들은 여러 가지 이유로 수용되거나 거부된다. 어떤 설명은 모형이 가정하고 있는 작동 원리가 부자연스럽다는 이유로 거부되며, 어떤 설명은 모형의 작동 원리는 자연스럽지만 현상을 정확하게 도출하지 못한다는 이유로 거부된다. 때로 어떤 설명은 모형의 작동 원리도 자연스럽고 그로부터 현상도 정확하게 도출되지만 모형과 현상을 대응시키는 방식이 부자연스럽다는 이유로 거부되기도 한다.

이 책에서 다룬 맥스웰은 당시 당연하게 받아들여지던 전기 유체 입자-원거리력 모형에 대해, 그 모형이 가정하고 있던 원거리 작용이라는 원리를 의심함으로써 그 모형에 기반한 설명을 수용하기 꺼려했다. 그래서 그는 원거리 작용에 의존하지 않는 새로운 설명 모형을 고안했다. 그의 새로운 모형에서 모든 전기와 자기 작용은 특정한 운동 및 긴장 상태에 있는 매질의 작용과 대응되었으며, 이 모형은 잘 정의된 역학의 원리에 의해 자기와 전류, 정전기 및 그들 사이의 상호 작용에 대한 모든 현상 법칙들을 완벽하게 도출할 수 있었다.

그러나 맥스웰의 모형에 기반한 설명도 약점이 있었다. 일단 맥스웰의 모형에서 가정된 미끄러짐이 없는 완벽한 운동 전달은 비현실적이었으며, 정전기와 자기 작용을 각각 탄성 매질의 긴장 및 운동 상태와 대응시키는 방식은 전기를 단순히 전기 유체 입자와 대응시키는 기존의 방식보다 반직관적이었다. 이러한 이유로 맥스웰의 설명은 쉽게 수용되지 못했다.

이론적 탐색과 예측 도구로서의 모형

현상에 대한 설명을 위해 도입되는 모형은 이론적 탐색과 예측을 위한 도구로도 사용될 수 있다. 대부분의 모형은 이미 알려진 현상들을 설명하기 위해 고안되는 것이지만, 모형 자체의 제약 사항으로 인해 일부 현상에 대해 알려진 것과 다른 묘사를 하게 되기도 하며, 모형의 작동 원리에 의해 예기치 않았던 새로운 현상을 예측할 수도 있기 때문이다.

맥스웰의 경우, 자기 현상과 전류 현상을 설명하기 위해 도입했던 '소용돌이 분자-유동 바퀴 모형'을 정전기 현상까지 설명할 수 있도록 변경하는 과정에서 소용돌이 분자에 탄성이라는 성질을 추가했다. 덕분에 맥스웰은 소용돌이 분자의 탄성 변형 과정에서 발생하는 변위 전류라는 새로운 현상을 상상할 수 있게 되었으며, 결국 변위 전류에 관한 항이 추가된 새로운 전자기장 방정식들을 유도할 수 있었다. 또한 전자기 작용이 일어나는 매질에 부여한 탄성은 전자기 매질에서 벌어지는 작용이 일정한 속도로 전달된다는 것을 함축하고 있었다. 맥스웰은 이 함축을 정밀하게 탐색함으로써 전자기파의 존재와 그 전파 속도를 예측할 수 있었다. 이러한 예측이 실제로 확인되었을 때, 맥스웰의 전자기장 이론은 극적으로 수용되었다.

  만일 맥스웰이 모형을 사용하지 않았다고 생각해보자. 지금까지 어떻게 관찰된 적도 없는 변위 전류를 상상해서 그에 관한 항이 들어 있는 전자기장 방정식을 만들어내고, 어떻게 본 적도 없는 전자기파의 속도를 계산할 수 있었겠는가?

모형과 실재, 그리고 이론적 개념

지금까지 살펴보았듯이, 과학에서 모형은 다양한 용도로 사용되고 있다. 우리는 잘 확립되지 않은 대상을 파악하고 설명하기 위해 그와 닮아 있으면서 우리에게 익숙한 모형을 연상한다. 새로운 대상과 익숙한 모형 사이의 닮음 관계를 이용해 우리는 새로운 대상의 특징을 파악하고 기억하는 데 익숙한 모형을 사용할 수 있으며, 대상의 알려진 특징이 모형의 잘 이해된 작동 원리에 의해 자연스럽게 도출되는 경우, 우리는 그 특징이 나타나는 이유를 설명하거나 이해할 수 있는 한 가지 방식을 얻게 된다. 또한 대상에 대한 새로운

특징이 모형의 작동 원리에 의해 도출되는 경우, 우리는 새로운 예측을 얻게 된다. 맥스웰의 사례에서 보듯이, 이론적인 작업을 하는 과학자들에게 모형은 거의 필수적인 도구에 가깝다.

그러나 우리는 모형과 대상 사이의 관계가 부분적 닮음 관계에 불과하다는 점을 명심해야 한다. 맥스웰은 이 점을 무척 잘 알고 있었다. 맥스웰은 전자기 작용을 묘사하기 위해 매우 구체적이고 복잡한 소용돌이 분자 모형을 고안했지만, 자신의 모형을 구성하는 모든 세부 사항들까지 실제 세계와 닮아 있을 것이라고 주장하는 것은 과도하다고 생각했다. 전자기 작용을 묘사하는 데 자신이 만든 모형 외에도 수없이 다양한 모형을 고안할 수 있음을 알고 있었던 맥스웰은 전자기 작용을 묘사하기 위한 모형이 갖추어야 할 최소한의 특징만을 모아서 실제 세계도 그러한 특징을 갖추었을 것이라는 조심스러운 주장만을 하고자 했다. 결국 그는 전자기 작용을 묘사하는 모형이라면 구체적인 메커니즘을 모르더라도 적어도 탄성 매질로 이루어져 있어야 하고, 그 탄성 매질에서 벌어지는 모종의 탄성 변형과 운동이 우리에게 관찰되는 전기와 자기 작용에 대응될 것이라고 제안했다. 맥스웰이 보기에, 이는 최소한 받아들여질 수 있는 조심스러운 주장이었다.

오늘날에는 맥스웰의 조심스러운 주장조차도 과도한 주장이 되어버렸다. 맥스웰의 탄성 매질 모형과 실제 세계 사이의 닮은 정도가 맥스웰이 생각했던 것보다 덜한 것으로 드러났기 때문이다. 전자기 작용은 탄성 매질에서의 작용이 매질을 통해 점진적으로 전달되는 것처럼 공간을 따라 점진적으로 전달되었으며,

자기 에너지와 전기 에너지는 각각 탄성 매질이 지닌 운동 에너지 및 탄성 위치 에너지에 정확히 대응되었다. 그러나 전자기 작용이 일어나는 장소로 생각되었던 탄성 매질 자체는 불필요한 것으로 폐기되어버렸다. 매질의 작용으로 생각되던 전자기 작용은 단지 운동량과 에너지를 가진 공간의 작용으로 탈바꿈되었다. 즉 맥스웰의 탄성 매질 모형은 실제 세계와 상당한 차이가 있는 모형이 되어버린 것이다.

 이러한 이유 때문에, 어떤 이들은 모형이 이론을 만들어가는 과정에서는 유용하지만 이론이 완성된 이후에는 모형을 폐기해야 한다고 주장하기도 한다. 그러나 실제 세계와 상당한 차이가 드러난 모형조차도 이론적 개념을 이해하는 데 매우 중요한 역할을 한다. 예컨대 오늘날 전자기장은 상식적인 물질관을 가진 사람에게 무척이나 이해하기 어려운 개념 중 하나다. 공간을 차지하고 있으며 운동량과 에너지를 가지고 있지만, 질량을 가지고 있지는 않은 그런 존재 말이다. 전자기장은 물질인가? 힘인가? 공간 자체인가? 이러한 알쏭달쏭한 개념을 즉시 이해하는 것은 불가능하다. 다만 우리는 그와 부분적으로 닮은 모형의 도움을 받아 그 존재를 조금씩 상상할 수 있다. 애초에 맥스웰은 전자기장을 상상하기 위해 운동량과 에너지를 가진 탄성 매질의 상태를 떠올렸다. 이제 우리는 거기에서 질량이라는 속성만 빼면 된다. 이는 우리가 괴물을 상상해내는 과정과 똑같다. 우리가 알고 있는 대상과 모든 것이 다른 괴물은 애초에 상상할 수가 없다. 그러나 우리가 알고 있는 것들을 더하고 뺀 괴물은 상상할 수 있다. 그래서 눈은 세 개이고, 입은 두 개이며, 코는 없고, 뿔

이 세 개 달린 괴물을 만들어낼 수가 있는 것이다. 즉 우리가 이론적 존재를 상상하고 그에 대한 개념을 교정할 수 있는 것은 우리가 상상할 수 있는 모형과의 유사점과 차이점을 통해서뿐이다. 그래서 이론적 개념을 이해하기 위해서는 이미 실재와의 차이가 확연히 드러난 모형조차도 필요한 법이다.

에필로그
Epilogue

1 지식인 지도
2 지식인 연보
3 키워드 찾기
4 깊이 읽기
5 찾아보기

Epilogue 1

지식인 지도

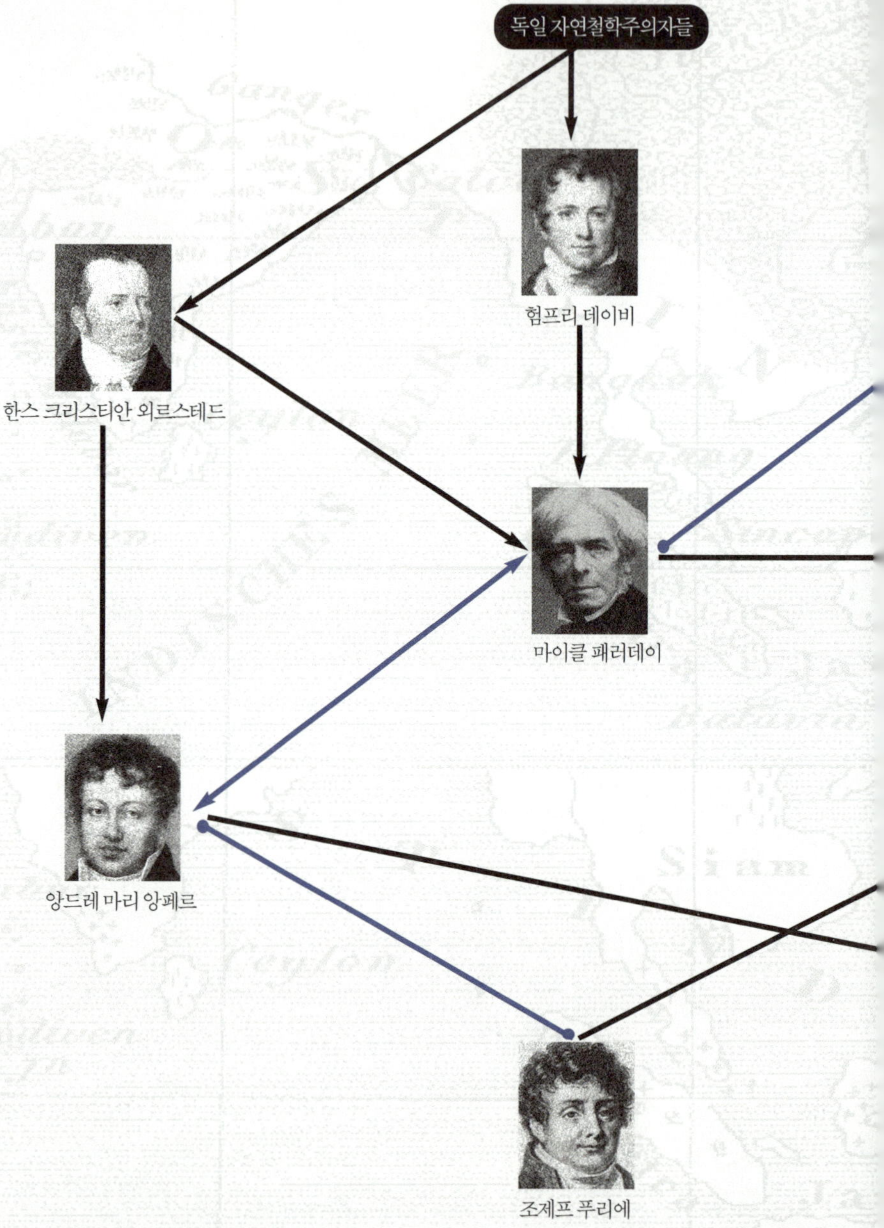

독일 자연철학주의자들

험프리 데이비

한스 크리스티안 외르스테드

마이클 패러데이

앙드레 마리 앙페르

조제프 푸리에

범 례
영 향 관 계
경쟁 및 대립 관계
동 료 관 계
맥스웰의 케임브리지 동문들
윌리엄 휴얼
조지 스토크스
윌리엄 톰슨
피터 테이트
제임스 클러크 맥스웰
빌헬름 베버
알베르트 아인슈타인

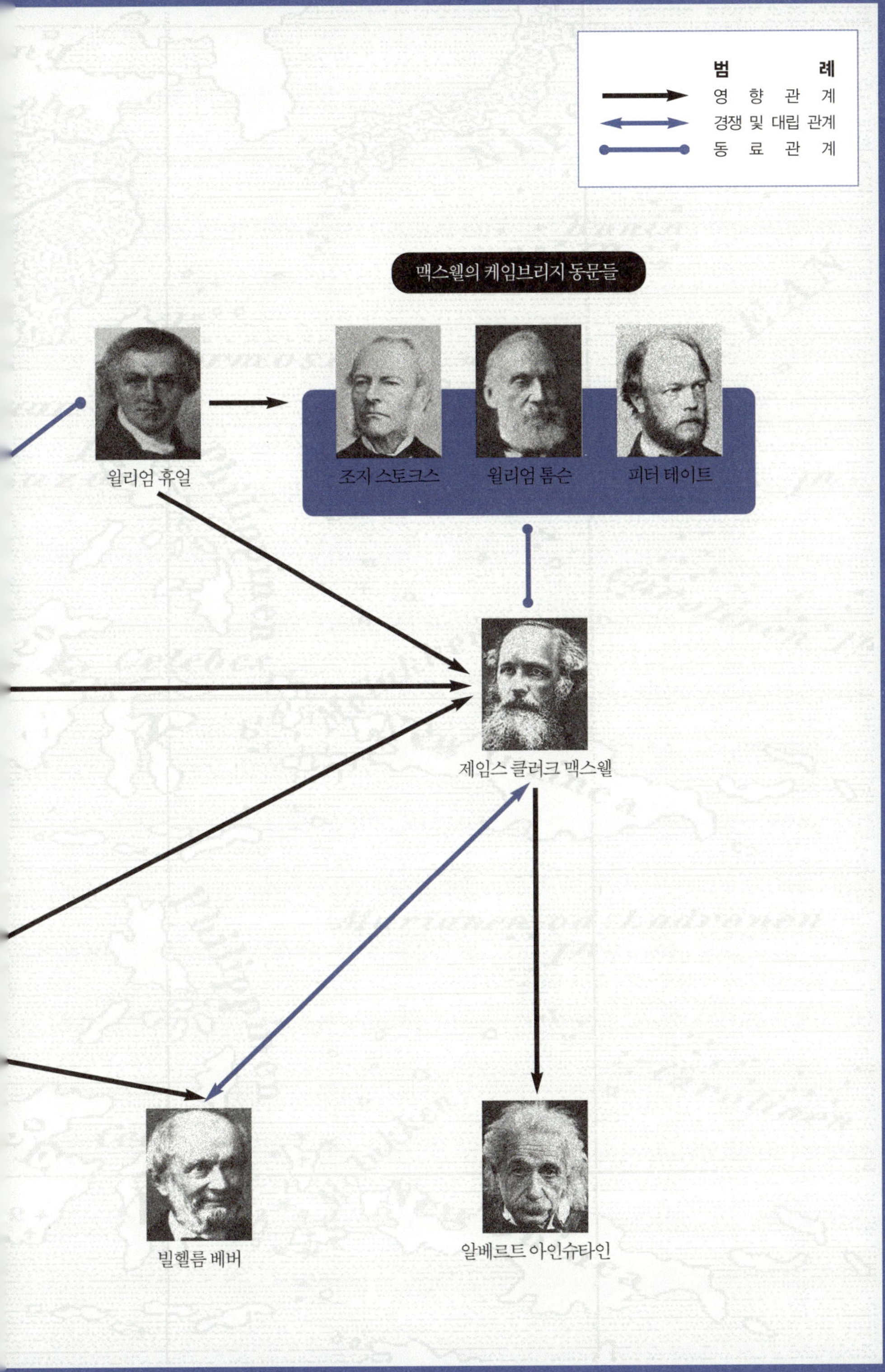

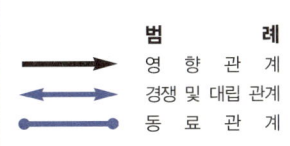

Epilogue 2

지식인 연보

• 패러데이

1791	런던에서 출생
1804	조지 리보가 운영하는 서점에서 심부름꾼으로 일함
1805	리보 밑에서 7년짜리 제본공 도제 과정 시작
1810	존 테이텀의 강연 코스 및 시티 철학회 모임 참석 시작
1812	왕립연구소의 험프리 데이비의 강연 들음 제본공 도제 과정 수료
1813	데이비의 추천으로 왕립연구소의 정식 화학 조수로 임명
1813~1815	데이비의 필기생으로 18개월간 유럽 대륙 여행
1815	왕립연구소의 조수 겸 실험 장치와 광물 표본 관리인으로 임명 시티 철학회 회원으로 선출
1816	생석회에 대한 화학 분석 과정에서 첫 번째 연구 논문 발표
1821	왕립연구소의 건물 및 실험실 관리인으로 임명 사라 바너드(Sarah Barnard)와 결혼 전자기 회전 발견 및 논문 발표
1823	압력을 이용한 기체의 액화 기법 발견
1824	왕립학회 회원으로 선출
1825	벤젠과 이소부틸렌 발견 왕립연구소의 실험실 책임자로 임명 청소년을 위한 크리스마스 강연(Christmas Lectures) 개설 금요일 저녁 강연(Friday Evening Discourse) 개설
1825	《화학적 조작(Chemical Manipulation)》 출판

1829	울리치 왕립육군사관학교의 화학 교수로 임명
1831	전자기 유도 발견
1833	왕립연구소의 풀러리안 화학 교수로 임명
1833~1835	전기 분해 연구 및 전기 분해 법칙 발견
1835~1838	정전기 유도 및 유전체 연구
1839~1843	건강 악화로 연구 중단
1845	자기-광 회전 효과와 반자성체 발견
1846	〈빛 진동에 대한 생각〉 강연
1849	중력과 전기 사이의 상호 작용 연구
1850	자기 전도 이론 발표
1852	논문 〈자기력선의 물리적 성격〉 발표
1861	왕립연구소의 교수직 사임
1862	스펙트럼선에 미치는 자기장의 효과 연구
1867	햄프턴 코트 저택에서 사망

● 맥스웰

1831	에든버러에서 출생한 후 글렌레어에서 자람
1839	어머니 프랜시스 클러크 맥스웰(Frances Maxwell) 사망
1841	에든버러 아카데미에 입학
1846	타원 곡선에 관한 논문 발표
1847	에든버러 대학 입학
1848	논문 〈회전 곡선 이론에 관하여〉 발표
1850	논문 〈탄성 고체의 평형에 관하여〉 발표 케임브리지 대학 피터하우스 칼리지에 입학 한 학기 마친 후 트리니티 칼리지로 적을 옮김
1854	차석 랭글러 및 스미스 상 수상자로 케임브리지 대학 졸업
1855	논문 〈색에 관한 실험(Experiments on colour)〉 발표

1855~56	논문 〈패러데이의 힘의 선에 관하여〉 발표
1856	아버지 존 클러크 맥스웰(John Maxwell) 사망
	마리셜 칼리지 자연철학 교수로 부임
1858	〈토성 고리의 운동의 안정성에 관하여(On the stability of saturn's rings)〉로 애덤스 상 수상
	마리셜 칼리지 학장의 딸, 캐서린 메리 듀어와 결혼
1859	논문 〈토성 고리의 운동의 안정성에 관하여〉 발표
1860	논문 〈기체의 역학적 이론에 관한 묘사(Illustrations of the Dynamical Theory of Gases)〉 발표
	런던 킹스 칼리지 자연철학 교수로 부임
	색 시각에 관한 작업으로 런던 왕립학회의 럼퍼드 메달 수상
1861	논문 〈물리적 힘의 선에 관하여〉 발표
	왕립학회 회원으로 선출
1863	영국학술협회에 전기 저항을 비롯한 전기 단위 표준화에 대한 보고서 제출
1864	논문 〈전자기장에 대한 동역학적 이론〉 발표
1865	런던 킹스 칼리지의 교수직 사임 후 글렌레어(Glenlair)로 귀향
1866	논문 〈공기와 다른 기체의 점도 또는 내적 마찰에 관하여〉 발표
1867	논문 〈기체의 동역학적 이론에 관하여〉 발표
1868	논문 〈속도 조절기에 관하여〉 발표
	전하의 정전기적 단위와 전자기전 단위의 비율에 대한 정밀 측정 실험 수행
1870	역비례 다이어그램에 관한 작업으로 에든버러 왕립학회의 키시스 메달 수상
1871	《열 이론(Theory of Heat)》 출판
1871	케임브리지 대학 실험물리학 교수로 부임
1873	《물질과 운동》 출판
	《전기와 자기에 관한 논고》 출판
1879	《헨리 캐번디시 경의 전기 연구》 편찬
	케임브리지에서 사망

Epilogue 3

키워드 찾기

- **원거리 작용** action at a distance 서로 떨어져 있는 물체들이 중력이나 전기력, 자기력 같은 힘을 직접 주고받는다는 개념. 이 개념에 따르면, 서로 떨어져 있는 물체들 사이의 힘은 아무런 매개 없이 직접 작용하며 그 힘을 주고받는 데에는 시간이 걸리지 않는다. 모든 물체 사이에는 거리의 제곱에 반비례하는 인력이 작용한다는 뉴턴의 만유인력 개념이 수용되는 과정에서 원거리 작용 개념도 함께 수용되었으나, 패러데이와 맥스웰, 그리고 아인슈타인 등의 비판으로 오늘날에는 받아들여지지 않고 있다.
- **힘의 선** lines of force 힘의 방향과 크기를 묘사하는 선들. 전기력선은 +전하가 놓여 있다고 가정했을 때 그 전하가 받을 힘의 방향을, 자기력선은 N극이 놓여 있다고 가정했을 때 그 극이 받을 힘의 방향을 표현해주며, 힘의 선의 밀도는 그 위치에서의 장의 세기와 연관된다. 패러데이는 이러한 힘의 선들이 공간에 실제로 펼쳐져 있음으로써 서로 떨어져 있는 물체들 사이에 힘을 전달해준다고 생각했다.
- **전자기장** electromagnetic field 전기장과 자기장을 함께 부르는 말로서, 일반 물질들 사이에 전기와 자기 작용을 매개하는 공간 또는 공간의 상태를 뜻한다. 전기장이 변화하는 공간에는 자기장이 형성되고, 역으로 자기장이 변화하는 공간에서는 전기장도 변하는데, 이러한 밀접한 상호 작용 때문에 두 장은 함께 전자기장이라는 이름으로 불린다.
- **전자기파** electromagnetic wave 전자기장의 상호 작용 원리에 의해, 주기적으로 진동하는 전기장은 그 주변에 진동하는 자기장을 만들어내고, 이 진동 자기장은 다시 그 주변에 진동하는 전기장을 만들어냄으로써, 결국 전기장과 자기장이 꼬리에 꼬리를 무는 형태로 끊임없이 맞물린 일종의 파동을 만들어내는데, 이를 전자기파라 부르며 이는 빛과 동일하다. 맥스웰은 전자기파를 예측하는 한편 그것과 빛의 동일성을 주장했다.
- **전자기 유도** electromagnetic induction 변화하는 자기장에 놓이거나 자기장 속에서 움직이는 도체에 기전력이 형성되어 전류가 흐르는 현상. 발전기를 비롯한 수

많은 전기 장치의 구동 원리가 되는 현상으로서, 패러데이가 발견했다.

- **유전체** dielectric substance　전기장에 놓였을 때 유전 분극은 일어나지만 전류는 흐르지 못하는 물체. 전류를 통하지 못하게 하는 물질로서 절연체로 불리기도 했는데, 패러데이는 이 절연체가 실제로 정전기 유도 작용을 매개하는 물질이라 생각하여 유전체라 이름을 붙였다. 유전체를 축전판 사이의 빈 공간에 끼워 넣으면 축전기의 전기용량이 증가하는데, 그 전기용량 변화율을 유전율이라고 한다. 좋은 절연체는 대부분 유전체이지만, 모든 절연체가 유전체인 것은 아니다.

- **강자성체** ferromagnetic substance, **상자성체** paramagnetic substance, **반자성체** diamagnetic substance　철처럼 자석에 끌리는 물체는 자성체라 하며, 유리처럼 자석에 반발하는 물체는 반자성체라 한다. 자성체 중에서 철, 니켈, 코발트처럼 한번 자화되면 스스로 영구자석이 될 수 있는 물체는 강자성체라 하고, 알루미늄처럼 자석 근처에서만 반응하여 끌리는 물체는 상자성체라 한다. 상자성체나 반자성체의 움직임을 관찰하려면 매우 강력한 자석과 세심한 관찰이 필요하기 때문에 일상적으로는 관찰하기 어렵다.

- **변위 전류** displacement current　맥스웰이 정전기 유도를 전자기 유도에 기초하여 통합적으로 설명하는 과정에서 제안한 개념. 맥스웰은 흔히 전류가 흐르지 않는다고 생각된 공기와 같은 유전체에서도 전기장이 변화할 때 내부의 전기 입자들이 살짝 움직일 수 있다고 가정하면서, 이러한 전기 입자들의 위치 변화를 '변위 전류'라 이름 붙였다. 맥스웰은 이 변위 전류도 도체에서 흐르는 전도 전류와 마찬가지로 주변에 자기장을 만들어낼 수 있다고 가정함으로써, 전기장과 자기장 사이의 상호 관계를 완전하게 기술할 수 있었으며 공간을 통해 전파되는 전자기파의 존재도 수학적으로 예측할 수 있었다.

- **맥스웰 방정식** Maxwell's equations　전기장과 자기장을 구성하는 물리량들 사이의 상호 작용을 기술하는 4개의 방정식으로, 모든 고전 전자기 현상은 이 4개의 방정식에 의해 완전하게 기술될 수 있다. 또한 전자기파의 파동 방정식도 4개의 맥스웰 방정식 중 2개만 결합하면 간단하게 유도된다. 맥스웰은 1864년 발표한 논문 〈전자기장에 대한 동역학적 이론〉에서 8개의 방정식(x, y, z축별로 쓰면 20개의 방정식)을 만들어냈으나, 1884년 올리버 헤비사이드(Oliver Heaviside)가 이를 오늘날과 같은 4개의 방정식으로 축약하여 재정식화했다.

Epilogue 4

깊이 읽기

• 콜린 A. 러셀 지음, 김문영 옮김, 《전자기학과 패러데이》-바다출판사, 2006
패러데이에 대한 전기로는 유일하게 한국어로 번역된 책이다. 옥스퍼드 대학 출판부에서 나온 총 20권의 과학자 시리즈 중 하나로, 청소년을 대상으로 한 짧은 책이면서도 완성도가 꽤 높은 편이다. 패러데이의 전자기 연구뿐 아니라 그의 화학 연구를 비롯해 그의 종교적 신념과 사회적 활동까지도 상세하게 소개되어 있다. 패러데이의 생애와 연구를 처음 접하는 독자들에게 충실한 안내자 역할을 할 것이다.

• Geoffrey Cantor, David Gooding, and Frank A. J. L. James, 《Michael Faraday》-Humanities Press, 1996
패러데이에 대한 권위자 세 명이 모여 집필한 패러데이의 전기로서, 패러데이의 여러 측면들을 유기적으로 엮어 매우 충실하게 소개한 훌륭한 전기이다. 이 책을 통해 독자들은 고독한 지하 실험실에서 연구에만 몰두하고 있는 패러데이가 아닌, 과학 대중 강연가로서, 대학 교수로서, 산업계의 과학 자문으로서, 샌더매니언 교회의 장로로서 사회적으로 무척이나 바쁜 나날을 보내야 했던 패러데이를 만나보게 될 것이다. 얇은 두께에 대중적인 문체로 쓰여 있어서 읽기에도 큰 부담이 없다.

• John Tyndall, 《Faraday as a Discoverer》-D. Appleton & Co., 1868
패러데이를 이어 왕립연구소를 책임졌던, 그 자신도 훌륭한 과학자였던 존 틴들이 집필한 패러데이의 전기이다. 과학자가 집필한 책이라 그런지, 패러데이의 과학적 발견들을 정확하게 소개하는 데 편중되어 있고, 그에 비해 패러데이의 개인적인 성격과 같은 사항은 마지막에 패러데이가 쓴 편지와 함께 짧게 언급되어 있을 뿐이다. 패러데이의 실제 연구 내용에 관심이 있는 독자들에게 추천할 만한 책으로서, 인터넷의 여러 사이트에서 무료로 다운받아볼 수 있다.

• 바실 메이헌 지음, 김요한 옮김, 《모든 것을 바꾼 사람》-지식의 숲, 2008
아마추어 과학사학자가 쓴 전형적인 위인전 스타일의 전기로, 맥스웰의 전기로는 유일하게 한국어로 번역되어 있는 책이라는 점에서 의미가 깊다. 하지만 맥스웰의 과학적 재능과 업적을 다소 신비화시키는 경향을 띠고 있으며 맥스웰의 이론에 대한 소개가 그다지 충실하지 못한 점은 아쉬움으로 남는다.

• Lewis Campbell and William Garnett, 《The Life of James Clerk Maxwell》- Macmillan & Co., 1882

맥스웰의 오랜 친구인 루이스 캠벨이 맥스웰의 제자 윌리엄 가넷의 도움을 받아 집필한 맥스웰의 전기로, 출판된 지 100년이나 지난 지금까지도 맥스웰에 대한 가장 신뢰할 만한 전기로 손꼽히고 있다. 책은 3부로 이루어져 있는데, 1부에서는 맥스웰의 생애를 다루고 있고, 2부에서는 맥스웰의 과학 연구를 소개하고 있으며, 3부에서는 맥스웰이 직접 쓴 시를 모아 놓았다. 독자들은 이 책을 통해 맥스웰의 과학적 연구 성과뿐 아니라 유머가 넘치는 맥스웰의 인간적 면모까지도 확인할 수 있을 것이다. 이 책은 원래 도서관의 희귀서적 보관실에서나 찾아볼 수 있었지만, 2001년에 재출판 되었으며 인터넷에서도 무료로 다운받아 볼 수도 있다(http://www.sonnetsoftware.com/bio/maxbio.pdf).

• John Hendry, 《James Clerk Maxwell and the Theory of the Electromagnetic Field》-Adam Hilger Ltd., 1986 & Daniel M. Siegel, 《Innovation in Maxwell's Electromagnetic Theory:Molecular Vortices, Displacement Current, and Light》- Cambridge University Press, 1991

맥스웰의 전자기장 이론의 발전 과정을 기술적 측면까지 상세하게 다룬 대표적인 연구서이지만, 두 저자의 강조점은 완전히 반대이다. 헨드리의 책은 맥스웰의 이론이 지닌 반(反)역학적인 측면에 주목한 반면, 시겔의 책은 맥스웰의 역학적 모형이 가진 일관성에 주목한다. 수식과 영어에 자신이 있는 독자라면, 어느 쪽이 더 타당한지 직접 읽어보길 권한다.

• 피터 하만 지음, 김동원·김재영 옮김, 《에너지, 힘, 물질: 19세기의 물리학》 - 성우, 2000

패러데이와 맥스웰이 활동했던 19세기 물리학의 발전을 총체적으로 다룬 책이다. 빛, 열, 전기, 자기 등의 분야가 '물리학'이라는 하나의 분과로 통합되던 19세기 물리학의 큰 변화를 에너지 개념의 정립과 역학적 설명 방식의 일반화라는 큰 틀에서 체계적으로 설명하고 있다. 이 책을 통해 독자들은 패러데이와 맥스웰의 전자기장 이론이 어떠한 개념적, 방법론적 맥락에서 출현할 수 있었는지 19세기 물리학 전체에 대한 큰 그림을 얻을 수 있을 것이다.

• Iwan Rhys Morus, 《When Physics Became King》—University of Chicago Press, 2005

19세기 영국의 물리학 발전을 당시의 문화와 산업과의 연관 속에서 다룬 책이다. 하만의 책이 물리학의 개념적인 측면에 초점을 맞추었다면, 모러스의 책은 물리학의 외적인 측면에 초점을 맞추고 있다. 이 책을 통해 독자들은 상아탑 속의 고상한 활동으로서의 물리학만이 아닌, 당대에 유행하는 문화와 산업 속에서 세상과 역동적으로 상호작용하는 물리학을 만나게 될 것이다.

• Oliver Darrigol, 《Electrodynamics from Ampere to Einstein》—Oxford University Press, 2003

앙페르에서부터 아인슈타인에 이르는 전자기학의 발전 과정을 상세하게 다룬 연구서이다. 19세기 전자기학의 발전 과정에 개입했던 무척이나 다양한 학자들의 이론 작업과 실험을 따라가면서, 오늘날의 전자기학 이론이 서로 다른 개념과 방법의 성과들이 혼재되어 축적된 결과물임을 보여주고 있다. 다소 산만한 감도 있고 본문 가득한 수식들이 내용의 이해를 가로막기도 하지만, 전자기학의 발전 과정을 온전하게 이해하고자 하는 독자라면 한번 도전해볼 만한 책이다.

Epilogue 5

찾아보기

ㄱ
가우스, 카를 프리드리히 Gauss, Karl Friedrich p. 135, 182
검전기 p. 101, 105, 106, 109, 112~114, 117
기억 보조 장치 p. 65, 66, 220
기울기 연산자 p. 144

ㄴ
뉴턴, 아이작 Newton, Isaac p. 14~17, 19, 44, 56, 57, 62, 76, 88, 180, 191, 194

ㄷ
단극 유도 p. 86, 87
데이비, 험프리 Davy, Humphrey p. 29, 31, 33~40, 62~70, 74~77, 88, 95, 194
드라리브, 가스파르 de La Rive Gaspard p. 74

ㄹ
라그랑주, 조제프 Lagrange, Joseph p. 180
라이덴 병 p. 39, 55, 108
라플라스, 피에르-시몽 Laplace, Pierre-Simon p. 36
랭글러 p. 47, 48, 50
리보, 조지 Riebo, George p. 27

ㅁ
맥스웰 방정식 p. 175, 181, 185, 200
맥스웰, 제임스 클러크 Maxwell, James Clerk p. 13, 18~21, 25, 26, 43~46, 49~52, 122, 135, 136, 138~144, 147~201, 218, 224~228

맥스웰, 조지 클러크 Maxwell, Geroge Clerk p. 44
모형 p. 51, 168, 169, 174, 175, 178, 179, 191, 197, 198, 218~229
몽주, 가스파르 Monge, Gaspard p. 44, 45
〈물리적 힘의 선에 관하여〉 p. 20, 159, 178, 182, 183

ㅂ
반자성체 p. 41, 121~128, 132, 149, 162, 196
발산 연산자 p. 141, 142
발산정리 p. 146
베버, 빌헬름 에두아르트 Weber, Wilhelm Eduard p. 134~136, 174, 177
벡터 p. 144, 146, 154, 157, 159, 185
변위 전류 p. 171, 181, 183, 186, 187, 226
볼타, 알레산드로 Volta, Alessandro p. 35
볼타 전기 p. 91, 92, 93, 100
볼타 전지 p. 58, 93
분극 긴장 p. 104, 107, 108, 112, 116, 128, 195~197
블랙번, 휴 Blackburnm Hugh p. 44, 46
빛의 속도 p. 136, 175, 177, 178, 189, 215
〈빛-진동에 대한 생각〉 p. 133

ㅅ
수학 트라이포스 p. 47, 51
소용돌이 분자 모형 p. 163, 169, 174, 178, 227
〈속도 조절기에 관하여〉 p. 52
스토크스 정리 p. 154, 155

ㅇ

아라고의 원판 p. 84, 86

아라고, 프랑수아 Arago, François p. 84

아인슈타인 p. 21, 193, 200, 201

앙페르 법칙 p. 151, 153, 154, 155, 157, 171, 182

앙페르, 앙드레 마리 Ampére, André Marie p. 61, 62, 63, 66, 67~69, 75~77, 100, 134, 174, 182, 183, 185

애노드 p. 100

에든버러 대학 p. 44, 45, 49, 52

에테르 p. 135, 176, 191, 192, 193, 198, 200

《열 분석론》 p. 44, 45

왕립연구소 p. 29~31, 34, 35, 37, 39~41, 105

왕립학회 p. 30, 33, 41, 44, 75, 90

외르스테드, 한스 크리스티안 Ørsted, Hans Christian p. 59~63, 67, 69, 77, 88, 120

우등 졸업 시험 → 수학 트라이포스

올러스턴, 윌리엄 하이드 Wollaston, William Hyde p. 68, 75, 88

원거리 작용 p. 16~20, 59, 88, 99~101, 117~119, 131, 138, 148, 154, 158, 168, 175, 178, 189, 193, 195, 210, 224

원거리 직접 작용 → 원거리 작용

유동 바퀴 p. 160~163, 170, 175, 178~180, 197, 198, 218

유자체 → 반자성체

유전 분극 → 분극 긴장

유전체 p. 104~112, 116, 123, 169, 171, 184, 185~188

유체 시스템 p. 138, 144, 146~151, 156~159, 198

인접한 입자들을 통한 작용 p. 117, 118, 178, 195

일-에너지 원리 p. 166, 173

입자-원거리력 모형 p. 224

ㅈ

자기곡선 p. 77, 82, 83~90, 132

자기-광 회전 효과 p. 121~123, 132, 134, 135, 159

자기력선 p. 17, 121, 122, 125, 126, 128~132, 142, 149, 150~152, 155, 156, 158~162, 165, 166, 175, 181, 182, 190, 196, 197

〈자기력선의 물리적 성격〉 p. 128

자기장 p. 17, 121, 123, 126, 127, 149, 151, 154, 155, 157, 161~163, 188

자기 전도 p. 125, 128, 149, 196

자기 투과율 p. 125, 126, 129, 149, 161, 171, 176, 181

자성체 p. 123~129, 149, 162, 163, 196

자연철학주의 p. 58, 76

장 p. 13~21, 190, 193, 196, 197~199

전극 p. 35, 92, 93, 95~100

전기 분해 p. 35, 58, 93, 95~100

전기 분해 법칙 p. 35, 94

《전기에 관한 실험 연구》 p. 82, 135

《전기와 자기에 관한 논고》 p. 52, 186

전기 유도선 p. 114~117, 120, 132, 195

전기 유도 용량 p. 40, 108, 109, 111, 116, 137, 148

〈전기 전도와 물질의 본성에 대한 사변〉 p. 119, 132

전기적-긴장 상태 p. 81, 82, 134, 157

전기적 긴장의 선 p. 105~107, 114

전기체 → 유전체

전기 포텐셜 p. 147, 148, 172, 173, 181

전기 화학 분해 → 전기 분해

전기 화학적 등가량 p. 94, 95

〈전류가 자침에 미치는 영향에 관한 실험〉 p. 59

〈전자기에 관한 개략적 역사〉 p. 64, 69

전자기장 p. 13, 19, 20, 21, 51, 52, 136, 175, 179~181, 188, 193, 197~199, 215, 226, 228

《전자기장에 대한 동역학적 이론》 p. 20, 52,

136, 178, 198

전자기파 p. 122, 177~179, 181, 188, 189, 193, 226

전자기 회전 p. 20, 40, 74~77, 83, 87~90, 194, 207, 209

전하의 단위 p. 174

《정신의 개선》 p. 28

정전기력 p. 147, 148, 170, 172~174

정전기 발생 장치 p. 39, 54~56, 92, 93, 95, 96, 105

정전기 유도 p. 101, 102, 104, 105, 107, 108, 112, 113, 116, 117, 125, 128, 132, 195

정전기 차폐 p. 41, 106, 116

ㅊ

〈철학 문집〉 p. 28

총전류 p. 185, 186

ㅋ

캐번디시 연구소 p. 52, 53

캐소드 p. 100

캠벨, 루이스Campbell, Lewis p. 43, 44

케임브리지 대학 p. 25, 26, 46, 48, 19, 52, 53, 99

콜라우슈, 프리드리히 빌헬름Kohlrausch, Friedrich Wihelm p. 174, 177

쿨롱, 샤를 오귀스탱 드Coulomb, Charles Augustin de p. 16, 57, 110, 173

쿨롱의 법칙 p. 138, 147, 148, 170, 173, 174

크리스마스 강연 p. 40~42

ㅌ

테이텀, 존Tatum, John p. 32

테이트, 피터Tait, Peter Guthrie p. 43, 46, 50, 180

톰슨, 벤저민Thomson, Benjamin p. 30

톰슨, 윌리엄Thomson, William p. 44, 50, 135, 136, 138, 159, 160, 180

튜브·등압면 그림 p. 150, 151

ㅍ

패러데이, 마이클Faraday, Michael p. 13, 18~21, 25~29, 32~43, 51, 62, 64, 66, 67, 69, 70~139, 148, 149, 151, 152, 155~159, 166, 169, 170, 181, 186, 189, 190, 193~200

패러데이의 케이지 p. 105, 106

〈패러데이의 힘의 선에 관하여〉 p. 136, 138, 162, 171, 172

패러데이 효과 → 자기-광 회전 효과.

포브스, 제임스Forbes, James p. 44, 46, 49, 135

푸리에, 장 바티스트 조제프Fourier, Jean Baptiste Joseph p. 44, 45, 138

ㅎ

헤르츠, 구스타프Hertz, Gustav p. 193

헨리, 조지프Henry, Joseph p. 80

《화법기하학》 p. 44

《화학에 관한 대화》 p. 29

《화학적 조작》 p. 39

회전 연산자 p. 152, 154

휴얼, 윌리엄Whewell, William p. 25, 46, 48, 49, 99, 100, 104, 123

힘의 선 p. 13, 18, 20, 21, 42, 78, 88, 90, 119, 120, 126-139, 141, 148, 150, 158, 160, 161, 171, 173, 178, 183, 190, 191, 194~200, 211~215

인류의 지성사를 이끌어온
100인의 지식인 마을 주민들